प्राचीन भारत

अ अक्षर
प्रतियोगी पुस्तकें

प्राचीन भारत

राधाकुमुद मुखर्जी

ISBN : 978-81-267-0231-2

मूल्य : ₹ 150

पहला संस्करण : 1962
सत्रहवाँ संस्करण : 2021

अ अक्षर प्रतियोगी पुस्तकें

प्रकाशक
राजकमल प्रकाशन प्रा.लि.
1-बी, नेताजी सुभाष मार्ग, दरियागंज
नई दिल्ली-110 002
शाखाएँ
अशोक राजपथ, साइंस कॉलेज के सामने, पटना-800 006
पहली मंजिल, दरबारी बिल्डिंग, महात्मा गांधी मार्ग, प्रयागराज-211 001
36-ए, शेक्सपियर सरणी, कोलकाता-700 017
वेबसाइट : www.rajkamalprakashan.com
ई-मेल : info@rajkamalprakashan.com

मुद्रक
बी.के. ऑफसेट
नवीन शाहदरा, दिल्ली-110 032

PRACHEEN BHARAT
by Prof. Radha Kumud Mukherjee

प्रकाशकीय

समाज, संस्कृति, इतिहास, दर्शन और राजनीतिशास्त्र के प्रख्यात विद्वानों की कलम से लिखी गई पुस्तकों से हिंदी जगत को समृद्ध करने और एक ऐतिहासिक आवश्यकता की पूर्ति करने के लिए **राजकमल** ने जो विस्तृत योजना बनाई है, यह पुस्तक उसी की एक महत्वपूर्ण कड़ी है।

यह एक तथ्य है कि हिंदी में सामाजिक विज्ञान विषयक स्तरीय पाठ्य-पुस्तकों तथा संदर्भग्रंथों का अभाव है। यों इस अभाव को दूर करने के प्रयास भी हुए हैं, पर बहुत आगे वे नहीं बढ़ पाए। लेकिन अब, जबकि प्रायः सभी हिंदीभाषी राज्यों में हिंदी को उच्च शिक्षा का माध्यम स्वीकार कर लिया गया है, यह और जरूरी है कि हिंदी में ऐसी पुस्तकें उपलब्ध कराई जाएँ। इससे हिंदी की उपयोगी भूमिका में तो व्यापकता आएगी ही, उच्चाध्ययन और शोध के क्षेत्र में आनेवाली व्यावहारिक कठिनाइयाँ भी दूर होंगी।

उल्लेखनीय है कि इस योजना के अंतर्गत प्रकाशित की जा रही प्रायः सभी पुस्तकें अनूदित हैं, लेकिन ये अनुवाद मूल कृति के विषय और संबंधित भाषाओं पर गहरी पकड़ रखनेवाले विद्वान लेखकों द्वारा ही किए गए हैं। इसलिए विषयगत गंभीरता के बावजूद प्रत्येक अनुवाद सहज ग्राह्य है और प्रेरक भी, क्योंकि स्तरीय पुस्तकों के अच्छे अनुवाद संबद्ध विषय में अक्सर ही मूल लेखन की जमीन तैयार करते हैं।

राजकमल की यह प्रकाशन-योजना भारतीय इतिहास के विविध कालखंडों और पक्षों से जुड़ी पुस्तकों से आरंभ हुई है। योजना के पहले चरण में प्रो. राधाकुमुद मुखर्जी, प्रो. दामोदर धर्मानंद कोसंबी, प्रो. रोमिला थापर, प्रो. रामशरण शर्मा सरीखे इतिहासकारों के इतिहास-ग्रंथ और प्रो. इरफान हबीब द्वारा संपादित वार्षिकी *मध्यकालीन भारत* के तीन अंक एक साथ प्रकाशित किए जा रहे हैं। इनमें कुछ ग्रंथ एकदम नए हैं, और जो नए नहीं हैं उन्हें भी पूर्णतया संशोधित-परिवर्धित किया गया है।

प्रो. राधाकुमुद मुखर्जी की यह पुस्तक एक ओर अपनी प्रामाणिकता के कारण विद्वानों के लिए उपयोगी है तो दूसरी ओर भाषा-शैली की सरलता तथा रोचकता के कारण विश्वविद्यालयीय छात्रों और इतिहास में रुचि रखनेवाले सामान्य लोगों के लिए भी उपयोगी है। इस पुस्तक में प्रो. मुखर्जी ने भारतीय इतिहास पर भूगोल के प्रभाव का विवेचन करते हुए उन तत्त्वों को विशेष रूप से रेखांकित किया है, जो सदियों से देश की एकता को पुष्ट करते रहे हैं और जिनके कारण ही बृहत्तर भारत का निर्माण संभव हो सका।

प्रस्तावना

इतिहास का विषय मृत अतीत है, जीवित वर्तमान नहीं है। इसका संबंध उन घटनाओं से है जो घट चुकी हैं, चालू घटनाओं से नहीं जो तरलावस्था और निर्माण की प्रक्रिया में हैं। इसका वास्ता उससे है जो हो चुका है, न कि उससे जो यदि होता तो··· । इसका विषय आदर्श नहीं, यथार्थ तथ्य हैं।

अतीत के अध्ययन के लिए उपलब्ध सामग्री का आश्रय लेना पड़ता है। सुदूर अतीत के अध्ययन के लिए सामग्री कम होती है और खोजनी पड़ती है। यह सामग्री कई प्रकार की होती है : प्रकाशित ग्रंथ अथवा अप्रकाशित पांडुलिपियाँ, पाषाण और ताम्रपट्टों पर खुदे हुए अभिलेख, सिक्के और मुद्राएँ, दैनिक जीवन के उपयोग की वस्तुएँ, जैसे औजार आदि और प्राचीन भवनों के भग्नावशेष।

कभी-कभी यद्यपि सामग्री तो मिल जाती है, किंतु उसका उपयोग नहीं हो पाता। सिंधु-घाटी (जो अब पाकिस्तान का भाग है) से प्राप्त बहुत-सी मुद्राओं पर खुदे हुए लेख भारत के इतिहास में प्राचीनतम हैं, किंतु ये अभी तक पढ़े नहीं जा सके हैं। भारतीय इतिहास की कुछ सामग्री विदेशों में भी पाई जाती है, जैसे, दारा प्रथम आदि फारसी सम्राटों के अभिलेख; यूनानी, रोमन, चीनी और तिब्बती इतिहासों के पृष्ठ और दक्षिणी-पूर्वी एशिया के देशों में पाए जानेवाले अनेक प्राचीन भग्नावशेष और अभिलेख। इनमें भारत और विदेशों के संपर्क का इतिवृत्त छिपा है।

इतिहास की इस सामग्री के कुछ महत्त्वपूर्ण निदर्शन निम्न प्रकार हैं : वैदिक साहित्य, *महाभारत* और *रामायण* महाकाव्य तथा पुराण। ये सब इतिहास सामग्री की खानें हैं। फा-ह्यान, श्वान-चाङ् और ई-चिङ् नामक चीनी यात्रियों के विवरण तत्कालीन भारतीय सामाजिक और सांस्कृतिक जीवन के तथ्यों से भरे हुए हैं। जहाँ तक अभिलेखों का प्रश्न है, अशोक के आदेश-लेखों का अद्वितीय महत्त्व है। यवन, शक और कुषाण युगों के इतिहास का ज्ञान इन वंशों के राजाओं के सिक्कों से ही होता है। स्थापत्य-सामग्री में हम भरहुत, सारनाथ, साँची और मथुरा की मूर्तियों और खुदाई के काम का उल्लेख कर सकते हैं, जिनमें प्राचीन भारतीय सभ्यता के बहुत-से रहस्य छिपे हैं।

राधा कुमुद मुखर्जी

विषय-सूची

प्रस्तावना

1. पृष्ठभूमि 15

इतिहास पर भूगोल का प्रभाव; साधन; भाषाएँ; धर्म; जातियाँ (रेसेज़); इनकी सांस्कृतिक देन; मौलिक एकता; राजनीतिक एकीकरण।

2. प्राक्-इतिहास 19

मानव-इतिहास की अवस्थाएँ; पूर्व-पाषाण-युग; मध्य-पाषाण-युग; नव-पाषाण-युग; शिकारी, पशुपालक और कृषि-प्रधान सस्कृतियाँ; सभ्यता का श्रीगणेश; इसके प्राचीन स्थल; सिंधु-सभ्यता; यहाँ की मुद्राएँ; ईंटों का प्रयोग; नालियाँ; सार्वजनिक भवन; हड़प्पा के उद्योग; नाव; सामग्रियों के स्रोत; मुद्राओं के चित्र; मूर्तियाँ; धर्म; संभावित काल; सिंधु-सभ्यता के निर्माता।

3. वैदिक युग 25

आर्य; ईरानी; ऋग्वेदकालीन भारत; प्रमुख जन; दाशराज्ञ युद्ध; आर्य-अनार्य-संघर्ष; सामाजिक संस्थाएँ; राजा; राजा का निर्वाचन; मंत्रि-परिषद्; सभा और समिति; न्याय; सेना; ऋग्वैदिक शिक्षा; ऋषि; संघ; श्रुतियों का अध्ययन और अर्थ; व्रतचारी; भाषा; धर्म; क्षत्रिय; स्त्रियाँ; अन्य वर्ग; विवाह; संपत्ति; वेशभूषा; भोजन; खेल-कूद; आर्थिक परिस्थिति; सिंचाई; उद्योग-दस्तकारी; व्यापार; कालक्रम।

4. उत्तर-वैदिक युग 34

उत्तर-वैदिक साहित्य का युग; साधन; भौगोलिक तथ्य; सामाजिक जीवन; अर्थ-व्यवस्था; राज्य (साम्राज्यवाद); दंड की प्रभुता; मंत्रि-परिषद्; सभा और समिति; शिक्षा-पद्धति; पराविद्या; अध्ययन के विषय; धर्म की धारणा।

5. वैदिकोत्तर युग 40

साधन; रामायण-महाभारत-कालीन सभ्यता; ग्रामीण स्वायत्तता; पाणिनि-कालीन भारत; ज्ञान-विज्ञान; उपचार; वर्णाश्रम-धर्म।

6. उत्तरी भारत (650 ई. पू.-325 ई. पू.) 43

जैनधर्म; जैन-सिद्धांत; वीर-निर्वाण; गौतम बुद्ध; प्रथम उपदेश; बुद्धचर्या; बुद्ध की महानता; राजनीतिक इतिहास; प्रमुख राज्य; अवंती; वंस (वत्स); कोशल; मगध; बिंबिसार; उसकी राजधानी; उसका राज्य; शासन; धर्म; उसका अंत; अजातशत्रु (लगभग 551-519 ई. पू.); लिच्छवि-युद्ध; धर्म; अजातशत्रु के उत्तराधिकारी; नंदवंश; गणराज्य; लिच्छवि; शाक्य; मल्ल; ज्ञातृक (नाय); तत्कालीन बौद्ध और जैन ग्रंथों में वर्णित सभ्यता; बस्तियाँ; सामाजिक व्यवस्था; आर्थिक परिस्थिति; ग्राम-नियोजन; दस्तकारी; व्यापार-मार्ग; नाव; कारवाँ; समुद्री व्यापार; बाजार; मुद्रा; श्रेणियाँ; व्यापार-मार्गों के संकट; जाति और व्यवसाय; ईरानी आक्रमण; सिकंदर का आक्रमण (327 ई. पू.); उसकी वापसी; परिणाम; यूनानी क्षत्रप; यूनानी लेखकों द्वारा भारतीय उल्लेख; पशु-संपत्ति; संन्यासी।

7. मौर्य-साम्राज्य 60

चंद्रगुप्त मौर्य (323-299 ई. पू.); चंद्रगुप्त के कृत्यों के विषय में जस्टिन का उल्लेख; चंद्रगुप्त की मुक्तिसेना के सैनिक; स्वतंत्रता-संग्राम की कथाएँ; सेल्यूकस का आक्रमण; दक्षिणी विजय; पश्चिमी विस्तार; चाणक्य; शासन; शासन के विभाग : सामान्य प्रशासन विभाग; सेना; कौटिल्य का वर्णन : विभाग; राजा; सामाजिक जीवन; बिंदुसार (299-274 ई. पू.); अशोक (लगभग 274-236 ई. पू.); कालक्रम; साम्राज्य का विस्तार; आदेशलेखों के स्थान; स्तंभलेख; सीमाएँ; प्रशासन; दौरे (अनुसंधान); धर्मयात्रा; नैतिक मंत्रालय; सार्वजनिक कार्य; पश्चिमी देशों में कल्याण-मंडल; धर्मविजय; कलिंग विजय; नैतिक प्रचार; राजकीय दान; धर्म; तीसरी बौद्ध-संगीति; कला और स्थापत्य; गुहावास; सुदर्शन झील; अशोक के संबंधी; अशोक का अंत; उत्तराधिकारी; मौर्य साम्राज्य का अंत।

8. मौर्योत्तर राज्य 73

[1] शुंग-वंश (लग. 186-65 ई. पू.); पुष्यमित्र (लग. 186-150 ई. पू.); यूनानी आक्रमण; साम्राज्य का विस्तार; धर्म; पुष्यमित्र के उत्तराधिकारी। [2] काण्वायन-वंश (लगभग 75-30 ई. पू.)। [3] आंध्र (लगभग 30 ई. पू.-250 ई.); प्रारंभिक इतिहास; शातकर्णि प्रथम; गौतमी-पुत्र शातकर्णि (लगभग 119-124 ई.); पुलुमावी (130-159 ई.); वासिष्ठी-पुत्र श्रीशिव शातकर्णि (159-166 ई.); यज्ञश्री शातकर्णि (174-203 ई.); आंध्र-साम्राज्य का पतन; आंध्र-वंश की शाखाएँ; आंध्र सभ्यता; धर्म; आर्थिक जीवन; समुद्री व्यापार; शांति और शासन। [4] कलिंग वंश: प्राचीन इतिहास; खारवेल; कालक्रम।

9. विदेशियों के आक्रमण और उनका देश में बसना 80

यवन आक्रमण; यवन राजा : मिनांदर (लगभग 115-90 ई. पू.); महरजस ध्रमिक्स मेनद्रस; शक; माओस (लगभग 20 ई. पू.-20 ई.); वोनोनास (वनान); गोंदोफर्नेस् (लगभग 20-50 ई.); शक-क्षत्रप; तक्षशिला; मथुरा; पश्चिमी भारत; उज्जयिनी; रुद्रदामा; कुषाण; कुजुल कडफाइसेस प्रथम (लगभग 15-65 ई.); विम कडफाइसेस द्वितीय (लगभग 65-75 ई.); उसके उत्तराधिकारी; कनिष्क प्रथम; मुद्राएँ; कनिष्क की प्रतिमा; वासिष्क (लगभग 102-106 ई.); हुविष्क (लगभग

106-138 ई.); वासुदेव प्रथम (लगभग 152-176 ई.); बाद के कुषाण राजा; कुषाणकालीन भारत; धर्म; कला; प्रशासन; लोक कल्याण-कार्य और अनुदान; परिशिष्ट : यवन राजाओं का काल-क्रम।

10. गुप्त-साम्राज्य 92

प्राक्-गुप्त इतिहास; गणतंत्र : (1) आर्जुनायन, (2) मालव, (3) यौधेय, (4) लिच्छवि, (5) शिवि, (6) कुणिंद, (7) कुलूत, (8) औदुंबर; राजतंत्र : (1) नागवंश, (2) अहिच्छत्रा, (3) अयोध्या, (4) कौशांबी, (5) वाकाटक, (6) मौखरी; गुप्त-इतिहास; चंद्रगुप्त प्रथम (319-335 ई.); गुप्त-संवत्; समुद्रगुप्त पराक्रमांक (लगभग 335-375 ई.); कालक्रम; हरिषेण; समुद्रगुप्त की विजयें; प्रथम विजय; दक्षिणी अभियान; आर्यावर्त का दूसरा युद्ध; आटविक राज्यों की पराजय; प्रत्यंत राज्यों से संबंध; विदेशी-राज्य; अश्वमेध; मुद्राएँ; चंद्रगुप्त द्वितीय विक्रमादित्य (375 ई.-414 ई.); कालक्रम; राज्यारोहण; विजय; रामगुप्त; शासन; आर्थिक व्यवस्था; धर्म; मुद्राएँ; फा-ह्यान द्वारा वर्णित भारत (399-414 ई.); खोतान; कुमारगुप्त प्रथम महेंद्रादित्य (414-455 ई.); शासन; मुद्राएँ; स्कंदगुप्त विक्रमादित्य (455-467 ई.); शासन; धर्म; आर्थिक जीवन; मुद्राएँ; वलभी; पुरुगुप्त विक्रम प्रकाशादित्य (467-69 ई.); पुरुगुप्त के उत्तराधिकारी; कुमारगुप्त द्वितीय विक्रमादित्य (473-476 ई.); बुधगुप्त (476-495 ई.); भूमि के सौदे; सामंत और प्रांतीय राज्यपाल; नरसिंहगुप्त बालादित्य (495 ई. से लगभग 510 ई.); भानुगुप्त; यशोधर्मा; स्थानीय राजा; वैन्यगुप्त; कुमारगुप्त तृतीय; प्रांत का प्रशासन; गोपचंद्र; विजयसेन; धर्मादित्य; समाचारदेव; गुप्तकालीन भारत; राजनीतिक स्वरूप; धर्म; जन-कल्याण; शिक्षा; मौखिक शिक्षा; कला और वास्तुशिल्प; मंदिर स्थापत्य का विकास; समाज; आर्थिक जीवन; श्रेणी-निगम; बैंक; जनहित-कार्य; प्रशासन; इकाइयाँ; कर और आय के साधन; वाकाटक वंश (लगभग 250-500 ई.); स्थानीय राज्य।

11. हर्ष का साम्राज्य 116

साधन; पूर्वज; राजा की मृत्यु; राज्यवर्धन का अभिषेक; राज्यश्री का दुर्भाग्य; राज्यवर्धन का वध; बहन का उद्धार; दिग्विजय; पुलकेशी द्वारा रोक; सेना; उत्तरी भारत पर आधिपत्य; विदेशी दूत; कन्नौज की सभा; प्रयाग की सभा; हर्ष के अप्रतिम दान; प्रशासन; राजकीय यात्राएँ; मुख्य-अधिकारी; उनका वेतन; आय; मुद्राएँ; श्वान-चाङ् का भारत-वर्णन; संप्रदाय और संन्यासी; शिक्षा के केंद्र; नालंदा महाविहार; प्रवेश; विचार-गोष्ठी; अध्ययन के विषय; प्रमुख शिक्षक; मुद्राएँ।

12. स्थानीय राज्य और उनके आपसी संघर्ष 123

अर्जुन; आदित्यसेन; यशोवर्मा; आयुध; प्रतीहार; नागभट प्रथम; नागभट द्वितीय; मिहिरभोज; राजशेखर; महीपाल; प्रतीहारों का पतन; गाहडवाल (1090-1194); गोविंदचंद्र, (1104-1155); विजयचंद्र; जयचंद्र; बंगाल के पाल; गोपाल; धर्मपाल; देवपाल; जावा का दमन; नारायणपाल; संकट; महीपाल प्रथम; महीपाल द्वितीय; मदनपाल; गोविंदपाल; चंद्रवंश; यादव; जातवर्मा; शूर; सेन : विजयसेन, बल्लालसेन, लक्ष्मणसेन; कश्मीर; हूण; मातृगुप्त; कार्कोट-वंश; मुक्तापीड ललितादित्य; उत्पलवंश; रानी दिद्दा; लोहर; हर्ष; उच्छल; तिब्बती आक्रमण; सांस्कृतिक केंद्र के रूप में कश्मीर; सिंधु; नेपाल; असम; मालवा के परमार; वाक्पति द्वितीय; सिंधुराज; भोज;

अणहिलवाड़; चालुक्य; भीम प्रथम; सिद्धराज; कुमारपाल; बघेल; विशालदेव; चंदेल; वाक्पति: हर्ष: यशोवर्मा; खजुराहो मंदिर; धंग; विद्याधर; कीर्तिवर्मा; चेदी के कलचुरी; लक्ष्मण; पतन; चाहमान; शाकंभरी; विग्रहराज षष्ठ; पृथ्वीराज तृतीय; गुहिलोत; शाही (शाहिय); कला।

13. दक्षिणी भारत 140

स्थानीय राज्य; सार्वभौम राज्य; मध्य-दक्षिणी भारत : नल; पश्चिमी-दक्षिणी भारत : भोज; त्रैकूटक; कलचुरि; प्रारंभिक राष्ट्रकूट; पूर्वी-दक्षिणी भारत : आंध्र; आनंदवंश; सालंकायन; विष्णुकुंडी वंश; कलिंग : (1) पितृभक्त, (2) माठर, (3) वासिष्ठ, (4) पूर्वी गंग; दक्षिण कोसल और मेकल; सार्वभौम शक्तियाँ; पश्चिमी चालुक्य : पुलकेशी द्वितीय; विक्रमादित्य प्रथम; विनयादित्य (681-695 ई.); विजयादित्य (696-733); विक्रमादित्य द्वितीय; (733-45 ई.) कीर्तिवर्मा द्वितीय (746-757 ई.); पूर्वी चालुक्य : विष्णुवर्धन प्रथम : उसके उत्तराधिकारी; राष्ट्रकूट।

14. सुदूर दक्षिणी भारत 157

प्रारंभिक इतिहास; पांड्य; चोल; परांतक प्रथम और उसके उत्तराधिकारी; पल्लव।

15. बृहत्तर भारत 167

प्राचीन साक्ष्य; स्याम (थाईलैंड); कंबुज (आधुनिक कंबोडिया); चंपा (अन्नम); मलाया; सुवर्णद्वीप; श्रीविजय; बोर्निओ; बाली; जावा; बर्मा; बृहत्तर भारत में भारतीय कला : (1) कोरिया, (2) जापान, (3) मध्य-एशिया, (4) चीन, (5) कंबुज, (6) थाईलैंड, (7) बर्मा, (8) लंका, (9) जावा (बोरोबोदूर), (10) तिब्बत।

प्राचीन भारत

पहला अध्याय

पृष्ठभूमि

इतिहास पर भूगोल का प्रभाव : प्रत्येक देश के इतिहास पर उसके भूगोल का प्रभाव पड़ता है। जहाँ तक (अविभक्त) भारत का प्रश्न है, उसकी सभ्यता युग-युगांतरों से स्वतंत्र रूप से विकसित होती रही है। उत्तरी पर्वतों की भयंकर रुकावटों और दक्षिण के समुद्रों के कारण भारत शेष विश्व से प्रायः पृथक् रहा। फलस्वरूप उस पर अधिक विदेशी प्रभाव नहीं पड़ सका। हिमालय पश्चिम से पूर्व तक लगभग 1600 मील लंबी और 50 मील चौड़ी एक दुहरी दीवार है। पूर्व में पत्कोई, नागा और लुशाई की पहाड़ियाँ और उनके घने जंगल आने-जाने में बाधा डालते हैं। पश्चिमी छोर पर कुछ दर्रे अवश्य हैं; जैसे खैबर और बोलन के, जहाँ से होकर विदेशी आते थे। दक्षिण की ओर शताब्दियों तक समुद्र भारत में आसानी से आने-जाने में रुकावट डालता रहा। किंतु बाद में नौ-विद्या-क्षेत्र में पर्याप्त प्रगति हुई। फिर तो यह समुद्र व्यापार के लिए सुगम मार्ग ही बन गया। 1498 ई. में वास्को-दी-गामा के नेतृत्त्व में पुर्तगाली लोग सबसे पहले समुद्री रास्तों से भारत आए। उसके बाद डच, फ्रांसीसी और अंग्रेज आए। ये सभी बहुत समय तक भारत में अपना प्रभुत्त्व जमाने के लिए आपस में संघर्ष करते रहे। इस प्रकार कुल मिलाकर भारत की भौगोलिक पृथकता के कारण यहाँ की सभ्यता पर अधिक विदेशी प्रभाव नहीं पड़ा।

प्राकृतिक साधन : भारत के आकार की विशालता का भी इसके इतिहास पर प्रभाव पड़ा। इससे प्राकृतिक और सामाजिक परिस्थितियों की विविधता उत्पन्न हुई, जिससे भारत विश्व का एक लघु रूप ही बन गया। इसी विशालता के कारण भारत में जलवायु की विभिन्नता है, जिसका फल जंतु और वनस्पति-जगत् की संपन्नता है। फलतः भारत में वह सबकुछ मिलता है जो मनुष्य के लिए आवश्यक है। भारत कोयले और पेट्रोल, लोहे, मेंगेनीज़ और क्रोम के साधनों से सुसंपन्न है। उसकी विशाल कोयले की खानें बंगाल, बिहार और उड़ीसा में उसके लोहे की खानों के पास पाई जाती हैं। इस प्रकार प्रकृति ने भारत को आर्थिक आत्म-निर्भरता के साधनों से सुसज्जित किया है।

भाषाएँ : प्राकृतिक विविधता के साथ-साथ भारतीय जनता में प्रतिबिंबित

उसकी सामाजिक विभिन्नता भी उल्लेखनीय है । भारत में 179 भाषाएँ और 545 बोलियाँ विकसित हुई हैं । किंतु संस्कृति और साहित्य की दृष्टि से महत्त्वपूर्ण भाषाओं की संख्या लगभग 15 ही है । इनमें से चार तेलुगु, तमिल, कन्नड़ और मलयालम द्राविड़ हैं और प्रत्येक का समृद्ध साहित्य है । भारतीय आर्य-भाषाएँ—जैसे हिंदी, गुजराती, मराठी, बंगाली, असमिया और उड़िया—उत्तर में प्रचलित हैं । बहुत-सी निषाद और तिब्बती-चीनी परिवारों की आदिम जातीय बोलियाँ भी पाई जाती हैं । इनमें मुंडा प्रमुख है । किंतु इनके बोलनेवाले देश की जनसंख्या में 2 प्रतिशत से भी कम हैं ।

धर्म : भारत विश्व के प्रमुख धर्मों—हिंदुत्त्व, इस्लाम, बौद्धधर्म, जैनधर्म और ईसाई धर्म—का घर बन गया है । 25 करोड़ से अधिक जनता हिंदू-धर्म को मानती है । यह अनेक मतों, संप्रदायों और विचारधाराओं के द्वारा उनकी धार्मिक आवश्यकताओं को पूरा करता है । यह एक उदार और विस्तीर्ण विचार-पद्धति है जो कठोर सिद्धांतों, अडिग विश्वासों या निश्चित आचरणों की सख्त परिधि में परिबद्ध नहीं है और, फलतः विदेशी तत्त्वों को आत्मसात् करके अपनी संपन्नता बढ़ाने की क्षमता रखता है ।

जातियाँ (रेसेज) : भारत का जटिल जातीय विधान संसार की प्रमुख जातियों के सम्मिश्रण से बना है । ये जातियाँ हैं—त्रावणकोर और कोचीन के नेग्रीटो, आदिवासी आदिम-निषाद (ऑस्ट्रोलॉयड), असम के किरात (मंगोलॉयड), विभिन्न प्रदेशों के ब्राह्मणों में प्रतिबिंबित भूमध्यसागरीय जातियाँ, काठियावाड़, गुजरात और तमिलनाडु की चौड़े सिरवाली (ब्रेकीसेफालिक) जातियाँ, बंगाल और उड़ीसा की दिनारी जातियाँ और पंजाब, राजस्थान, महाराष्ट्र और बंगाल की आर्य (नोर्डिक) जातियाँ ।

इनकी सांस्कृतिक देन : यह उल्लेखनीय है कि इन जातियों ने अपनी देनों से भारतीय संस्कृति को संपन्न किया है । आदिम-निषाद जाति (ऑस्ट्रोलॉयड) की देन निषाद भाषा है जिसे मुंडा कहते हैं और एक विशिष्ट आदिम सभ्यता है जो मुंडा या कोलेरी कहलाती है और संथाल परगना, छोटा नागपुर, मध्यप्रदेश, उड़ीसा और मद्रास के कुछ भागों में साठ लाख व्यक्तियों को अपनी क्रोड़ में समेटे है । किरातों (मंगोलॉयड) से भारत ने दो भाषाएँ ग्रहण की हैं : (1) तिब्बती-बर्मी, जिसे अबोरमिरि, दफ्ला, उत्तरी असम के मिश्मी, पश्चिमी असम की पहाड़ियों के गारो, नागा-पर्वतों के कूकी-चिन, कूच-बरार-नोगोंग और असम के अन्य प्रदेशों के कोच अथवा बोडो बोलते हैं, और (2) मोन-रन्मेर (मंगोली) जो असम की खसी नामक पहाड़ियों पर बोली जाती है । भूमध्यसागरीय और एल्पीनी आरमीनी लोग भारत में द्राविड़-भाषाएँ और अपनी सुविकसित सभ्यताएँ लाए । नोर्दी लोग भारत में अपनी आर्य-भाषा लाए ।

मौलिक एकता : इस विविधता के नीचे समान संस्कृति की एक मौलिक एकता

है जिसकी छाप प्रत्येक भारतीय पर मिलती है। साहित्यिक और धार्मिक कृतियों ने युग-युगांतरों में इस एकता के भाव को दृढ़ किया है। इनमें मातृभूमि के मूर्त रूप की कल्पना करके उसकी उपासना का विधान किया गया है। इस मूर्त रूप में सात पवित्र नदियाँ, सात पवित्र पुरियाँ (नगर), सात पवित्र पर्वत मातृभूमि की रीढ़ और पसलियों के समान हैं।

सात नदियाँ गंगा, यमुना, गोदावरी, सरस्वती, नर्मदा, सिंधु और कावेरी हैं जिनके पवित्र जल में पर्व-दिवसों पर सब दिशाओं के हिंदू एक ही प्रार्थना पढ़ते, एक ही धर्म के अनुयायियों के रूप में शुद्धि के लिए स्नान करते हैं। सात पवित्र पुरियाँ अयोध्या, मथुरा, माया (हरद्वार), काशी, कांची, अवंतिका और द्वारावती (द्वारका) हैं जो हिंदू-धर्म के प्रमुख देवी-देवताओं से संबंधित हैं। ये हैं : राम, कृष्ण, गंगा, शिवमहाकाल। इसी प्रकार सात पवित्र पर्वत सुदूर दक्षिण के मलय से उत्तर के विंध्य और पारियात्र (अरावली) तक फैलते हुए मातृभूमि के चित्र को साकार करते हैं। इस प्रकार ये प्रार्थना-मंत्र मातृभूमि के विशाल आकार और स्वरूप की भौगोलिक धारणा को, देशमातृका की विराट् देह को, चिंतन-मनन के निमित्त जन-जन की मनोवृत्ति में बद्धमूल करते हैं। हिंदुत्व का एक विशिष्ट लक्षण तीर्थयात्रा है, जो जनता को, चाहे वह शाक्त हो अथवा शैव अथवा वैष्णव, समान धार्मिक उत्साह के साथ विविध केंद्रों के दर्शन करने की प्रेरणा देता है। मातृभूमि की समस्त मृत्तिका की पवित्रता के भाव में सांप्रदायिक भेद विलीन हो जाते हैं और राष्ट्रीयता और जनतंत्र की नैतिक आधारशिला के रूप में अखिल भारतीय दृष्टिकोण की उपलब्धि होती है। भारतीय संस्कृति की आत्मा इस उदात्त वाक्य में मुखरित हो उठती है 'जननी जन्मभूमिश्च स्वर्गादपि गरीयसी' (माता और मातृभूमि स्वर्ग से भी बढ़कर हैं)।

राजनीतिक एकीकरण : भारत की विशालता और विविधता ने उसके इतिहास पर प्रभाव डाला है। इसके कारण इसके विभिन्न भागों और जातियों की एक केंद्रीय राज्य के अधीन राजनीतिक एकता में बाधा पड़ी है। युग-युगांतरों से शायद ही कभी समस्त भारत का समग्रता की दृष्टि से एक इतिहास मिले; वरन् स्थानीय अथवा क्षेत्रीय इतिहासों का समूह मिलता है जो पारस्परिक संघर्ष को प्रकट करता हुआ एक राज्य के रूप में उनके संगठन के विपरीत है। केवल अंग्रेजी राज्य ही देश के एक बड़े भाग को राज्य द्वारा अनुशासित करने में सफल हुआ, तब भी देश का एक-तिहाई भाग 600 रियासतों में बँटा हुआ था। ये अंग्रेजी प्रभुत्व के अधीन तो थे, किंतु इनके अपने-अपने शासन-विधान थे। 1947 ई. में ब्रिटिश पार्लमेंट द्वारा पारित भारतीय स्वतंत्रता अधिनियम के अनुसार भारत से अंग्रेजी राज्य समाप्त हुआ, किंतु देश भारत और पाकिस्तान—दो राज्यों में विभक्त हो गया; साथ ही देशी रियासतों को अपने इच्छानुसार सम्मिलित होने का अधिकार दिया गया। उपर्युक्त अधिनियम के अनुसार बहुत-सी रियासतों ने जनता की

सम्मति के दबाव से तथा आधुनिक प्रशासन के साधनों की कमी को ध्यान में रखते हुए अपनी स्वतंत्र सत्ता को भारत में मिला दिया। भारतीय संघ में इन राज्यों के विलय के फलस्वरूप लगभग एक-तिहाई अविभक्त भारत के साधनों, प्रदेशों, आय और जनता के भारत में मिल जाने से विभाजन से उत्पन्न हानि की कुछ पूर्त्ति अवश्य हो गई है।

दूसरा अध्याय

प्राक्-इतिहास

मानव-इतिहास की अवस्थाएँ : मानव-इतिहास जिन अवस्थाओं से गुजरा है, उनकी पहचान उनमें प्रयुक्त वस्तुओं से होती है। सबसे प्रारंभिक अवस्था में पाषाण का प्रयोग होता था, फिर ताँबा, काँसा और लोहा आदि धातुओं का व्यवहार होने लगा।

पूर्व-पाषाण-युग : प्राचीन मानव ने भारत में उत्तर-पश्चिमी पंजाब की पहाड़ियों की तलहटियों के किनारे-किनारे प्रवेश किया और गंगा की उपत्यका को छोड़कर प्रायः भारत के प्रत्येक भाग में अपने अस्तित्त्व के अवशेष छोड़े हैं। वे चिह्न बूझा पत्थर के बेढंगे औजार हैं जिनके कारण मानव-इतिहास में इस युग को प्रथम-पाषाण-युग अथवा पूर्व-पाषाण-युग कहा जाता है। पूर्व-पाषाण-युग के लोग नेग्रीटो समझे जाते हैं।

पूर्व-पाषाण-संस्कृति के प्रमुख स्थान कई हैं : (1) नर्मदा घाटी, जहाँ विभिन्न प्रकार के आदिम-उद्योगों के बूझा-पत्थर, रेतीला-पत्थर और त्रेप के बने औजार बहुतायत से मिलते हैं, (2) कोंकण-तट की पट्टी, और (3) दक्षिण का पठार। पूर्वी तट भी इन प्राचीन अवशेषों से सुसंपन्न है। दक्षिणी-पूर्वी भारत की चेचक-पत्थर की धरती (जिसे दक्षिण में इटिकाकुलु कहते हैं) से भी ऐसे उपकरण बहुत आसानी से बन सकते हैं।

मध्य-पाषाण-युग : दूसरी अवस्था मध्य-पाषाण-युग कहलाती है। इसका लक्षण पत्थर के बहुत छोटे औजार हैं जिन्हें 'माइक्रोलिथ' कहते हैं और जो प्रायः समस्त भारत में, विशेषतः उत्तरी गुजरात में पाए जाते हैं। गुजरात में हुई खुदाइयों में इन लघु पाषाणोपकरणों (माइक्रोलिथ) के साथ-साथ गाय, भैंस, जंगली घोड़े, कुत्ते, भेड़, बकरी, मछली, घड़ियाल आदि के पथराए और ठठरे हुए अवशेष और नीग्रो नक्शों की मनुष्यों की ठठरियाँ मिली हैं। इन अवशेषों से पता चलता है कि गुजरात की लघु-पाषाणोपकरण-संस्कृति (माइक्रोलिथिक कल्चर) अत्यंत प्राचीन है और इस युग में मनुष्य आखेटजीवी था।

नव-पाषाण-युग : अगला पाषाण-युग नव-पाषाण-युग कहलाता है। इसमें बेहतर ढंग से पत्थर के तराशे, घिसे और चिकने किए हुए औज़ार मिलते हैं। साथ ही साथ हाथ के बने और बाद में चाक पर उतारे हुए मिट्टी के बर्तन, बड़ी-बड़ी

शिलाओं के मकबरे और ऐसी कब्रें मिलती हैं जिनमें शवों की हड्डियाँ पात्रों में रखकर दबाई गई हैं। आदिचनल्लूर में ऐसी बहुत-सी कब्रें मिली हैं। नव-पाषाण-युगीन संस्कृति ने कितनी प्रगति कर ली थी, इसका पता गेरू अथवा गहरे लाल या काले लोहचूर्ण से बनाए गए उन चित्रों से चलता है जिनमें शिकारी बारहसिंगे आदि जानवरों का पीछा करते हुए दिखाए गए हैं। या जिनमें घोड़े, जिराफ, हिरण और कँगारू जैसे जानवरों का चित्रण हुआ है। मिर्जापुर, होशंगाबाद और सिगनपुर और कैमूर की पहाड़ियों की गुफाओं में ऐसे चित्र मिलते हैं। ये नव-पाषाण-युगीन लोग आदिम निषाद माने जाते हैं।

शिकारी, पशुपालक और कृषिप्रधान संस्कृतियाँ : सभ्यता की अवस्थाओं को मनुष्य के व्यवसायों द्वारा भी पहचाना जा सकता है। मनुष्य ने सबसे पहले शिकारी का जीवन व्यतीत किया और पशु-पक्षी और मछलियों का शिकार करके अपना खाद्य प्राप्त किया। उसके बाद उसको अनुभव हुआ कि कुछ पशुओं को, जिनसे दूध और उससे बने पदार्थ प्राप्त होते हैं, पालना अधिक उपयोगी है। वह पशुओं को पालने लगा और खेतों और चरागाहों में उनको चराने लगा। वहाँ उसे पता लगा कि उलटी हुई जमीन में बीज बिखेरने से खाद्यपदार्थ उगते हैं। इस खोज ने उसे कृषि और स्थाई जीवन की ओर प्रवृत्त किया जिससे उसे विचार करने के लिए अवकाश मिला। उसी से सभ्यता का जन्म हुआ। इसका उदय भोजन की सामग्री की उपलब्धि के फलस्वरूप हुआ। इसका प्रारंभ मनुष्य के सबसे अच्छे खाने के रूप में गेहूँ के सर्वप्रथम उपजने के साथ हुआ। वनस्पति-विकासशास्त्रियों के अनुसार, गेहूँ सबसे पहले हिमालय और हिंदूकुश की तलहटी में पंजाब के किसी स्थान पर उगा और वहाँ से पश्चिम की ओर फैल गया। इस प्रकार सभ्यता का श्रीगणेश उस स्थान पर हुआ जहाँ सबसे पहले अन्न उपजने लगा और पशु पाले जाने लगे।

सभ्यता का श्रीगणेश : यह आदिम गेहूँ सिंधु-उपत्यका में उपजा, जहाँ सभ्यता का अरुणोदय हुआ। मोहेंजोदड़ो में इस गेहूँ के नमूने मिले हैं। यह उस गेहूँ का पूर्वज है जो पंजाब में प्रयुक्त होता है।

इसके प्राचीन स्थल : इस प्राचीन सभ्यता के स्थल सिंधु और बलूचिस्तान में मिलते हैं। वहाँ से लाल और भूरे रंग के मिट्टी के बर्तन प्राप्त होते हैं। इन स्थलों में (1) क्वेटा, (2) अमर-नाल-नुन्दर, (3) कुल्ली, (4) झोब, (5) शाही तेप, और (6) राना गुंदेई उल्लेखनीय हैं। नाल से कुछ आकृतियाँ मिली हैं जिनमें रेखाओं की सजावट और एक शिकारी पक्षी की आकृति प्रधान है। नुंदर से शेर, बैल, मछली, चिड़ियों और पीपल के पेड़ की आकृतियाँ मिली हैं। कुल्ली से स्त्री की मिट्टी की मूर्ति (संभवतः गृहदेवता) और कूभवाले साँड़, बकरों और बिल्ली की आकृतियाँ प्राप्त हुई हैं। राना गुंदेई व झोब से कूभवाले साँड़, भेड़, गधे और विशेष रूप से उल्लेखनीय घोड़े की हड्डियाँ उपलब्ध हुई हैं। झोब से धरतीमाता की मूर्ति और

पत्थर के लिंग प्रकाश में आए हैं।

सिंधु-सभ्यता : प्रागैतिहासिक संस्कृति के ये प्रारंभिक चरण सिंधु-सभ्यता में परिणत हुए। इसके दो केंद्र पंजाब के मोंटगोमरी जिले का हड़प्पा नामक स्थान और सिंध के लरकाना जिले का मोहेंजोदड़ो नामक स्थान हैं। यद्यपि इन केंद्रों में 350 मील का अंतर है तथापि वहाँ के प्राचीन अवशेषों में एक ही तरह की सभ्यता का ढाँचा प्रकट होता है। मोहेंजोदड़ो में हड़प्पा की अपेक्षा प्राचीन अवशेष अधिक मिले हैं जो वहाँ के प्राचीन नगर के एक के बाद एक सात स्तरों की खुदाई से मिले हैं।

यहाँ की मुद्राएँ : सबसे अधिक महत्त्वपूर्ण वस्तु मुद्राएँ हैं जिनकी संख्या 2,000 से अधिक है। इन पर लेख खुदे हुए हैं जो अभी तक पढ़े नहीं जा सके हैं। उन पर शेर, चीते, गैंडे, रीछ, गीदड़, भेड़िये, कई प्रकार के हिरण, बारहसिंगे, सम्भर, हाथी, भैंसे, कूबवाले साँड़, भैंस, भेड़, मेढे, पक्षी आदि जीवों की सजीव आकृतियाँ अंकित हैं। इनके साथ-साथ ऊँट, भेड़ घोड़े, (?), कुत्ते, बंदर, खरगोश, बकरे, सूअर और पक्षियों के कंकाल और हड्डियाँ भी मिली हैं। राना गुंदेई के सबसे निचले स्तरों में घोड़े के दाँत मिले हैं। यह कहने की जरूरत नहीं है कि इनमें से बहुत-से पशु उस समय सिंध में पाए जाते थे, जहाँ काफी नमी के कारण इन पशुओं के आश्रय के लिए घने जंगल उग गए थे। वहाँ की भरी हुई नदियों में घड़ियाल, कछुए, मछली, जलभैंसे आदि जलजंतु भी काफी संख्या में पाए जाते थे जैसा कि मुद्राओं के अंकनों से ज्ञात होता है।

ईंटों का प्रयोग : सिंध में उस समय काफी जल मिलता था, इसका पता वहाँ की ईंटों की इमारतों से भी चलता है जो बाढ़ और वर्षा से बचाव के लिए बनाई जाती थीं। जंगलों से लकड़ी मिलती थी जिससे भट्ठों में ईंटें पकाई जाती थीं।

नालियाँ : नगर जमींदोज नालियों के विशाल जाल से भरा था जो उस युग में संसार में अद्वितीय थीं। घर की नालियाँ सड़क की नालियों में मिलती थीं। इनमें सफाई करनेवाले आदमियों के घुसने के लिए बड़े-बड़े सूराख बने हुए थे। इन सूराखों पर पत्थर के ढँकने रहते थे जो पास ही सक्कर से आते थे। शहर की गंदगी अंत में सोख-गड्ढों और नदी में चली जाती थी।

इस प्रकार मोहेंजोदड़ो में जनतंत्रात्मक नगर-योजना मिलती है जो मिस्र और शाम के मंदिरों, महलों और राज-समाधियों के अभिजातवर्गीय स्थापत्य के विपरीत लोक-स्वास्थ्य और सफाई पर जोर देती थी।

सार्वजनिक भवन : सड़कों की चौड़ाई भी नगर की सफाई में योग देती थी। यह चौड़ाई 9 फुट से 34 फुट तक होती थी जो वाहनों के लिए काफी थी। दोनों नगरों में कई सार्वजनिक भवन थे। इनमें (1) एक 230′ × 78′ का भवन, जिसकी बराबरों में कमरे थे और जो विद्यालय का काम देता था, (2) एक 90′ × 90′ का खंबोंवाला बड़ा कमरा जो शायद नगरपालिकाभवन था, और (3) एक 108′

× 108′ का सार्वजनिक स्नान-भवन, जिसके साथ 40′ × 24′ × 8′ का तैरने का तालाब था और जिसमें पानी भरने और खाली करने की व्यवस्था थी, उल्लेखनीय हैं। हड़प्पा में एक 150′ × 200′ का राजकीय अन्नभंडार मिला है जिसमें 50′ × 20′ के छोटे-छोटे भंडार थे।

हड़प्पा के उद्योग : हड़प्पा में औद्योगिक बस्तियों के खंडहर मिले हैं जो 16 खंडों में स्थित थे। जमीन का प्रत्येक टुकड़ा 20′ × 20′ था और आधुनिक कुलियों के निवास की पंक्तियों की तरह दो-दो कमरों में बँटा हुआ था। आटा पीसने की चक्कियों के अवशेष भी मिले हैं। उनके लिए बनाए गए मकानों की फर्श ईंटों की होती थी और उनमें लकड़ी के ओखल फँसाने के लिए खाँचे बने होते थे। इन ओखलों में भारी मूसलों से अन्न पीसकर आटा बनाया जाता था। आटा पीसने के लिए मजदूर अपने काम पर नंगे पैर खड़े रहते थे जैसा कि उनके पैरों से घिसी हुई फर्श की ईंटों से प्रकट होता है। फर्शों की दरारों में गेहूँ, जौ और चोकर के कण पड़े मिले हैं।

नाव : मोहेंजोदड़ो की दो मुद्राओं पर नावों की आकृतियाँ अंकित हैं, जिनकी अगाड़ी और पिछाड़ी उठी हुई हैं। एक नाव पर मस्तूल, लहराता हुआ बादबान और लंबी पतवार चलाते हुए माँझी को दिखाया गया है और दूसरी पर एक चौकोर केबिन और जहाज अंकित हैं। वे नदियों और समुद्रों से गुजरनेवाले व्यापार का प्रमाण प्रस्तुत करते हैं। मैके के अनुसार "सिंधु-घाटी के लोग समुद्री मार्ग से सुमेर और इलाम से व्यापार करते थे।" प्राचीन शूषा में कुल्ली के चित्रित मिट्टी के बर्तनों की नकलें मिलती हैं जहाँ के लोग समुद्री मार्गों द्वारा प्राचीन मेसोपोटामिया से व्यापार करते थे।

सामग्रियों के स्रोत : तत्कालीन व्यापार का क्षेत्र बड़ा विस्तृत था। इसके द्वारा नजदीक ही नहीं, सुदूर देशों से भी वह सब सामग्री एकत्रित की जाती थी जो एक जगह नहीं मिलती थी। इस सामग्री का प्रयोग नगरों के स्थापत्य में और वहाँ के नागरिकों की आवश्यकताओं के लिए होता था। ऐसा ही एक विशिष्ट पदार्थ सोना है जो सर एडविन पेस्को के मतानुसार केवल मैसूर में कोलार की खानों में मिलता था। इस सोने में 11% इलेक्ट्रान का मेल रहता है। इसी प्रकार मोहेंजोदड़ो में प्रयुक्त सुंदर हरा पत्थर नीलगिरि की पहाड़ियों में दोछाबेट्टा नामक स्थान से मिलता था। यह भारतीय हरा पत्थर स्याम में ऊर नामक स्थान पर भी प्रयुक्त हुआ है। इससे "प्रलय के पहले के उस मानव का आश्चर्यजनक चित्र सामने आ जाता है जो व्यापार में लगा हुआ था और जिसके कारवाँ पहाड़ों और रेगिस्तानों में हजारों मील की दूरी पार करते हुए मेसोपोटामिया की वादी से भारत के मध्य में प्रवेश करते थे।" सुदूर बाहरी देशों से लाए गए पदार्थों में बदख्शाँ के लाजवर्द, खुरासान के फीरोजे और पामीर, पूर्वी तुर्किस्तान और तिब्बत के भरगज (भसार) उल्लेखनीय हैं। जैसलमेर से सुंदर पीला पत्थर और 100 मील दूर किरथर की

पहाड़ियों से खड़िया मिट्टी आती थी।

इससे यह स्पष्ट हो जाता है कि भारत के उत्तरी और दक्षिणी भाग विंध्याचल की दीवारों या दंडकारण्य के आख्यानिक जंगलों के कारण एक-दूसरे से अलग नहीं थे, वरन् व्यापारिक और सांस्कृतिक आदान-प्रदान के दृढ़ बंधनों में परिबद्ध थे जिनके फलस्वरूप इन रुकावटों को फाँदकर वे मार्ग खोज लिए गए थे जिनसे द्रविड़ लोग उत्तर से दक्षिण में पहुँचे थे। इन्होंने प्रागैतिहासिक भारत के विशाल जातीय संचरण के मार्ग खोल दिए थे।

मुद्राओं के चित्र : एक मुद्रा पर एक चतुर्भुज देवता (जैसे ब्रह्मा या विष्णु) की आकृति मिलती है। 6 मुद्राओं पर खड़े योगी (जैसे यम) अंकित हैं। एक अन्य मुद्रा पर वृक्ष की दो शाखाओं के बीच में खड़े एक देवता का चित्र है। सात भक्त स्त्रियाँ एक पंक्ति में खड़ी हैं और एक अन्य भक्त घुटनों के बल आधा झुका चित्रित है। ये सब इस देवता की पूजा करते हुए दिखाए गए हैं। एक मुद्रा पर तीन मुख और आँखोंवाला देवता चित्रित है। यह जंगली जानवरों से घिरा है और योगी की तरह बैठा है। यह देवता पशुपति (शिव) की याद दिलाता है।

मूर्त्तियाँ : एक योगी की पत्थर की मूर्त्ति मिली है जिसकी आँखें एकाग्र चिंतन की मुद्रा में नासाग्र पर टिकी हैं। नगर के प्रसन्न जीवन की झाँकी काँसे की नर्त्तकी की मूर्त्ति में मिलती है जो अपने पैरों की गति से संगीत की ताल का अनुसरण करती हुई जान पड़ती है। एक नर्त्तक की मूर्त्ति की बाईं टाँग नटराज शिव की तरह उठी हुई है।

धर्म : इसका अनुमान मुद्राओं और मूर्त्तियों पर चित्रित पूजा के उपादानों से किया जा सकता है। यह (1) शिव, (2) शक्ति, (3) पशु (देवताओं के वाहन के रूप में), (4) वृक्ष और उनमें निवास करनेवाले देवता, (5) लिंग और योनि के प्रतीक, (6) पवित्र धूपदानी आदि से संबंधित था, (7) मंत्रों और तावीजों पर विश्वास भी इसमें शामिल था, और (8) योग की साधना प्रधान धार्मिक कृत्य था।

संभावित काल : इलाम और सुमेर में प्राक्-सारगोन-युग (2700 ई. पू. अथवा 2400 ई. पू.) के कुछ स्थलों से सिंधु-लिपि में अंकित और ककुदमान साँड़ की आकृति से चित्रित्त पाँच भारतीय मुद्राओं की उपलब्धि से सर जॉन मार्शल ने यह अनुमान लगाया है कि यह 2700 ई. पू. से 2400 ई. पू. के लगभग विद्यमान थीं। किंतु ये मुद्राएँ मोहेंजोदड़ो के बाद के स्तरों की हैं, अतः इसका आरंभ 3500 ई. पू. के आसपास समझना चाहिए। एक दूसरी भारतीय मुद्रा, जिस पर हाथी और गैंडे जैसे भारतीय पशुओं की आकृति अंकित है, एक अन्य मुद्रा के साथ, जिस पर लगभग 2500 ई. पू. में राज्य करनेवाले अक्कड के राजा शुर-दुर-उल का नाम लिखा है, बगदाद के निकट एशुन्ना नामक स्थान पर मिली है। अतः 2500 ई. पू. से पहले भारतीय मुद्रा एशुन्ना पहुँच चुकी होगी।

सिंधु-सभ्यता के निर्माता : सर जॉन हटन (1931 ई. के जनगणना-

अधिकारी) इन्हें द्रविड़ मानते हैं और इनकी पहचान *ऋग्वेद* में वर्णित अनार्यों से करते हैं, जिन्हें *अनास* (चपटी नाकवाले), *कृष्णत्वक्* (काली चमड़ीवाले), *कृष्णगर्भ* (काली जाति के) बताया गया है। हटन महाशय के मतानुसार ये वैदिक विशेषण आदिम निषाद अथवा कोलेरी जातियों के लिए प्रयुक्त किए गए हैं। *ऋग्वेद* में इन्हें शिश्नदेवाः (लिंग के उपासक) भी कहा गया है। मोहेंजोदड़ो से लिंग-पूजा के बहुत-से उपादान प्राप्त हुए हैं।

ऋग्वेद में अनार्यों के दुर्गों और पुरों का उल्लेख है जो इस सभ्यता के आधारभूत नगरों से मेल खाते हैं। ये दुर्ग और पुर पत्थर (*अश्ममयी*) और लोहे (*आयसी*) से बने होते थे। आर्य-देवता इंद्र को इन्हें नष्ट करना पड़ा था, जिसके कारण उसका नाम पुरंदर पड़ा था।

तीसरा अध्याय

वैदिक युग

आर्य : भारतीय इतिहास मुख्यतः उन लोगों का है जिन्हें 'आर्य' अथवा 'आर्यन' कहते हैं। किंतु यह निश्चित नहीं है कि उनका मूल स्थान कहाँ था—वे मूलतः भारत के निवासी थे अथवा विदेशी थे।

ऐसा माना जाता है कि मूलतः आर्य एक जाति थी जो एक जगह रहती थी और एक भाषा बोलती थी। बाद में वे बिछुड़कर विभिन्न दिशाओं में चल पड़े। जो पश्चिम की ओर गए, उनसे यूरोप के अनेक जन बने। जो पूर्व की ओर आए, वे ईरानी और भारतीय कहलाए।

आदिम आर्यभाषा को बाद की संस्कृति, यूनानी, लातीनी, ट्यूटन, केल्तिक, स्लावोनी आदि भाषाओं में सुरक्षित कुछ अवशेषों से पहचानना संभव है, उदाहरणार्थ संस्कृत *मातृ* लातीनी *मातेर* है, जिससे अंग्रेजी *मदर* निकला है; संस्कृत *सुनु,* जिससे प्राचीन जर्मन *सुनु* और अंग्रेजी *सन* निकले हैं। वस्तुतः भाषाशास्त्रियों के मतानुसार जीवन के मूलभूत संबंधों और अनुभवों को व्यक्त करनेवाले पिता, माता, पुत्र, पुत्री, भगवान्, हृदय, आँसू, कुल्हाड़ी, वृक्ष, कुत्ता और गाय वाची शब्द इन सब भाषाओं में लगभग एक-से हैं। इससे यह बात मन में बैठती है कि इन बाद की भाषाओं के बोलनेवाले कभी एक ही स्थान पर रहते थे और एक ही भाषा बोलते थे।

ईरानी : चूँकि भारतीय और ईरानी अपने संचरणकाल में अधिक काल तक साथ रहे, इसलिए उनकी प्रारंभिक साहित्यिक कृतियों—ऋग्वेद और अवेस्ता—की भाषाओं में अन्य भाषाओं की अपेक्षा अधिक साम्य है। बहुत-से शब्द, वाक्यांश और कभी-कभी समूचे पद भारत और ईरान की भाषाओं में समान या एक जैसे हैं; उदाहरणार्थ वैदिक *इंद्र,* अवेस्ता का *इंध्र* वैदिक *वायु,* अवेस्ता का *वयु;* वैदिक *मित्र,* अवेस्ता का *मिथ्र।*

ऋग्वेदकालीन भारत : *ऋग्वेद* में वर्णित भारत इस प्रदेश का, बल्कि उत्तरी भारत का, केवल एक भाग है। इसकी पहचान इसमें बहनेवाली नदियों के उल्लेख से की जा सकती है। *ऋग्वेद* अफगानिस्तान की चार नदियों—काबुल (*कुभा*), कुर्रम (*क्रुमु*), गोमल (*गोमती*) और स्वात (*सुवास्तु*) तथा पंजाब की पाँच नदियों—सिंध (*सिंधु*), झेलम (*वितस्ता*), चिनाब (*असिवनी*) इरावती या रावी

(*परुष्णी*) और व्यास (*विपाशा*) और उनके साथ-साथ सतलज (*शुतुद्रि*), सरसूती (*सरस्वती*), *यमुना, गंगा,* सुषोमा (*सिंधु*) और मरुदवृधा (कश्मीर की *मरुवर्धन* नदी) से परिचित है । *सप्तसिंधवः* विशेषण, सात नदियों का देश—पाँच पंजाब की नदियों और दो सिंधु और सरस्वती का देश—ऋग्वैदिक भारत के लिए प्रयुक्त किया जाता है। (*ऋग्वेद* 8/24/27)। ये सब नदियाँ *नदी-स्तुति* (10/75) नामक सूक्त में वर्णित हैं ।

ऋग्वेद में इससे परिचित देश के दृश्यों का वर्णन है । उषा-विषयक मंत्रों में पंजाब की अपेक्षा अधिक शुष्क भागों के भव्य अरुणोदय का वर्णन है । मेघ, वर्षा, घनगर्जन, बिजली का वर्णन करनेवाले मंत्र, सरस्वती, दृशद्वती और अपाया से अभिषिक्त ब्रह्मावर्त के प्रदेश को सूचित करते हैं जहाँ *ऋग्वेद* का एक बहुत बड़ा भाग प्रकाश में आया ।

प्रमुख जन : ऋग्वैदिक इतिहास में जिन लोगों ने प्रमुख भाग लिया, वे ये हैं : 1. गांधारी, जो ऊनी कपड़ों के लिए प्रसिद्ध हैं, 2. भुर्जवंत, 3. अनु, 4. द्रुह्यु, 5. तुर्वश (परुष्णी के तट पर रहनेवाले), 6. पुरु और 7. भरत (जो मध्यप्रदेश में रहते थे) । कभी-कभी देश को 'पंचजनः' (पाँच जनों का देश) भी कहा गया है और उत्तरी सीमाओं के जनों को इस गणना से निकाल दिया गया है ।

दाशराज्ञ युद्ध (दस राजाओं का युद्ध)

ऋग्वेद 8/23/2; 83/4

ऋग्वैदिक भारत के अनेक जन स्वभावतः बहुत-से समूहों में बँटे थे जो प्रभुत्व के लिए आपस में लड़ते रहते थे। प्रथम संघर्ष यव्यावती के तट पर हरियूपिया (हड़प्पा ?) नामक स्थान पर तुर्वशों और वीचविंतों और श्रृंजयों के मध्य हुआ जिनमें 30,000 कवचधारी श्रृंजय योद्धाओं ने भाग लिया। युद्ध में वीचविंत पराजित हुए। यह संघर्ष राष्ट्रीय स्तर पर दाशराज्ञ नामक निर्णायक युद्ध में पल्लवित हुआ जिसमें दस राजाओं और उनके मित्रों ने भाग लिया । इस प्रकार उसमें समूचा ऋग्वैदिक भारत खिंच गया । राजाओं के संघ ने भरतजन के राजा सुदास के प्रभुत्व को चुनौती दी । इस वैदिक कुरुक्षेत्र-युद्ध की एक रोचक बात यह थी कि इसमें कुछ आर्यजनों की ओर से कतिपय अनार्य जातियाँ भी लड़ी थीं । ये अनार्य सिंधु के पश्चिम में रहते थे, उदाहरणार्थ अलिन (वर्तमान काफिरिस्तान के लोग), पक्थ (पख्तून) और कुछ यमुना के पूर्व के भी थे। इस महायुद्ध के फलस्वरूप भरत राजा सुदास का प्रभुत्व सुदृढ़ हो गया । यह माना जाता है कि समस्त देश इन्हीं भरतों के कारण भारत कहलाता है ।

आर्य-अनार्य-संघर्ष : ऋग्वैदिक इतिहास आर्यों और अनार्यों के संघर्ष से भरा पड़ा है। इन्हें दास, दस्यु, राक्षस और पिशाच कहते थे। इस संघर्ष में बड़ा खून-खराबा हुआ। उदाहरण के लिए, ऋग्वेद (2/20/6-7) में पृथ्वी को 'दासों की निखात-भूमि' कहा गया है; अन्यत्र (4/16/13) युद्धभूमि में 50,000 काली चमड़ीवाले शत्रुओं के घात का उल्लेख है, और इसी प्रकार एक दूसरे स्थान (4/30/21) पर 30,000 दासों की हत्या की चर्चा है।

सामाजिक संस्थाएँ : सामाजिक और राजनीतिक जीवन उपयुक्त संस्थाओं द्वारा व्यवस्थित था। निम्नांकित संस्थाएँ क्रमशः उत्तरोत्तर महत्त्वपूर्ण थीं: 1. परिवार, जिसे *गृह* और *कुल* कहते थे और जिसका अध्यक्ष कुलप (10/179/2) होता था; 2. *ग्राम,* जिसका मुखिया *ग्रामणी* कहलाता था (10/62/11; 107/5); 3. कबीला, जिसे *विश्* कहते थे, और जिसका अध्यक्ष *विशपति* होता था (1/37/8); 4. *जन,* जो समस्त जाति का सूचक होता था, जैसे *यादवजन* (8/6/46-48) अथवा *भरतगोप्ता* (3/43/5); और 5. राज्य जिसे *राष्ट्र* कहते थे (4/42/1)। ये सब संस्थाएँ मनुष्यों को सामाजिक और नागरिक जीवन के संयम की दीक्षा देती थीं और राष्ट्र में व्यवस्थित होने के योग्य बनाती थीं।

राजा : राज्य का प्रमुख *राजा* होता था। वह जनता की रक्षा के लिए आवश्यक था, अतः लोग उसे प्रसन्नतापूर्वक कर (*बलि*) देते थे। वह राज्य के अधिशासक अथवा *दंड* का कार्य करता था, जिससे धर्म (राज्य के नियम और संविधान) की रक्षा हो सके, जिसे राष्ट्र का वास्तविक प्रभु माना जाता था। वह सर्वोच्च न्यायाधीश भी था और स्वयं अदंड्य (दंड से परे) माना जाता था, क्योंकि 'राजा से कोई गलती नहीं हो सकती'।

राजा के 1,000 स्तंभों और द्वारोंवाले प्रासाद का उल्लेख मिलता है।

राजा का निर्वाचन : प्रजा द्वारा राजा के निर्वाचन का उल्लेख मिलता है (*विशो नो राजानम् वृणानः*) (10/124/8)। *ऋग्वेद* (10/173/1) में लिखा है कि राजा प्रजा को *ग्राह्य* (*वांछन्तः*) होना चाहिए, जिससे राष्ट्र की हानि न हो (*मा अधिभ्रशत्*)।

मंत्रिपरिषद् : ऋग्वैदिक राजा की मंत्रिपरिषद् होती थी जिसमें (1) *पुरोहित,* (2) *सेनानी* (सेनापति), और (3) *ग्रामणी* (ग्राम्य विषयों का मंत्री) होते थे।

सभा और समिति : *सभा* और *समिति* नामक सार्वजनिक संस्थाएँ होती थीं। सभा वृद्ध और *सुजात* (अभिजातवर्गीय) लोगों की संस्था थी। समिति जनता की बड़ी संस्था होती थी जिसे राजा अपनी वक्तृता से अपने पक्ष में करने को आतुर रहता था (10/166/4)। *ऋग्वेद* का अंतिम सूक्त *संज्ञान* अथवा *समज्ञान* नामक देवता के प्रति, जो राष्ट्रीय मन अथवा समस्त जन की सामूहिक चेतना का प्रतीक है, एक प्रार्थना है। इस देवता को जनतंत्र का देवता कहा जा सकता है। सूक्त में सब नागरिकों का राष्ट्रीय समिति में एक साथ मिलकर पधारने के लिए आवाहन किया

गया है (*संगच्छध्वम्*) और वहाँ उन्हें एक वाणी से बोलने (*संवदद्धम्*), एक विचारधारा का बनने (*सम्मनः*), एक हृदय और भावना के होने (*सहचित्तम्*), एक नीति का अनुसरण करने (*समानमंत्रः*) और समान आशाओं और अभिलाषाओं (*आकूती*) को धारण करने की प्रेरणा दी गई है।

इस प्रकार ऋग्वैदिक राज्य में जनतंत्र का काफी प्रमुख अंश था।

न्याय : मंत्रों में सौ (गायों) के रूप में दिए गए दंड अथवा संबंध-विच्छेद (*वैरदाय*) का उल्लेख मिलता है। उनमें झगड़े निबटाने के लिए मध्यस्थ (*मध्यमशि*) का भी वर्णन है। *ऋग्वेद* (10/97/11) में अपराध करते हुए अपराधियों (*जीवगृभ*) को तत्काल पकड़नेवाले 'उग्र' (पुलिस) का जिक्र है।

सेना : सेना में पैदल, घोड़े और रथ होते थे। सैनिक कवच (*वर्म*), दस्ताने (*हस्तघ्न*) और लोहे या ताँबे का खौद (*शिप्रा*) पहनते थे और धनुष और बाण, जिसके मुख पर लोहे या ताँबे की नोक होती थी, तलवार (*असि*), भाले (*स्रक्ति*), गुर्ज़ (*स्रक*), अस्त्र (*दिघु*) और फेंककर मारने के पत्थर (*अद्रि* अथवा *अशनि*)आदि शस्त्रों से लड़ते थे।

रथों को घोड़े खींचते थे जिन्हें सारथि रास (*रश्मि*) और चाबुक (*कशा*) से चलाते थे।

जंगम यंत्रों द्वारा दुर्ग तोड़ने (*फरचरिष्णु*), दुर्गों के बाहर मिट्टी के प्राचीर बनाने, दुर्गों का घेरा डालने या आग से उन्हें नष्ट करने के सैनिक कृत्यों के उल्लेख मिलते हैं।

ऋग्वैदिक शिक्षा : *ऋग्वेद* (मंत्रों का संग्रह) स्वयं विद्वत्ता का अमृत है, जिसमें उच्चतम दार्शनिक और धार्मिक विचार उपलब्ध हैं जो उस शिक्षा-पद्धति की सार्थकता सिद्ध करते हैं जिसकी यह उपज है।

इस शिक्षा का लक्ष्य उच्चतम ज्ञान (*परब्रह्मज्ञान*) से कम नहीं था (*ऋग्वेद* 10/71/1), जिसकी झाँकियाँ *ऋग्वेद* में संगृहीत मंत्रों में मिलती हैं। ये मंत्र या सूक्त ऋषियों के मन पर दैवतत्त्व के एकाग्र चिंतन के क्षणों में आविर्भूत हुए। उन्हें उन्होंने अपने शिष्यों को सिखाया जो उनके परिवारों के सदस्यों के समान उनके साथ रहते थे (*गुरुकुल*)। जैसे गुरु मंत्रों का उच्चारण करते थे वैसे ही शिष्य उनकी आवृत्ति करते थे। यह स्वर-संगम ऐसा लगता था जैसे 'गाय अपने बछड़ों के लिए रँभाती हो' अथवा 'वर्षा के स्फुरण के बाद अपनी सामयिक निद्रा से जागकर मेढक एक सामूहिक स्वर में टर्राते हों'। श्रुति के अर्थ पर शांति से मनन करते हुए विद्यार्थियों की उपमा मेढकों की निद्रा से दी जाती है (यास्क द्वारा *निरुक्त* 9/6 अब्रवाणाः शब्द की व्याख्या)। अर्थ पर अधिकार प्राप्त करने के बाद वे इस पर भाषण देना और इसकी व्याख्या करना शुरू कर देते थे (*वाचम् अवादिषुः*)

ऋषि : प्रमुख शिक्षक *ऋषि* कहलाते थे जिन्हें यास्क के मतानुसार, तप या योग की साधना से एकाग्र चिंतन द्वारा सत्य का साक्षात्कार हुआ था। उनसे छोटे

ऋषियों को यास्क ने *श्रुतर्षि* कहा है। उन्हें ऋषियों से शिक्षा (*उपदेश*) प्राप्त हुई थी। *ऋग्वेद* (10/71/7) में यह स्वाभाविक सत्य मिलता है कि एक ही कक्षा के विद्यार्थियों की मानसिक शक्तियाँ 'विभिन्न गहराई के तालाबों' की तरह एक-दूसरे से भिन्न होती थीं।

संघ : *ऋग्वेद* में सामान्य घरेलू शिक्षा-पद्धति के अतिरिक्त, जिसके अनुसार शिक्षक अपने घरों (*गुरुकुल*) में रहनेवाले शिष्यों (*ब्रह्मचारियों*) को पढ़ाते थे, *संघ* नामक ऊँची शिक्षा-संस्थाओं का भी उल्लेख है जहाँ 'धीर विद्वान्' मिलकर बैठते और लोकभाषा में विचार-विनिमय करते थे, जो 'संस्कृत' के रूप में परिष्कृत हुई। उनके विचार-विमर्श को छलनी में अन्न छानने की उपमा दी गयी है। वे वैदिक अध्ययन के निमित्त साथियों की तरह (*सखायः*) इन संघों में सम्मिलित होते थे (*संयजन्ते*) और वहाँ उन सत्यों पर विचार करते थे, जो हृदयों में अवतीर्ण हुए थे (*हृदातष्टेषु*) अथवा उनके मस्तिष्कों में आविर्भूत हुए थे (*मनसो जवेषु*)। इस प्रकार इन संघों में वैदिक भाषा और भाव को उपयुक्त रूप प्राप्त हुआ। वहाँ इस बात का भी अनुभव हुआ कि लोकभाषा (*वाचम् लौकिकीम्*) वैदिक भावों का माध्यम नहीं हो सकती, वरन् 'खेत या घर' के 'हल अथवा खड्डी चलाने' के काम आ सकती है।

यहाँ यह भी उल्लेखनीय है कि 'संघ' शब्द जो बाद में बौद्ध-धर्म का केंद्रबिंदु बना, सबसे पहले *ऋग्वेद* में आविष्कृत हुआ।

श्रुतियों का अध्ययन और अर्थ : वैदिक ज्ञान, जो मौखिक रूप से शिष्य गुरु से सीखते थे, 'श्रुति' कहलाता था। इसका यह अर्थ नहीं है कि शिक्षण केवल शब्दों की मौखिक और मात्रिक आवृत्तियों की प्रक्रिया तक सीमित था या स्मरण-शक्ति का व्यायाम था। यह रट्टू-विद्या नहीं थी। प्रमुख ध्यान श्रुति में निहित गंभीर अर्थ को एकाग्र और नियमित मनन द्वारा आत्मसात करने पर दिया जाता था। *ऋग्वेद* के एक विशिष्ट मंत्र (1/164/39) में यह लिखा है कि उस व्यक्ति के लिए वेद एक व्यर्थ शिक्षा है जो ऋक् को उसका अर्थ समझे बिना पढ़ता है (*यस्तन्न वेद किम् ऋचा करिष्यति*)। इस प्रकार वैदिक दर्शन की गंभीरता और सूक्ष्मता को सम्यक् प्रकार से आत्मसात् करने के लिए अत्यधिक मानसिक श्रम और मनन अपेक्षित था।

व्रतचारी : संक्षेप में, वैदिक शिक्षालय एक छोटा घरेलू विद्यालय था जहाँ ऋषियों के निवासस्थान पर उनके साथ उनके शिष्य रहते थे और *ब्रह्मचारी* अथवा *व्रतचारी* कहलाते थे। उनका यह नाम इसलिए पड़ा था कि उन्हें अपने विद्यार्थी-जीवन में कुछ 'व्रतों,' 'संयमों' अथवा 'तपस्याओं' का पालन करना पड़ता था (3/8/4-5; 19/109/5)। यास्क के मतानुसार कोई शिक्षक ऐसे विद्यार्थी को नहीं पढ़ा सकता था जो उसके साथ न रहता हो (*न अनुपसन्नाय*)। सबसे पहले इन विद्यार्थियों को श्रुति और शास्त्र को रटकर और दोहराकर याद

करना पड़ता था । किंतु अगले स्तर पर यह कार्य समाप्त हो जाता था और उनका वैयक्तिक अध्यवसाय आरंभ होता था । प्रत्येक विद्यार्थी को अपने वैयक्तिक श्रम या साधना से, अपने तप अथवा योग के द्वारा, उन श्रुतियों का अर्थ जानना पड़ता था जो उसे सामूहिक कक्षा में पढ़ायी गई थीं ।

भाषा : उच्चतम विचार के वाहन के रूप में भाषा की सृष्टि और विकास भारतीय प्रतिभा की भाषाशास्त्र-जैसी कठिन विद्या में मौलिक कार्य करने की रचनात्मक क्षमता का प्रमाण प्रस्तुत करता है । वैदिक संस्कृत का व्याकरण-संबंधी विधान सुविकसित है जिसमे क्रियापद के लिंग, वचन, काल और लकार और कारकों की विभक्तियाँ अटल नियमों में बाँधी गई हैं ।

ऋग्वेद की भाषा गंभीर दार्शनिक विचारों और आध्यात्मिक भावों की अभिव्यक्ति के उपयुक्त है जिनकी आधारशिला पर हिंदुत्व के अनेक दल और संप्रदाय काल की गति के साथ बनते रहे हैं । इन सब शाखाओं और टहनियों के रूप अपने पैतृक वैदिक वृक्ष से निकले हैं । जो विचार वेद में बीज रूप में वर्तमान थे, वही इनमें विकसित हुए हैं ।

धर्म : ऋग्वैदिक धर्म के लौकिक और दार्शनिक पक्ष भी हैं । लोकधर्म के रूप में यह *सूर्य, वरुण* (आकाश), *उषा* (अरुणोदय), *पूषा* (कृषि-देवता), इंद्र (वर्षा और आँधी का देवता) और *अग्नि* आदि प्रकृति की शक्तियों और स्वरूपों की उपासना का विधान करता है । किंतु इसमें *ऋत* (सत्य), *सूनृत* (समृद्धि), श्रद्धा या *दान* आदि अमूर्त देवताओं की भी कल्पना है जो धार्मिक विचारों की पर्याप्त प्रगति की द्योतक है (10 117) । यह अंतिम सूक्त विश्व का सबसे पहला समाजवाद का शास्त्र है, जो मनुष्य को भूखे को खिलाने की शिक्षा देता है, जो जीवन-दान के तुल्य है । पूजा का स्वरूप यज्ञ था, जो *होता* (जो मंत्र पढ़ते थे), *उद्‌गाता* (जो उनका सस्वर उच्चारण करते थे), *अध्वर्यु* (जो अपने कर्मचारियों द्वारा यज्ञ का भौतिक कार्य करते थे) आदि पुरोहितों द्वारा किया जाता था ।

किंतु *यज्ञ* के भौतिक स्वरूप के पीछे एक गंभीर आध्यात्मिक महत्त्व छिपा है । इसकी व्युत्पत्ति आदिम दैव-यज्ञ से हुई जिसमें भगवान् ने स्वयं अपने-आपको *विराट रूप* धारण कर अपनी प्रस्तावित सृष्टि के लिए सामग्री जुटाने के निमित्त बलिदान किया, जिससे उस एक ने अपने को अनेक में व्यक्त करने की भावना प्रकट की । इस प्रकार भगवान् ने अपने अनुरूप बनाए हुए मनुष्य को आत्म-बलिदान के धर्म में दीक्षित किया ।

यह ठीक से समझ लेने की बात है कि यद्यपि वैदिक धर्म का अर्थ अनेक देवताओं की उपासना था, तथापि प्रत्येक देवता परब्रह्म की अभिव्यक्ति के रूप में पूजा जाता था । *ऋग्वेद* (10 114 5) में लिखा है कि "ऋषियों ने एक तत्त्व का अनेक रूपों में दर्शन किया" (*एकं सन्तं बहुधा कल्पयंति*) । *ऋ.* 1 164 46 में लिखा है कि "ऋषि (*विप्र*) एक सत्य (*एकं सत्*) को इंद्र, मित्र, वरुण, अग्नि, यम,

भातरिश्वा आदि अनेक नामों से पुकारते हैं ।" *ऋ.* 10/82/3 में एक देवता का वर्णन है जो विभिन्न देवताओं के नामों को धारण करता है (*यो देवानां नामधा एक एव*)। *ऋ.* 1/22/20 में एकदेव को विष्णु कहा गया है जिसकी सर्वव्यापक उपस्थिति (*परमं पदं*) का योगी नित्य दर्शन करते हैं (*सदा पश्यंति*)। प्रसिद्ध गायत्री मंत्र (3/62/10) में भगवान् को वह चिंतन-तत्त्व माना गया है जो मनुष्य में कार्यशील है और इस कारण जिसका परम कर्तव्य उसका ध्यान करना है (*धीमहि*)। सबसे उच्च कोटि का मंत्र *हंसवती ऋक्* (4/40/5) है जिसमें एकदेव को सूर्यादि बाह्य तत्त्वों में और मानव-मन आदि आंतरिक तत्त्वों में प्रवेश करते हुए (*इतिगतिः*) दिखाया गया है। मनुष्य के मन में यह एकदेव चेतना के रूप में विराजमान रहता है (*नृसत-नृषु चैतन्यरूपेण सदिति इति*)। यह अपने-आपको '*ऋत्*' अथवा विश्व-विधान के रूप में भी अभिव्यक्त करता है (*सत्यं अवाध्यं सर्वाधिष्ठानम्*)। मानव-जीवन की समस्या को जीवात्मा तथा परमात्मा को एक वृक्ष पर बैठे हुए दो पक्षियों के रूप में, जिनमें से एक मधुर फल खाता है और दूसरा (ब्रह्म) बैठा देखता रहता है, प्रस्तुत करके सचित्रता प्रदान की गई है।

क्षत्रिय : वैदिक ज्ञान ब्राह्मण-जैसे विशिष्ट वर्ण तक सीमित नहीं था। *ऋग्वेद* में त्रासदस्यु, अजमीढ़, सुदास, मान्धाता और शिवि आदि विद्वान क्षत्रिय राजाओं का भी उल्लेख मिलता है।

स्त्रियाँ : वैदिक शिक्षा स्त्रियों के लिए भी खुली थी। स्त्रियाँ अपने पतियों के साथ यज्ञ-याग में भाग लिया करती थीं। उनमें से कुछ ने ऋषियों का पद भी प्राप्त किया, जैसे रोमशा, विश्ववारा, अपाला, घोषा, पौलोमी अथवा सावित्री इत्यादि। *ऋग्वेद* (5/7/9) में उन्हें *ऋषिका* और *ब्रह्मवादिनी* कहा गया है।

अन्य वर्ग : *यजुर्वेद* के एक महत्त्वपूर्ण अवतरण में वैदिक ज्ञान को सब जातियों और वर्गों के लिए—शूद्र, चारण (वैश्य) और अनार्यों तक के लिए—प्रस्तुत किया गया है। *ऋग्वेद* के *पुरुषसूक्त* में शूद्रों को समाज का एक अभिन्न अंग माना गया है और अन्य जातियों की तरह उनके कार्य भी निश्चित किए गए हैं। इस सिद्धांत के अनुसार वेद के सबसे प्रामाणिक टीकाकार यास्क ने घोषणा की है कि सबसे अधम पंचम जाति निषाद भी उसी प्रकार यज्ञ करने का अधिकार रखती है जैसे कि अन्य जातियाँ (*निषादपंचमाः पंचजनाः तेषां हि यज्ञे अधिकारः अस्ति*)।

विवाह : ऋग्वैदिक समाज एकपत्नीप्रधान और पितृसत्तामूलक था। विवाह के बाद वधू नवीनगृह की स्वामिनी बनती थी और अपने नए संबंधियों, सास-ससुर, ननंद-जेठ आदि की देखभाल करती थी। विधवाओं का विवाह वर्जित था।

संपत्ति : संपत्ति का वारिस पुत्र होता था और उसके न होने पर पुत्री होती थी। पुत्री को विवाह के समय दहेज दिया जाता था। दत्तक पुत्र का रिवाज था।

संपत्ति चल, अचल, आभूषण, पशु, रेवड़, भूमि, भवन आदि के रूप में होती

थी। भूमि खेतों (*क्षेत्र*) में विभक्त थी जिनके बीच में जमीनों की पट्टियाँ (*खिल्य*) होती थीं।

वेशभूषा : उत्तरीय (ऊपर का वस्त्र), धोती (नीचे का वस्त्र) और नीवी (मध्य-भाग का वस्त्र)–ये तीन वस्त्र पहने जाते थे। कढ़ाई के काम के बढ़िया कपड़े भी प्रयुक्त होते थे। कान, गर्दन आदि में आभूषण पहने जाते थे। कंगन और बिछुओं का रिवाज था।

भोजन : भोजन में प्रमुख रूप से चावल और जौ होते थे जो घी, दूध और उससे बने पदार्थ, जैसे दही (दधि), मट्ठा, मक्खन के साथ खाए जाते थे। बकरी और भेड़ जैसे पशुओं का मांस भी व्यवहृत होता था। यज्ञों में उनकी बलि होती थी। गऊ को *अघ्न्या* माना जाता था (8/101/15-16), सुरा-पान (शराब पीना) वर्जित था (7/86/6)।

खेल-कूद : लोग घोड़ों और रथों की दौड़ के शौकीन थे। जुए, नाच और मौखिक तथा वाद्य संगीत में उन्हें आनंद आता था। संगीत के सात स्वरों का पता था (10/32/4)। वाद्यों में *दुंदुभि* (ढोलक), *कर्करी* (बाँसुरी) और *वीणा* का व्यवहार था।

आर्थिक परिस्थिति : ऋग्वैदिक युग की अर्थव्यवस्था कृषि और घरेलू उद्योगों पर आश्रित थी। कृषि पशुओं पर निर्भर थी जिनमें गाय, भैंस, बैल, घोड़े, भेड़, बकरी, गधे शामिल थे। कुत्ते चरवाहों (*गोपाल*) के साथ रक्षा का कार्य करते थे। जमीन की जुताई हलों द्वारा होती थी जिनमें 6, 8 अथवा 12 बैल जोते जाते थे। धान्य को काटकर पूलियों में बाँधा जाता था और *खलिहान* (खल) में गाहा और उड़ाया जाता था। अन्न को भूसे से अलग करने के लिए छलनी और छाज का प्रयोग किया जाता था। खाद को *शकम्* अथवा *करीष* कहते थे।

सिंचाई : सिंचाई के लिए जल कुओं से डोलों अथवा चउसों (*कोश*) में भरकर निकाला जाता था, जो पत्थर की बनी एक चकरी (*अश्मचक्र*) में लगे होते थे और जिन्हें चमड़े के रस्सों से चलाया जाता था। डोल अथवा चउस का पानी नालियों में जाता था जो सिंचाई के लिए खोदी जाती थीं। कूल (*कुल्या*) और जोहड़ (*हृद*) का पानी भी सिंचाई के काम आता था।

उद्योग-दस्तकारी : इनमें (1) गाड़ी, रथ और खुदाई का काम करनेवाले बढ़ई, (2) धातु का काम करनेवाले कारीगर (*कर्मार*) जो बर्तन बनाते थे, (3) आभूषण बनानेवाले सुनार, (4) धनुष की डोरी (*प्रत्यंचा*), रास, रस्से, थैले आदि चमड़े के सामान बनानेवाले चमार, और (5) जुलाहे (*वाय*) जो करघे और ढरकी से काम करते थे और उनसे ताना (*ओतु*) और बाना (*तंतु*) बनाते थे, प्रमुख थे।

व्यवसायों की विविधता का एक विशिष्ट उदाहरण (*ऋग्वेद,* 9/122) उस विचार से मिलता है जिसमें पिता वैद्य, पुत्र कवि (व्यास) और माँ सामान्य चक्की

पीसनेवाली गृहपुरंध्री (*उपलद्रक्षिणी*) थी।

व्यापार : सामान के परस्पर विनिमय का रिवाज था। इंद्र की एक मूर्त्ति 10 गायों के बदले खरीदी गई थी। मूल्य के बारे में सौदेबाजी होती थी। एक बार मूल्य तै करने के बाद सौदा टूट नहीं सकता था, ''दाम कम हों या ज्यादा, विक्रय के समय तै होने के बाद कायम रहने जरूरी थे'' (4/24/9)। धन का भी प्रयोग था। *निष्क* चालू सिक्का था। इसके आठवें और सोलहवें हिस्सों का उल्लेख मिलता है। यह मूलधन अथवा ब्याज का भाग होता था (8/47/17)। समुद्री व्यापार का रिवाज था। समुद्र में भुज्यु के बेड़े के नष्ट होने का उल्लेख मिलता है। यह भी लिखा मिलता है कि सौ पतवारों की बड़ी नाव द्वारा उसकी रक्षा की गई।

कालक्रम : ऋग्वेद के काल का अनुमान कुछ बाह्य साक्ष्य से लगाया जा सकता है। मेसोपोटामिया से लगभग 1400 ई. पू. के अभिलेख प्राप्त हुए हैं, जिनसे पता चलता है कि खत्ती (हिट्टी) और मितन्नी जैसे स्थानीय लोगों में वरुण, इंद्र, मित्र, नासत्य (अश्विन) की पूजा प्रचलित थी जिन्हें ऋग्वैदिक देवता माना जा सकता है। इससे प्रकट होता है कि भारत में 1400 ई. पू. से *ऋग्वेद* की सभ्यता विद्यमान थी और अपने औपनिवेशिक-सांस्कृतिक और व्यापारिक कार्यकलाप से विदेशों में अपना प्रभाव फैला रही थी। विंटरनित्स ने दिखाया है कि चूँकि बौद्धधर्म—जिसका अभ्युदय 600 ई. पू. के आसपास हुआ—ऋग्वेद, वैदिक संहिताओं, ब्राह्मणों, आरण्यकों, उपनिषदों और सूत्रों में संगृहीत विविध प्रकार के साहित्य में सन्निहित वैदिक विचार-परंपरा का साक्ष्य देता है और उसकी आधारशिला पर स्थित है, अतः इस महान् साहित्यिक विकास के लिए 600 ई. पू. से कम-से-कम 2000 वर्ष पहले का समय जरूर मानना चाहिए। इस प्रकार *ऋग्वेद* का काल 2500 ई. पू. के लगभग है। *ऋग्वेद* (7/100/4; 9/84/1; 10/118/8) में उरु-क्षिति और उरु-क्षय नामक दो स्थानों का उल्लेख है, जिनकी पहचान 2800 ई. पू. के इलाम के नगर ऊर और किश से की जा सकती है जहाँ सिंधु-घाटी की मुद्राएँ भी मिली हैं।

चौथा अध्याय

उत्तर वैदिक युग

उत्तर-वैदिक साहित्य का युग : इसमें *साम, यजुष,* और *अथर्व* नामक बाद की तीन वैदिक संहिताएँ शामिल हैं। इसके बाद गद्य-ग्रंथ आते हैं जो ब्राह्मण, आरण्यक, उपनिषद् इन तीनों वर्गों में मिलते हैं। इन ग्रंथों में सांस्कृतिक और सामाजिक इतिहास की सामग्री भरी पड़ी है।

साधन : *अथर्ववेद* में लौकिक और सामाजिक जीवन के कुछ महत्त्वपूर्ण पक्षों, सभा और समिति, किसानों, चरवाहों और व्यापारियों की मंगल-भावना, ज्वर, क्षय आदि रोग और उनके उपचार, विवाह और राज्य की संभावनाओं आदि की चर्चा है।

सामवेद में ऋग्वेद के चुने हुए मंत्रों को स्वर और रुद्री के साथ बिठाया गया है।

यजुर्वेद वैदिक यज्ञ-याग करनेवाले अध्वर्य पुरोहित के प्रयोग के लिए है। इसके कुछ भागों में मंत्र हैं और कुछ में (कृष्ण यजुर्वेद में) उन पर गद्य-टीकाएँ हैं। 'शुक्ल यजुर्वेद' में पद्य-भाग *वाजसनेयी संहिता* में संगृहीत है और गद्य-भाग *शतपथ ब्राह्मण* में उपलब्ध है, जो सांस्कृतिक इतिहास का महत्त्वपूर्ण साधन है।

इन सब ग्रंथों का मूल *ऋग्वेद* है। इनके वर्ण्य-विषय को इन कक्षाओं में बाँटा जा सकता है: 1. *कर्मकांड*—ब्राह्मणों में वर्णित यज्ञयाग 2. *उपासना-कांड*—आरण्यकों में वर्णित मंत्र और प्रार्थना, 3. *ज्ञानकांड*—उपनिषदों में वर्णित दर्शन।

भौगोलिक तथ्य : उत्तर-वैदिक साहित्य में वैदिक सभ्यता का पूर्व की ओर क्रमिक प्रसार और नवीन जनों और राज्यों का निर्माण परिलक्षित होता है। इन जनों में उल्लेखनीय ये हैं: 1. *कुरुपांचाल,* जो तात्कालिक सर्वश्रेष्ठ संस्कृत के वक्ता और वेद-विद्या के अग्रणी के रूप में प्रख्यात थे, 2. *कोशल-काशी,* जिनका प्रसिद्ध राजा अजातशत्रु था, 3. *विदेह,* जहाँ का राजा राजर्षि जनक बहुत प्रसिद्ध था। उत्तर की ओर उत्तर-कुरु, उत्तरभद्र, वंश, उशीनर और मत्स्य वैदिक संस्कृति के केंद्र थे। पूर्व में मगध, अंग और बंग अभी आर्य-भारत के बाहर थे और दक्षिण में आंध्र, पुलिंद, मूतिब, पुंड्र, शबर, नैषध, विदर्भ आदि अनार्य लोग रहते थे जिनका उल्लेख *ऐतरेय ब्राह्मण* (7/34/9) में उपलब्ध है। *अथर्ववेद*

(5 22 7) में यह कामना की गई है कि *तवमन* (ज्वर) मगध, अंग, बंग, गंधारी, भूर्जवंत आदि लोगों के देश में चला जाए। इसमें आर्य-भारत की सीमाएँ प्रकट होती हैं।

सामाजिक जीवन : इस युग का सामाजिक जीवन जाति-प्रथा पर निर्भर था, किंतु जाति और व्यवसाय का संबंध सख़्त नहीं था। उपनिषदों में विद्या को ब्राह्मणों की बपौती नहीं माना गया है। उनमें अनेक विद्वान् राजाओं और क्षत्रियों की चर्चा है जिन्होंने ब्राह्मणों तक को दीक्षा दी। उदाहरणार्थ, राजा जनक ने युवक याज्ञवल्क्य को दीक्षा दी, पंचाल के प्रवाहण जैवाली, काशी के अजातशत्रु और अश्वपति केकय ने ब्राह्मणों को उपदेश दिया।

वैदिक साहित्य में वैश्य और शूद्र ऋषियों का उल्लेख नहीं है। *ऐतरेय ब्राह्मण* में व्यवसायों के अनुसार जातियों का परिगणन इस प्रकार हुआ है : ब्राह्मण की जीविका दान पर आधारित है (*आदायी*), क्षत्रिय भूमि का स्वामी है, वैश्य कर का देनेवाला (*बलिकृत*) है और अपने क्षत्रिय स्वामी का आसामी है और शूद्र को सेवा में जीवन व्यतीत करना है।

अर्थव्यवस्था : इस युग की अर्थव्यवस्था कृषि-प्रधान थी। उस समय भी आज की तरह बहुत-सी फसलें उगाई जाती थीं। चावल (*व्रीहि*), जौ (*यव*), मूँग (*मुद्ग*), उड़द (*माष*), तिल, गेहूँ (*गोधूम*), मसूर आदि अन्नों की तालिका *वाजसनेयी-संहिता* (18/12) में दी हुई है। *शतपथब्राह्मण* (1/6/1/3) में हल चलाने, बीज बोने, फसल काटने और गाहने-उड़ाने आदि की कृषि-प्रक्रियाओं का वर्णन है।

उद्योग दस्तकारी पर केंद्रित थे। टोकरी, रस्सी, रंग, मिट्टी के भांड और धातु की वस्तुएँ स्थानीय रूप से बनाई जाती थीं और उनसे ग्रामीण लोगों की आवश्यकताएँ पूरी होती थीं। गाँव का राजमिस्त्री गाँव में अग्नि की प्रतिष्ठा के लिए निश्चित आकार और स्वरूप की वेदी बनाता था। इसमें 10,800 ईंटें लगती थीं और यह पंख फैलाए हुए पक्षी के आकार की होती थी।

नौ-निर्माण का ज्ञान था। नाविक को *नावज* कहते थे, ढाढा और मस्तूल पर कार्य करनेवाला *शम्बी* होता था, पतवार का नाम *अरित्र* था। 100 पतवारों के जहाज (*शतारित्र*) द्वारा समुद्रयात्रा का उल्लेख मिलता है। (*वही,* 31/7; मेरा ग्रंथ *भारतीय सभ्यता,* लंदन, पृ. 96)।

सोने, चाँदी, काँसे (*अयस्*), लोहे (*स्याम-अयस्*), ताँबें (*लोह*), सीसे (*सीस*) और टिन (*त्रपु*) की वस्तुएँ बनाई जाती थीं। सोने और चाँदी के सिक्के और ज़ेवर बनते थे। सिक्कों के लिए सोने की नापतोल होती थी, जैसे 100 कृष्णाल का शतमान।

राज्य : साम्राज्यवाद : राज्य का रूप एकराट् था। साम्राज्यवाद के राजकीय आदर्श को द्योतित करनेवाली परिभाषाएँ मिलती हैं। राजाधिराज को *एकराट्,*

सम्राट्, राजाधिराज आदि विशेषणों से पुकारते थे। *अथर्ववेद* (3/1/4/1) में पूर्वी प्रदेशों के *एकराट्* (प्राङ् विशांपतिः) का उल्लेख हैं जो मौर्य साम्राज्य का पूर्ववर्ती था। साम्राज्यवाद अश्वमेध, वाजपेय आदि यज्ञों में प्रतिबिंबित है। साहित्य में दौष्यंति भरत और सात्राजित भरत नामक सम्राटों की चर्चा है, जिनकी बराबरी मनुष्य न पहले कर सके और न बाद में। *ऐतरेय ब्राह्मण* में एकराट् की परिभाषा 'सीमाओं तक समस्त देश का एकमात्र अधिपति' की गई है। राजनीतिक आदर्शवाद की भावना से समस्त विश्व के सम्राट् (*सार्वभौम*) की भी कल्पना की गई है।

दंड की प्रभुता : वैदिक राजा वैधानिक था। उसकी स्वेच्छाचारिता पर अनेक लोकतंत्रीय नियंत्रण थे। *अथर्ववेद* में उसके निर्वाचन, निष्कासन और पुनः-संस्थापन का वर्णन है। निर्वाचित राजा को *विशपति* कहते थे। उसे धर्म और सत्य (नियम और विधान) के प्रति *सत्यसंध* रहने की शपथ लेनी पड़ती थी, जो राष्ट्र के वास्तविक प्रभु माने जाते थे। वह केवल धर्म की प्रतिष्ठा और आचरण के लिए दंड का कार्य करता था।

मंत्रिपरिषद : राजा को अपनी मंत्रिपरिषद का परामर्श लेना पड़ता था। मंत्रिपरिषद में (1) *पुरोहित*, (2) *महिषी* (सबसे बड़ी रानी), (3) *सेनानी* (प्रधान सेनापति), (4) *क्षत्ता* (प्रतिहारी), (5) *संग्रहीता* (कोषाध्यक्ष), (6) *भागदुध्* (कराधिकारी), (7) *राजा* (सामंतों का प्रतिनिधि), (8) *सूत* (चारण), (9) *रथकार* (सेना का प्रतिनिधि), (10) *कर्मार* (उद्योगों का प्रतिनिधि), और (11) *ग्रामणी* (ग्राम्य जनता और हितों का प्रतिनिधि) शामिल होते थे। मंत्रियों को *राजकृत* (राजा को बनानेवाले) कहा गया है (*अथर्ववेद* 3/5/7), जो उनकी शक्ति का परिचायक है।

सभा और समिति : ये लोकसंस्थाएँ ऋग्वैदिक युग से ही भारतीय शासनपद्धति की मौलिक संस्थाओं के रूप में कार्यशील थीं। *अथर्ववेद* में उन्हें प्रजापति की दो पुत्रियों के रूप में प्रस्तुत करके उनके महत्त्व को प्रतिपादित किया गया है। भाव यह है कि इनका अभ्युदय सभ्यता के आविर्भाव के साथ हुआ। उत्तर-वैदिक काल के ग्रंथों में उनकी कार्यपद्धति के विषय में कुछ सूचनाएँ मिलती हैं। स्पीकर को *सभापति*, सारजेंट को *सभापाल* और सदस्य को *सभासद्* कहते थे। इसका आदर्श यह था कि सब सदस्य आनंदपूर्वक एक वाणी बोलें (*सवाचसः*)। सभा के विरुद्ध किए गए अपराधों और इनके नियमों के उल्लंघन से *तिरस्कार* (सामाजिक बदनामी) होता था। बहुसंख्यक वर्ग की सम्मति (वोट) को *नरिष्ठा* कहते थे जो सायण की व्याख्या के अनुसार *अलंघ्य* होती थीं, क्योंकि यह अधिक जन की वाणी थी (*अथर्ववेद* 7/12/3 *बहवः संभूय यदि एकं* वाक्यवदेयुः *तत् हि न परै अतिलंघ्यम्*)।

समिति जन की बड़ी परिषद होती थी जिसे राजा के निर्वाचन का अधिकार था।

शिक्षा-पद्धति : *अथर्ववेद* में लिखा है कि शिष्य की शिक्षा का श्रीगणेश *उपनयन* से होता है जिसमें आचार्य जैसे दूसरा आध्यात्मिक जन्म दिलाता है। तब वह 'द्विज' *अंतेवासी* (आचार्य के साथ रहनेवाला) और *ब्रह्मचारी* (अनुशासन-नियमों का पालन करनेवाला) हो जाता है। काले मृग की खाल पहने प्रतिदिन अग्नि की उपासना के लिए, जो उसके अनःकरण को उद्भासित और प्रकाशित करता है और उसके मन में दिव्यज्योति जाग्रत करता है, ईंधन इकट्ठा करने के लिए वह वन को जाता है। उसके बाद वह विद्यालय के लिए भिक्षाटन करने जाता है, जो सामाजिक सेवा की प्रथम शिक्षा है। उसे अपने आचार्य के पशुओं और घर-बार की देख-भाल करनी पड़ती थी। इस प्रकार इस शिक्षापद्धति द्वारा उसका प्रकृति, समाज और व्यावहारिक शिक्षा से सीधा संबंध होता था।

उपनिषदों में शिक्षा-पद्धति का विशद वर्णन मिलता है। शिक्षा का अर्थ व्यक्तित्त्व का 'शिक्षण' है, जिसका अर्थ विद्यार्थी की प्रतिभा का विकास होता है। इसका लक्ष्य विद्यार्थी के मन को शिक्षित करना था, जिससे उसमें सत्य को ग्रहण करने की क्षमता उत्पन्न हो सके और वह केवल बाह्य ज्ञान के संग्रह का भंडार-मात्र न बन जाए। ज्ञान के साधन के रूप में मनुष्य का मस्तिष्क शैक्षणिक उपचार का प्राथमिक उपादान है। उपनिषदों में शिक्षा के तीन स्तरों की चर्चा है : 1. *श्रवण* (आचार्य के वचनों को सुनना)। इस प्रकार आचार्य विद्यार्थी को व्यक्तिगत रूप से ज्ञान बताता था जिससे वह उसे अपने मस्तिष्क में संगृहीत रखे। इसका सिद्धांत यह था कि शब्द ही ब्रह्म है। जिन ग्रंथों में ज्ञान का संग्रह था, उन्हें *श्रुति* कहते थे जिसका अर्थ था : 'वह जो सुना जाए'। आचार्य उसके ज्ञान का कोश और मूर्त्तिमान् आकार अथवा एक जीता-जागता चलता-फिरता पुस्तकालय था। 2. *मनन*—श्रवण के बाद मनन आता था। श्रुति के अर्थ को विद्यार्थी स्वतंत्र रूप से सोचता था। 3 उसके बाद *निदिध्यासन* अथवा सत्य में पूर्ण निमग्नता उत्पन्न होती थी। इस प्रकार शिक्षा एक उच्च नैतिक प्रक्रिया, भूत से मन की बढ़ती हुई तटस्थता (*वैराग्य*) की प्रक्रिया थी, जिससे मनुष्य का तटस्थ मन आत्मा का चरमसत्य के रूप में साक्षात्कार करके ब्रह्म सत्य और जगन्मिथ्या का अनुभव प्राप्त करते हुए एकाग्रभाव से उसे आत्मसात् करता था।

घरेलू विद्यालय अथवा ऋषियों के आश्रम के अतिरिक्त शिक्षा के प्रसार के अन्य माध्यम भी थे। *चरक* अथवा विद्वान् प्रवचनों और शास्त्रार्थों द्वारा जनता को शिक्षित करने के अभिप्राय से, उत्साह से, देशाटन और भ्रमण करते रहते थे। *परिषदों* (अकादमी) में विद्वान् पारस्परिक विचार-विमर्श द्वारा ज्ञान-साधना के लिए एकत्र होते थे। ऐसी ही एक परिषद *पांचाल परिषद* थी, जिसमें वहाँ का विद्वान् राजा 'प्रवाहण जैवाली' प्रतिदिन जाता और भाग लिया करता था। तीसरे,

राजाओं द्वारा आयोजित विद्वत्समाजों द्वारा ज्ञान का प्रसार होता था। ऐसा ही एक समाज विदेह के राजा जनक ने आयोजित किया था। उसमें अनेक विद्वान्, विशेषकर कुरु-पंचाल देश के विद्वान्, जो विद्वानों का घर (*विदुषां बाहुल्यं*) माना जाता था, अपने याज्ञवल्क्य, उद्यालक, आरुणि और गार्गी आदि आचार्यों के नेतृत्त्व में एकत्रित हुए थे। विभिन्न दार्शनिक संप्रदायों के आचार्यों ने शास्त्रार्थ में भाग लिया। समाज में याज्ञावल्क्य की दार्शनिक महत्ता स्वीकार की गई और उसे 1,000 गायों का समूह, जिसमें प्रत्येक गाय के सींगों में पाँच *पाद* या स्वर्ण-मुद्राएँ बँधी थीं, राजकीय पुरस्कार के रूप में प्रदान किया गया। समाज का उद्देश्य विभिन्न संप्रदायों के सिद्धांतों के आधार पर उनके आचार्यों की व्याख्या के अनुसार हिंदू-दर्शन को निर्धारित करना था।

पराविद्या : ज्ञान के दो स्वरूप थे—आध्यात्मिक और लौकिक। पहले को *पराविद्या* (परम ज्ञान) और दूसरे को *अपराविद्या* (अविद्या) कहते थे। वेद भी यदि *पराविद्या* की शिक्षा न दें तो उन्हें भी *अपराविद्या* माना जाता था। यह नारद-जैसे ऋषि के उदाहरण से स्पष्ट हो जाता है जिसने हताश होकर सनत्कुमार की शरण ली, जिस पर राजा ने उससे कहा कि वह केवल *मंत्रविद्* अथवा वेद के शब्दों में निष्णात् है और जब तक वह *आत्मविद्* नहीं होता (आत्मा का ज्ञान प्राप्त नहीं करता) तब तक उसका सब ज्ञान व्यर्थ है।

अध्ययन के विषय : छांदोग्य उपनिषद् में तात्कालिक ज्ञान और अध्ययन के विषयों की तालिका मिलती है। इसमें चार वेद, इतिहास, पुराण, व्याकरण, राशी (गणित), निधि, वाकावाक्य (तर्कशास्त्र), भूतविद्या (जीवशास्त्र), क्षत्रविद्या (सैनिक विज्ञान), नक्षत्रविद्या और देवजनविद्या (कला और उद्योग) शामिल थे।

धर्म की धारणा : उत्तर-वैदिक ग्रंथों का, विशेषतः उपनिषदों का युग भारतीय ज्ञान का स्वर्णयुग है। हम देख चुके हैं कि उपनिषद् ऋग्वेद की व्याख्याएँ हैं। इनमें उसके विचारों के बीज व्याख्यात्मक गद्य और कथोपकथन के द्वारा विकसित हुए हैं। इस माध्यम से इसकी प्रमुख विशेषताएँ पूर्णतः स्फुटित हुई हैं और इसका धर्म निर्धारित हुआ है। *अथर्ववेद* (12/1/1) में धर्म की धारणा को इन लक्षणों द्वारा अभिव्यक्त किया गया है : 1. *सत्य—ऋग्वद* (10/85/1) में लिखा है कि "सत्य द्वारा पृथ्वी स्थिर है"। इसे *मुंडकोपनिषद्* (3/1/5) में इस प्रकार व्यक्त किया गया है : "केवल सत्य द्वारा आत्मा का साक्षात्कार किया जा सकता है" (सत्येन लभ्यः), "केवल सत्य की विजय होती है, झूठ की नहीं" (सत्यमेव जयतेनानृतम्)। सत्य को *वृहत्* (सब वस्तुओं को अपने भीतर समानेवाला) कहा गया है। 2. *ऋत्*—यह 'उग्र', कठोर, कठिन और *अलंघ्य* है; सौर-शासन अथवा प्रकृति के नियमों में कोई परिवर्तन संभव नहीं है। 3. *दीक्षा*—आचार्य द्वारा विद्यार्थी का आदर्शोन्मुख जीवन के लिए दीक्षित होना। 4. *तप* अथवा *ब्रहमचर्य*—संयमित जीवन का अनुशासन, जिसकी चर्चा ऊपर की जा चुकी है। 5. *ब्रहम* अथवा

स्वाध्याय—वेद का अध्ययन, और 6. *यज्ञ,* जो आत्मबलिदान पर आधारित था जैसा कि ऊपर कहा जा चुका है और विभिन्न प्रतिमाओं और शक्तियों के अनुरूप जिसके विविध स्वरूप और प्रकार थे। *भगवद्गीता* में इन्हें (1) तप, (2) योग, (3) ब्रह्म (वैदिक ज्ञान), (4) ज्ञान, और (5) दान का यज्ञ कहा गया है।

उपसंहार-रूप में यह उल्लेखनीय है कि श्रम अथवा उद्योग को धार्मिक जीवन का आधार माना गया है। *ऋग्वेद* (4/33/11) में लिखा है कि ''देवता उसकी सहायता नहीं करते जो स्वयं उद्योग नहीं करता (*न ऋते श्रांतस्य सखाय देवाः*)। उपनिषद् ने इसी बात पर जोर देते हुए कहा है: *न हि आत्मा बलहीनेन लभ्यः*—''शक्तिहीन मनुष्य आत्मा (का साक्षात्कार) प्राप्त नहीं कर सकते।'' यह भाव *यजुर्वेद* में पूर्णतः पल्लवित और प्रस्फुटित हुआ है। वहाँ लिखा है कि धार्मिक व्यक्ति के गुण निम्नांकित हैं: 1. *तेज,* 2. *वीर्य,* 3. *बल,* 4. *ओज,* 5. *मन्यु* (शक्ति), 6. *मह* (उदात्तभाव), और 7. *सह* (सहिष्णुता और धैर्य)। धर्म जीवन की परिपूर्णता है; यह प्रमादी और दुर्बल के लिए नहीं है।

पाँचवाँ अध्याय

वैदिकोत्तर युग

(लगभग 1500 ई. पू. से 600 ई. पू.)

साधन : इस इतिहास की झाँकी इन साहित्य-कृतियों में मिलती है : *रामायण* और *महाभारत*, श्रौत और गृहय सूत्र—जिनमें वैदिक और घरेलू धार्मिक उपचारों का वर्णन है—और धर्मसूत्र, जिनमें न्याय और शासन का उल्लेख है। धर्मसूत्रों के बाद स्मृतियों का स्थान है।

रामायण-महाभारत-कालीन सभ्यता : ऐतिहासिक दृष्टि से *रामायण* का विषय आर्य-नेता राम द्वारा एक हिंस्र युद्ध में अनार्य-नेता रावण के वध के परिणामस्वरूप लंका तक दक्षिण में आर्य-सभ्यता का विस्तार है। यह केवल शस्त्रा का संघर्ष ही नहीं था वरन् विचारधाराओं का द्वंद्व भी था। आर्यों का उद्देश्य *महाभारत* के युग में पूर्ण हुआ। इस ग्रंथ में *धर्म-युद्ध* (पाप के विरुद्ध पुण्य के द्वंद्व) का वर्णन है। युधिष्ठिर और श्रीकृष्ण के नेतृत्त्व में पांडव और दुर्योधन के नेतृत्त्व में कौरव क्रमशः पुण्य और पाप के प्रतिनिधि हैं। कुरुक्षेत्र के युद्ध में समस्त भारत सम्मिलित हुआ और इसके बड़े प्रदेश के राजाओं ने पांडवों का साथ दिया। अंत में युधिष्ठिर और उसके वीर भ्राता अर्जुन और भीम के नेतृत्त्व में सत्य की जय हुई और धर्म का राज्य स्थापित हुआ, जिसके लिए स्वयं भगवान् ने कृष्णावतार लिया।

यह उल्लेखनीय है कि 323 ई. पू. से पहले के राजवंशों के पुराणों में दिए गए राज्यकाल की गणना के अनुसार कुरुक्षेत्र के युद्ध का काल 1525 ई. पू. के लगभग माना जा सकता है।

रामायण और *महाभारत* सांस्कृतिक इतिहास के लिए महत्त्वपूर्ण हैं। *रामायण* में घरेलू जीवन के आदर्श, आदर्श पत्नी, भाई, मित्र, भक्त आदि उपस्थित किए गए हैं। *महाभारत* में महत्त्वपूर्ण राजनीतिक सामग्री है। इसमें उस युग के *गणों* का उल्लेख है जिसमें बहुसंख्यक वर्ग प्रभुसत्तासंपन्न होता था। इसमें गणों के संघ (*संघातसंघ*) की भी चर्चा है। गण को संघ भी कहते थे, जैसे वृष्णिसंघ। कृष्ण को संघातगण का *संघ-मुख्य* कहा गया है।

ग्रामीण स्वायत्तता : ग्रामीण प्रशासन 10, 20, 100 से लगाकर 1,000 तक

ग्रामों के संघों के अध्यक्षों (मुखिया) की परंपरा द्वारा व्यवस्थित था। राज्य की ओर से *कुल, जाति, श्रेणी* (दस्तकारों का संघ), *पूग* (विभिन्न जातियों और दस्तकारों का संघ अर्थात् पूरा ग्राम-समाज), *जनपद* (समूचा प्रांत अथवा प्रदेश) आदि संस्थाओं द्वारा जनता के प्राकृतिक सम्मेलनों को प्रोत्साहन मिलता था। ये संस्थाएँ स्वायत्त होती थीं और अपने नियम स्वयं निर्धारित करती थीं, जिन्हें राज्य भी स्वीकृति प्रदान करता था।

महाभारत में गणतंत्रों की दुर्बलताओं और उनकी आंतरिक भेद की प्रवृत्तियों का भी उल्लेख मिलता है।

पाणिनिकालीन भारत : पाणिनि को इन प्रशासनिक विभागों का ज्ञान था : 1. *ग्राम, 2. नगर, 3. विषय* (जिला), 4. *जनपद* (राष्ट्र)। इनमें एक के बाद दूसरा अधिक विस्तृत था। पाणिनि को गण या संघ, जैसे *मालवसंघ,* का भी ज्ञान था। उस काल में गणों के संघ भी थे, जैसे *अंधकवृष्णि-संघ*। गणतंत्र में दलों का अनिवार्य विधान था। दल को *वर्ग* कहते थे। नेता के नाम के अनुसार *वर्ग* का नाम होता था, जैसे *वासुदेव वर्ग्य।* कभी-कभी गण अपनी सेनाएँ मिला लेते थे, जैसे *क्षुद्रक-मालवी सेना।*

आचार्यों के प्रति विद्यार्थियों की भक्ति उनकी अपने-अपने आचार्यों के नाम के अनुसार अभिहित करने की प्रवृत्ति से परिलक्षित होती है। जैसे, पाणिनीय (पाणिनि के विद्यार्थी)।

वैदिक शाखाओं को *चरण* कहते थे। उनमें कन्याएँ भी प्रविष्ट हो सकती थीं। उदाहरण के लिए वेद की *कठ* शाखा में अध्ययन करनेवाली कन्या या स्त्री को *कठी* कहते थे। ये कन्याएँ या स्त्रियाँ अपने अलग छात्रावासों में रहती थीं, जिनको *छात्रीशाला* कहते थे।

पाणिनि के काल में *कार्षापण, निष्क, पण, पाद, माष* और *शाण* (एक छोटा ताँबे का सिक्का) नामक मुद्राएँ प्रचलित थीं।

ज्ञान-विज्ञान : विज्ञान की साधना का प्रतीक पाणिनि का व्याकरण है जो इस विषय की महत्त्वपूर्ण कृति है। इसका परिचय वेदांग नामक सूत्रों में भी मिलता है जिनमें ये विषय शामिल हैं : 1. *शिक्षा* (ध्वनिशास्त्र), 2. *कल्प* (वैदिक उपचार), 3. *व्याकरण* (शब्दशास्त्र), 4. *निरुक्त* (व्युत्पत्तिशास्त्र), 5. *छंद* (छंदशास्त्र), और 6. *ज्योतिष* (ज्योतिषशास्त्र)। इनमें (1), (3) (4) और (5) भाषाशास्त्र के विविध पक्षों से संबंधित हैं। (4) की प्रसिद्ध कृति यास्क का निरुक्त है। (6) का विषय भौतिक विज्ञान है। (2) से तीन कक्षाओं के सूत्र-साहित्य की उत्पत्ति हुई है। यह उल्लेखनीय है कि 'सूत्र' शब्द स्वयं वैज्ञानिक शब्दावली के विकास की प्रगति का प्रतीक है जिसका आदर्श थोड़े शब्दों में अधिक भावों की अभिव्यक्ति है। इस शैली का सर्वश्रेष्ठ निदर्शन पाणिनि के सूत्र हैं। इनमें वैदिक मंत्रों की शैली है जिसमें अकेले ॐ शब्द में जिज्ञासुओं के लिए विस्तृत अर्थ-जगत् प्रच्छन्न है।

उपचार : सूत्रों में उपचार का वर्णन है । जीवन के मोड़ों पर उनका अनुष्ठान आवश्यक है । प्रत्येक उपचार में आध्यात्मिक महत्त्व प्रच्छन्न है जिसे भूलना नहीं चाहिए । उदाहरण के लिए *उपनयन* का अर्थ शिक्षा द्वारा नया जन्म है और विवाह एक अटूट धार्मिक संबंध और साहचर्य है । सूत्रों में सामान्य उपचारों का वर्णन है जिनका प्रचार प्रायः सब जगह था । उन्हें *पंच-महायज्ञ* कहते हैं । उनमें (1) देव (*देवयज्ञ*), (2) पितृ (*पितृयज्ञ*), (3) ऋषि (*ऋषियज्ञ*), (4) नर (*नृयज्ञ*), और (5) जीवन (*भूतयज्ञ*) संबंधी उपचार संग्रथित हैं । विभिन्न यज्ञों का अभिप्राय व्यक्ति के समष्टि में अधिकाधिक प्रवेश करने की प्रक्रिया को व्यक्त करना है, जो धर्म के उच्चतम आदर्श के रूप में समस्त भूत-जगत् के साथ एकत्व और सान्निध्य की अनुभूति में विकसित होती है ।

वर्णाश्रम-धर्म : सूत्रों में सामाजिक विधान के अपने निराले सिद्धांत हैं जिनके अनुसार समाज को व्यवसायों के अनुरूप स्थूल रूप से चार भागों में बाँटा जाता है । ये भाग बाद में जाति या वर्ण के रूप में जकड़ जाते हैं । प्रथम भाग ब्राह्मणों का है जो विद्या और शिक्षा का कार्य सँभालते हैं । उन्हें सांसारिक जीवन से दूर तटस्थ वातावरण में वैराग्य की भावना से अनुप्राणित होकर एकाग्र चिंतन द्वारा विद्या और ज्ञान को बढ़ावा देना और उन्हें संपन्न करना पड़ता है और फिर अपने जीवन द्वारा उन सत्यों का प्रसार करना पड़ता है । देश की संस्कृति की रक्षा एक बहुत बड़ा दायित्व था । दूसरा भाग क्षत्रियों का है जो राज्य के संचालन और देश की रक्षा का कार्य करते हैं, जिसके लिए उन्हें अपने जीवन तक का बलिदान करना पड़ता है (*संग्रामे संस्थानम्*) । तीसरा भाग वैश्यों का है जो कृषि, पशुपालन (*पाशुपाल्य*), वाणिज्य (*व्यापार*) और *कुसीद* (बैंकिंग) द्वारा देश के आर्थिक हितों का संपादन करते हैं । चौथा भाग शूद्रों का है जो सेवा (*परिचर्या*), मजदूरी (*वृत्ति*) और दस्तकारी (*शिल्पादिवृत्ति*) से जीविकोपार्जन करते हैं ।

जीवन वर्णों और आश्रमों में विभक्त था । पहला आश्रम ब्रह्मचर्य था जिसका पालन सब जातियाँ समान रूप से करती थीं; दूसरा आश्रम गृहस्थ था; तीसरा वानप्रस्थ था जिसमें भिक्षु तटस्थ जीवन व्यतीत करके अंत की तैयारी करता था । वह *अनिचय* (बचत न करता हुआ), *उर्ध्वरेता* (पूर्ण यौन-संयम का पालन करता हुआ) और *समोभूतेषु* (सब प्राणियों में एक-जैसा मनोभाव रखता हुआ) रहता था । अंतिम आश्रम संन्यासी या परिव्राजक का था जिसकी व्याख्या *आपस्तंब (2/9/21/13)* ने *इस प्रकार की है : "संन्यासी वह है जो सत्य और असत्य, सुख और दुख, वेद, जगत और स्वर्गापवर्ग के विचार को छोड़कर केवल आत्मा को खोजता है ।"*

छठा अध्याय

उत्तरी भारत

(650 ई. पू. से 325 ई. पू.)

इस युग में जैनधर्म और बौद्धधर्म नामक दो महान् धर्मों का अभ्युदय हुआ ।

जैनधर्म : जैनधर्म के संस्थापक वर्धमान महावीर थे । जैन-परंपरा के अनुसार उससे पहले 23 आचार्य या तीर्थंकर और हुए जिनमें प्रथम ऋषभ और अंतिम पार्श्व थे ।

महावीर ज्ञातृकों के अधिपति के पुत्र और लिच्छवी-मुख्य चेटक के भतीजे थे । उनके पिता ने लोकमंगल के कार्यों द्वारा उनका जन्मोत्सव मनाया: कर, चुंगी और जब्ती माफ की गई, लोगों के घरों में पुलिस का घुसना रोका गया और बंदी मुक्त किए गए । 30 वर्ष तक वैवाहिक जीवन व्यतीत करने के अनंतर उन्होंने संसार का परित्याग किया और 12 वर्ष की कठोर तपस्या के पश्चात् निर्वाण प्राप्त करके *जिन* और *केवली* का पद प्राप्त किया । तत्पश्चात् उन्होंने चंपा, वैशाली, राजगृह, नालंदा, मिथिला, लाढ (राढ़), श्रावस्ती और पावा, जहाँ उनका निधन हुआ, आदि स्थानों पर घूम-घूमकर अपने धर्म का प्रचार किया । उनके जीवनकाल का एक तिक्त अनुभव यह था कि अपने साथी गोशाल के साथ उनका विरोध हो गया जिसके फलस्वरूप गोशाल ने महावीर के धर्म के विपरीत अपना एक अलग संप्रदाय खड़ा कर दिया । उनके निधन पर तात्कालिक 36 गणतंत्रों ने सामूहिक रूप से जो दीपावलि मनाई, उससे महावीर की ख्याति का पता चलता है ।

जैन-सिद्धांत : जैन-सिद्धांत कर्म और इसके परिणाम आवागमन में विश्वास करता है । आवागमन को कर्म-क्षय द्वारा रोका जा सकता है । इच्छाओं के निग्रह से कर्म का अंत होता है । इच्छाओं का निग्रह व्रत, समिति (अभ्यास) और गुप्ति (नियंत्रण) द्वारा संभव है ।

वीर-निर्वाण : परंपरा के अनुसार महावीर का निर्वाण विक्रमादित्य के जन्म से 470 वर्ष पूर्व हुआ । विक्रम के जन्म से 18 वर्ष बाद 58 ई. पू. में विक्रम-संवत् जारी हुआ । इस प्रकार वीर-निर्वाण 470 + 58 + 18 = 546 ई. पू. में हुआ । बौद्ध-परंपरा के अनुसार महावीर का निर्वाण बुद्ध के परिनिर्वाण से पहले हुआ । बुद्ध-निर्वाण की तिथि 543 ई. पू. है ।

गौतम बुद्ध : बौद्धधर्म के संस्थापक गौतम राजकुमार थे । वे शाक्यों के मुख्य शुद्धोदन के पुत्र थे । परंपरा के अनुसार 624 ई. पू. में कपिलवस्तु नामक स्थान पर लुंबिनी वन में, जहाँ अशोक ने एक स्तंभ खड़ा कर उस पर यह लेख खुदवाया कि यहाँ 'बुद्ध शाक्यमुनि' का जन्म हुआ, तथागत का आगमन हुआ था । इस बात की भविष्यवाणी की गई कि शिशु आगे चलकर संन्यास लेगा । उसके पिता ने भोगविलास की सामग्री से उसके जीवन को परिवृत्त करके इस बात को रोकने की चेष्टा की । किंतु बालक गौतम का मन जीवन की अनिवार्य विभीषिकाओं—जैसे रोग, जरा और मृत्यु—को देखकर इतना द्रवित हुआ कि जीवन में उनकी समस्त रुचि समाप्त हो गई । 16 वर्ष की आयु में उनका विवाह हुआ । 29 वर्ष की आयु में जब उनकी पहली संतान (पुत्र) उत्पन्न हुई तो उन्हें ऐसा लगा कि उनके लिए बंधन तैयार हो गया है । अतः उसी अर्धरात्रि में उन्होंने, बच्चे को अपनी छाती से चिपकाए हुए अपनी पत्नी को छोड़कर, गृहत्याग किया । वे अपने प्रिय साईस छन्न को साथ लेकर, अपने घोड़े कंथक पर चढ़कर कपिलवस्तु से बाहर निकल गए । सूर्योदय के समय अनोमा नदी पर पहुँचकर उन्होंने अपने बाल कटवा दिए और भिक्षुओं का काषाय वस्त्र धारण कर लिया ।

एक राजकुमार के लिए संन्यासी-जीवन सरल नहीं था । भिक्षुओं-जैसा भोजन करने पर उन्हें ऐसा लगा कि उनका पेट पलटा जा रहा है और आँतें बाहर निकली जा रही हैं । उन्होंने बताया है कि नीरवता में रहना और आनंद लेना और वहाँ के भय पर विजय पाना कितना कठिन है ।

सत्य की खोज के लिए उन्हें गुरु ढूँढ़ना था । राजगृह के निकट उन्हें आलार मिले, जो ध्यान में इतना निमग्न थे कि "सड़क पर बैठे हुए वहाँ से जाती हुई 500 गाड़ियों की गड़गड़ाहट भी उन्हें सुनाई न दे सकी ।" शीघ्र ही आलार ने अपने शिष्य को अपना संपूर्ण उपदेश दे दिया, किंतु गौतम को तृप्ति न हुई । इसके बाद उन्हें दूसरे गुरु की तलाश हुई । उद्रक रामपुत्र को उन्होंने अपना दूसरा गुरु बनाया ।

इसके बाद वे तपश्चर्या करने के लिए जैन-शास्त्रों के अनुसार उरुवेला नामक ग्राम में बैठ गए । उनका शरीर त्वचा और अस्थि-मात्र रह गया । उनका भोजन बहुत सूक्ष्म था । पत्तों का रस या हथेली-भर दाल ही उनके जीवन-यापन का साधन था । वे तपश्चर्या के भार को वहन नहीं कर सके और अचेत हो गए । अतः उन्होंने अधिक भोजन लिया । इस पर उनके साथी पाँच ब्राह्मण, जो उनकी बुधत्व-प्राप्ति की आशा से उनके साथ रहते थे, उन्हें छोड़कर चले गए । तब वे अकेले ही बोधि का मार्ग ढूँढ़ते रहे और गया में बोधिवृक्ष के नीचे छः वर्ष के अनुसंधान के पश्चात् 35 वर्ष की आयु में उसे प्राप्त करने में सफल हुए । उनका ध्यान और मनन इतना गंभीर और एकाग्र था कि युगपत् सौ बिजलियों के गिरने से भी भंग नहीं हो सकता था ।

प्रथम उपदेश : अनुत्तर ज्ञान प्राप्त करने के बाद वे सुपात्र शिष्यों की खोज में रहे जो उसे ग्रहण कर सकें। उनका ध्यान उन पाँच ब्राह्मणों पर गया जो उनका साथ छोड़कर चले गए थे और तब से सारनाथ में इसिपत्तन में रहते थे। बुद्ध बोधगया से चलकर सारनाथ पहुँचे और उन्हें *धर्मचक्र-प्रवर्तनसूत्र* का उपदेश दिया, जिसमें उन्होंने चार आर्यसत्य—अर्थात् 1. दुख, 2. इसका कारण (समुदय या तृष्णा), 3. इसका निरोध, और 4. इसका मार्ग (प्रतिपदा)—की व्याख्या की। उनके अनुसार दुख के कारण के निरोध का मार्ग 'मध्यमा प्रतिपदा' है जिससे मनुष्य भोग और तप की सीमाओं को छोड़कर रुचि का मार्ग अपनाता है। यह मार्ग *आर्याष्टांगिक मार्ग* कहलाता है। ये आठ मार्ग हैं : *सम्यक् दृष्टि, सम्यक् संकल्प, सम्यक् वचन, सम्यक् आजीव, सम्यक् कर्म, सम्यक् व्यायाम, सम्यक् स्मृति* और *सम्यक् समाधि*।

बुद्धचर्या : इसके बाद बुद्ध की श्रमपूर्ण परिचर्या प्रारंभ हुई जिसके सिलसिले में उन्होंने पूर्वी भारत के सब प्रसिद्ध स्थानों की यात्रा की। उनके चारों ओर अनेक श्रावक, भिक्षु और उनके नेता एकत्र होने लगे। इनमें वाराणसी का साहूकार यश और उसके 50 अनुयायी, 1,000 भिक्षुओं का जटिल संघ और उसका नेता कस्सप जिसने उरुवेला में उनका धर्म स्वीकार किया था; सारिपुत्र और मोग्गल्लान नामक दो पुरोहित और 250 भिक्षुओं का संजय का दल शामिल थे।

इन अनेक लोगों के बौद्धधर्म में दीक्षित होने से मगध में सनसनी फैल गई और लोग इस बात की शिकायत करने लगे कि श्रमण गौतम वैधव्य, निःसंतानता और परिवार-समाप्ति का प्रचार करता है। उन्होंने कपिलवस्तु जाकर अपने पुत्र राहुल और चचेरे भाई नंद को, जो अपने माँ-बाप का इकलौता पुत्र था, अपने संघ में दीक्षित किया। उनके श्रमण बन जाने पर उनके पिता का कोई वारिस नहीं रहा। यशोधरा के कहने पर राहुल ने अपने पिता बुद्ध से अपना दाय माँगा। उत्तर में बुद्ध ने राहुल को भी भिक्षु बनाकर बौद्ध-संघ में प्रविष्ट करा दिया। यह एक आध्यात्मिक साम्राज्य का दाय था।

इसके बाद अन्य स्थानों पर अनेक लोगों को दीक्षा मिली। इनमें अनुरुद्ध, उपालि और राजगृह के निकट के एक गाँव का निवासी आनंद प्रमुख थे। आनंद ने परम भक्ति के साथ बुद्ध के वैयक्तिक परिचारक के रूप में उनके साथ रहकर उनकी सेवा की।

श्रावस्ती में उन्होंने वहाँ के धनकुबेर सुदत्त अनाथपिंडक को दीक्षा दी। उसने बुद्ध के संघ के लिए राजकुमार जेत से 18 कोटि स्वर्णमुद्राओं से उसके उद्यान की भूमि को ढँककर और इस प्रकार उसकी मुँहमाँगी कीमत देकर जेतवन खरीदा। भरहुत की खुदाई में इस महादान का अंकन है। इसमें चौकोर मुद्राओं से भरे एक छकड़े को चित्रित किया गया है और उनसे ढँकी हुई भूमि दिखाई गई है।

बुद्ध की शिक्षा-दीक्षा के प्रमुख केंद्र राजगृह, श्रावस्ती, कौशांबी और वैशाली के विहार थे।

बुद्ध की महानता : बुद्ध ने अपने जीवन के अंतिम क्षण तक यात्रा की और धर्मोपदेश किया। उन्होंने आनंद से कहा, "मैं वृद्ध, दुर्बल और श्रांत हूँ, मैं यात्रा के अंत और जीवन की सीमा पर पहुँच चुका हूँ। मेरी आयु 80 वर्ष है।" (*संयुक्तनिकाय*, पृ. 152-54)। उन्होंने यह भी कहा, "अब से तीन महीने के बाद तथागत का परिनिर्वाण होगा" (*वही*, 258-63)। अस्सीवें वर्ष में वे जब कुंद नामक कर्मकार के अतिथि थे, बीमार पड़े। रोग पर नियंत्रण प्राप्त कर वे कुशीनारा के शालवन तक पहुँच गए, जहाँ उन्होंने अंतिम बार आराम किया। अपना अंत सन्निकट जान उन्होंने अपने शिष्यों को यह अंतिम उपदेश दिया, "भिक्षुओ ! अपने दीपक स्वयं बनो, अपनी शरण स्वयं बनो, किसी बाह्य शरण को मत खोजो। मेरे जाने के बाद संघ के विनय और सूत्रों को अपना गुरु मानो।"

ओल्डनबर्ग ने बुद्ध के 45 वर्ष के जीवन और चर्या का वर्णन इस प्रकार किया है—"उस समय जब उसकी ख्याति चरम सीमा पर पहुँच चुकी थी और उसका नाम भारत-भर में अग्रगण्य था, यह दैनिक दृश्य देखने को मिलता था कि वह मनुष्य, जिसके सामने राजाओं का सिर झुक जाता था, हाथ में भिक्षापात्र लेकर सड़कों पर घर-घर घूमता था और नीचे दृष्टि किए हुए, वाणी से बिना शब्द निकाले, चुपके-चुपके खड़ा प्रतीक्षा करता था जब तक कि लोग उसके पात्र में कुछ भोजन न डाल दें।"

इस प्रकार बुद्ध ने नैसर्गिक और प्राकृतिक रूप से साधारण मनुष्य की तरह जीवन बिताया और ऐसा उदाहरण प्रस्तुत किया, जिससे मनुष्य सम्यक् दृष्टि और संकल्प द्वारा जीवन की सामान्य परिस्थितियों से ऊपर उठकर देवता के स्तर तक पहुँच सके। उन्होंने परिपक्व यौवन में राजकीय भोग-विलास को तिलांजलि देकर, देवत्व का दावा किए बिना श्रद्धालु शिष्यों, अधिकारियों और भिक्षुओं को सदैव पूर्ण विश्वस्तता के साथ यह याद दिलाया : *परीक्षा वीक्ष्य ग्राह्यं मद्वचो न तु गौरवे वा*। (तुम मेरे वचन को मेरे प्रति श्रद्धा के भाव से ग्रहण मत करो वरन् इसके आंतरिक महत्त्व के कारण सूक्ष्म परीक्षा करके अपनाओ)। उनके अंतिम शब्द ये थे कि उन्होंने जिन सत्यों और तथ्यों की शिक्षा दी है वे ही गुरु-तुल्य हैं।

राजनीतिक इतिहास : उत्तर भारत के तत्कालीन राजनीतिक इतिहास पर जैन और बौद्ध-ग्रंथों और पुराण आदि संस्कृत-ग्रंथों से प्रचुर प्रकाश पड़ता है। उस समय उत्तरी भारत बहुत-से राज्यों में विभक्त था, जिन्हें *महाजनपद* कहते थे और जिनकी संख्या 16 थी। पालि ग्रंथ *अंगुत्तरनिकाय* में उनकी गणना इस प्रकार की गई है—1. अंग (पूर्वी बिहार) जिसकी राजधानी चंपा थी, 2. मगध (दक्षिणी बिहार), 3. काशी, 4. कोशल (अवध), 5. वज्जि (उत्तरी बिहार), 6. मल्ल (गोरखपुर जिला), 7. चेटी (चेदी, यमुना और नर्मदा के नीचे), 8. वंश (वत्स : प्रयाग प्रदेश), 9. कुरु (थानेसर, देहली और मेरठ जिले), 10. पांचाल (बरेली, बदायूँ और फर्रुखाबाद जिले), 11. मच्छ (मत्स्य: जयपुर), 12. शूरसेन (मथुरा), 13. अस्सक

(अश्मक : गोदावरी नदी पर स्थित जिसकी राजधानी पोतन, प्रतिष्ठान–पैठान थी), 14. अवंती, जिसकी राजधानी माहिस्सति–माहिष्मती थी, 15. गंधार (पाकिस्तान के पेशावर और रावलपिंडी जिले) और 16. कांबोज (दक्षिण-पश्चिमी कश्मीर और काफिरिस्तान के कुछ भाग)। कुछ ग्रंथों में इन सोलह राज्यों के अतिरिक्त 17. कलिंग (जिसकी राजधानी दंतपुर थी), 18. सौवीर (जिसकी राजधानी रोरुक थी), और 19. विदेह (जिसकी राजधानी मिथिला थी) का भी उल्लेख मिलता है। जैन-ग्रंथ *भगवतीसूत्र* में मालव, कोच्छ (कच्छ), पाढ़ (पुंड्र), लाढ़ (बंगाल में राढ़) और मोली (मल्ल) का जिक्र है। ये राज्य बहुत छोटे थे।

यह उल्लेखनीय है कि यद्यपि देश इतने छोटे राज्यों में विभक्त था, तथापि इस विभाजन का अर्थ देश का पृथक्-पृथक् टुकड़ों में विघटन नहीं था। ये भारतीय विचारधारा और समाजपद्धति के समान सांस्कृतिक बंधन से परिबद्ध थे। राजनीतिक दृष्टि से वे पृथक् राज्य थे, किंतु वे भारतीय शासनपद्धति के समान ढाँचे के अंतर्गत थे जो सत्ता के विकेंद्रीकरण और स्वयंशासित संस्थाओं के रूप में जनता के स्वाभाविक वर्गीकरण के द्वारा स्थानीय स्वायत्तता की रक्षा पर अवलंबित था, जैसा कि ऊपर लिखा जा चुका है।

प्रमुख राज्य : इन राज्यों में निम्नांकित प्रमुख हो गए–1. अवंती, 2. वत्स, 3. कोशल, और 4. मगध।

अवंती : यह पालि ग्रंथों में वर्णित चंड पज्जोत (प्रद्योत) महासेन के राज्यकाल में प्रसिद्ध हो गया जो अपनी क्रूरता के लिए बदनाम था। अपने पुरोहित महाकच्चायन के प्रभाव के कारण उसने बौद्धधर्म ग्रहण किया। इसके बाद अवंती महाकच्चायन, धम्मपाल और सोन आदि आचार्यों के कारण बौद्धधर्म का प्रसिद्ध केंद्र बन गया। उन्होंने प्रचलित लोकभाषा में धर्म-प्रचार किया, जो पालि भाषा का मूल बनी और मागधी से भिन्न थी।

वंस (वत्स) : यह राज्य राजा उदयन के राज्यकाल में प्रसिद्ध हो गया। इसकी राजधानी कौशांबी थी। परंपराओं के अनुसार 1. प्रद्योत की पुत्री राजकुमारी वासवदत्ता, 2. मगध की राजकुमारी पद्मावती, 3. अंग की राजकुमारी और 4. वासवदत्ता की सेविका सागरिका से उसका प्रेम-संबंध था। अंत में उसे घोषिताराम विहार के भिक्षु पिंडोल ने बौद्धधर्म में दीक्षित किया। कौशांबी और उसके अनेक विहार बौद्धधर्म के प्रमुख केंद्र थे जहाँ बुद्ध ने धर्मोपदेश किया। यह उल्लेखनीय है कि कौशांबी से प्राप्त एक अभिलेख में घोषिताराम के विहार का उल्लेख मिलता है।

कोशल : राजा प्रसेनजित के राज्यकाल में कोशल प्रसिद्ध हो गया। प्रसेनजित् बुद्ध का अनुयायी और उनकी अवस्था का था। उसने काशी को अपने राज्य में मिलाया, किंतु अजातशत्रु के राज्यकाल में मगध से उसका संघर्ष हुआ। उसके पापी पुत्र विड़ूढभ ने, जो निरीह शाक्यों की हत्या के कारण कुख्यात था, अपने दुष्ट

साथियों के साथ मिलकर उसे गद्दी से उतार दिया। किंतु विडूढभ और उसके साथी श्रावस्ती में बाढ़ से बह गए।

मगध : बौद्ध-ग्रंथों के अनुसार हर्यंक वंश के राजा बिंबिसार और अजातशत्रु के राज्यकाल में मगध एक शक्तिशाली सत्ता थी। किंतु पुराणों में शिशुनाग द्वारा संस्थापित एक भिन्न वंश को इसकी महानता का श्रेय दिया गया है। इतिहासकार बौद्ध साक्ष्य पर अधिक बल देते हैं, जिसका अनुसरण यहाँ किया गया है।

बिंबिसार : बिंबिसार (603-551 ई. पू.) ने राजनीतिक महत्त्व के वैवाहिक संबंध स्थापित किए। उसने कोशल राजकुमारी, लिच्छवी मुख्य की पुत्री और वैदेही राजकुमारी वासवी से विवाह किया। उसके अनेक पुत्र थे जिनमें कुणीक अजातशत्रु प्रसिद्ध हुआ।

उसकी राजधानी : उसकी राजधानी गिरिव्रज थी जो पाँच दीवारों से सुरक्षित थी। इसकी बड़ी-बड़ी दीवारें आज तक खड़ी हैं और प्राचीनतम भारतीय पाषाण-स्थापत्य का निदर्शन प्रस्तुत करती हैं। बाद में राजधानी राजगृह चली गई जिसकी योजना महागोविंद नामक स्थपति ने बनाई थी।

उसका राज्य : बिंबिसार ने अंग और उसकी राजधानी चंपा पर विजय प्राप्त करके अपने राज्य का विस्तार किया। उसने कुणीक को वहाँ का राज्यपाल नियुक्त किया। उसके राज्य में 80,000 गाँव थे जिनका क्षेत्रफल 300 लीग था और जो उसके पुत्र अजातशत्रु की विजय के पश्चात 500 लीग और बढ़ गया था।

शासन : उसके प्रमुख कर्मचारी महामात्र कहलाते थे। राज्य-शासन को चलानेवाले कर्मचारियों को *सर्वार्थक* कहते थे। न्यायाधिकारी *व्यावहारिक* कहलाते थे और सेनापति की उपाधि *सेनानायक* थी। 80,000 ग्रामों के मखिया परिषद में आकर इकट्ठे हुआ करते थे।

धर्म : बिंबिसार आरंभ में जैन था। उसने महावीर से प्रार्थना की थी कि 'उसके देश को सर्दी के संकट से बचाने का आशीर्वाद दें।' उसने अपनी पुरानी राजधानी गिरिव्रज में गौतम के दर्शन किए और जब वह बुद्ध होकर अपने शिष्य कस्सप-बंधुओं और उनके साथ रहनेवाले 1000 जटिलों के समूह के साथ राजगृह पहुँचे तो फिर उनका साक्षात्कार किया। श्रोणीय बिंबिसार तुरंत उनका शिष्य बन गया और राजमहल में समस्त संघ को निमंत्रित करके अपने हाथों से भोजन परोसा। उसने बुद्ध को वेलुवन नामक अपना प्रसिद्ध उद्यान दान कर दिया जिससे तथागत वहाँ ध्यान-मनन कर सकें। अपने राजवैद्य जीवक को उसने तथागत और संघ की परिचर्या-चिकित्सा के लिए नियुक्त किया।

उसका अंत : बौद्ध-परंपरा के अनुसार बिंबिसार के पुत्र अजातशत्रु ने उसकी हत्या की और बाद में बुद्ध की शरण में जाकर परिताप प्रकट किया, किंतु जैन किंवदंती यह है कि उसने बंदीगृह में, जहाँ उसे अजातशत्रु ने डाल रखा था, स्वयं आत्महत्या कर ली।

अजातशत्रु (लगभग 551-519 ई. पू.) : अजातशत्रु एक योद्धा-नरपति था और अपने राज्य के प्रसार में दत्तचित्त था। उसने पहले प्रसेनजित के राज्यकाल में कोशल पर चढ़ाई की। वहाँ के राजा ने उसके साथ अपनी कन्या का विवाह करके शांति स्थापित की।

लिच्छवि-युद्ध : उसके बाद उसने गंगा के उस पार लिच्छवियों से युद्ध छेड़ दिया। यह युद्ध लंबा चला, क्योंकि लिच्छवी-जैसे गणतंत्र का, जिसकी शक्ति सर्वोत्तम जनतंत्र की परंपराओं पर आधारित थी, जीतना कोई सरल काम नहीं था। इस गणतंत्र में जैसा कि बुद्ध का विचार था, "लोगों की परिषदें पूर्ण रहती थीं और बारंबार हुआ करती थीं; नीति और सम्मति की एकता थी; प्राचीन परंपराओं और संस्थाओं की रक्षा होती थी; वृद्धों, स्त्रियों और संन्यासियों का आदर होता था"। अतः इसकी आंतरिक एकता सुदृढ़ थी।

अजातशत्रु को ऐसे शत्रुओं से लड़ने के लिए काफी तैयारी करनी पड़ी। उसने पहले नदी के किनारे एक नई राजधानी बनाई जहाँ से युद्ध का संचालन किया जा सकता था। इस प्रकार पाटलिपुत्र की नींव रखी गई, जिसके भावी नागरिक और व्यापारिक महत्त्व की भविष्यवाणी स्वयं बुद्ध ने की। इसके बाद उसने गणतंत्र के नागरिकों की एकता के नैतिक आधार को नष्ट करने के लिए निकृष्ट उपाय अपनाए और उनमें भेद उत्पन्न किया। इस काम के लिए उसने अपने मंत्री वस्सकार को वैशाली में नियुक्त किया। उसकी योजना सफल हुई और युद्ध के समय लिच्छवी सैनिकों में इस बात पर फूट पड़ गई कि आगे लड़ने के लिए कौन जाए। अंत में अजातशत्रु ने रथमुसल नामक उत्कृष्ट युद्ध-यंत्र का प्रयोग करके लिच्छवियों को परास्त किया।

उसे राजगृह में अपने राज्य की दूसरी सीमा की किलाबंदी को मजबूत करना पड़ा, जिससे वह अवंती के राजा प्रद्योत के आक्रमण को रोक सके जो उसकी बढ़ती हुई शक्ति से ईर्ष्या करता था।

धर्म : पहले अजातशत्रु जैन धर्म की ओर प्रवृत्त था और वैशाली और चंपा में महावीर से मिला भी था। पितृहत्या के अपराध से शांति पाने के लिए उसने गोशाल आदि श्रमणों की भी शरण ली, किंतु सब व्यर्थ रहा। बाद में वह बुद्ध और उनके संघ से मिला और उनकी शांति और ध्यान की एकाग्रता से बड़ा प्रभावित हुआ। भरहुत की मूर्त्तियों में राजा को अपने अनुयायियों के साथ बुद्ध को नमस्कार करते हुए दिखाया गया है। इस पर यह लेख *'अजातशत्रु भगवतो वंदते'* अंकित है। कुशीनगर में बुद्ध के निर्वाण के बाद वह शीघ्रता से उनके अनुयायी के रूप में उनके अवशेषों का भाग प्राप्त करने के लिए, जो महाकस्सप के पास थे, उस स्थान पर पहुँचा।

अजातशत्रु के उत्तराधिकारियों में से बहुत-से केवल नाम हैं जिनका कोई इतिहास नहीं मिलता।

अजातशत्रु के उत्तराधिकारी : उसका उत्तराधिकारी उदायीभद्र था जो (लगभग 519-503 ई. पू. में) चंपा का उपराजा था और जिसने कुसुमपुर नामक नगर का निर्माण कराया था। उसका अवंती के राजा पालक के साथ बराबर युद्ध रहा। पालक के एक एजेंट ने उसकी हत्या की। उसके अन्य उत्तराधिकारी अनुरुद्ध, मुंड और नागदासक थे, जिनकी पहचान पुराणों में वर्णित राजा दर्शक (लगभग 495-471 ई. पू.) से की जाती है।

उसके बाद सुसुनाग (लगभग 471-450 ई. पू.) गद्दी पर बैठा। पुराणों में उसे शिशुनाग कहा गया है और उसे बिंबिसार के पूर्ववर्ती के रूप में वंश का प्रतिष्ठापक बताया गया है। किंतु बौद्ध-परंपरा अधिक विश्वसनीय है और यहाँ उसी का अनुसरण किया गया है। ससनाग ने 'अमात्य' बनकर जीवन शुरू किया। बाद में पौरजनपद ने उसे राजपद पर अभिषिक्त किया।

उसके बाद कालाशोक (लगभग 453-425 ई. पू.) ने राज्य किया। कालाशोक के बाद उसके दस लड़के गद्दी पर बैठे और उन्होंने 400 ई. पू. तक मिलकर राज्य किया।

बाण ने *हर्षचरित्* में यह कथा लिखी है कि शैशुनागी काकवर्णी को एक हत्यारे ने मार दिया था। सिकंदर के आक्रमण के एक यूनानी लेखक ने लिखा है कि वह हत्यारा रानी का प्रेमी एक नाई था। उसने काकवर्णी कालाशोक के सब पुत्रों का वध करके स्वयं राज्य छीन लिया।

पाली ग्रंथ *महाबोधिवंस* में कालाशोक के अंतिम दो पुत्रों का नाम नंदिवर्धन और पंचमक बताया गया है। पुराणों में उसे महानंदी कहा गया है। उस समय से पुराणों का साक्ष्य अधिक महत्त्वपूर्ण हो जाता है।

नंदवंश : पुराणों में राज्य को हड़पनेवाले इन राजाओं को नंदवंशीय कहा गया है। उनके अनुसार इस वंश का प्रथम राजा महापद्म था जो अंतिम शैशुनाग राजा महानंदी को शूद्र स्त्री के गर्भ से उत्पन्न हुआ था। अतः नंदराजाओं को शूद्र कहा जाने लगा। किंतु यूनानी कथा के अनुसार उसका पिता शूद्र था और उसकी माता एक भ्रष्टचारिणी क्षत्रिय रानी थी। जैन-परंपरा के अनुसार प्रथम नंदराजा गणिका के गर्भ से उत्पन्न नाई (नापितदास) का लड़का था। इस प्रकार उसके माता-पिता दोनों भ्रष्ट बताए गए हैं।

बौद्ध-परंपरा में इससे भिन्न कथानक मिलता है इसके अनुसार प्रथम नंद उग्रसेन था जो *'प्रत्यंतवासी'* अर्थात् सीमाप्रांत का रहनेवाला था और अपने भाइयों के साथ डकैती का काम करता था जिससे वे *'चोर-पुब्बा'* कहलाए। उसने मगध के राजा को जबरदस्ती निकाल बाहर किया। इस कथा में नंदराजाओं की उत्पत्ति को भ्रष्ट अथवा हीन नहीं बताया गया है।

पुराणों और जैन और बौद्ध-ग्रंथों में नौ नंदों की चर्चा है। पुराणों में पिता और उसके आठ पुत्र नौ नंद कहलाते हैं, किंतु अन्य परंपराओं के अनुसार नौ नंद आपस

में भाई थे । ये तीनों परंपराएँ इस बात पर सहमत हैं कि नंदराजाओं की संख्या नौ थी ।

महाबोधिवंस में नौ नंद राजाओं के नाम दिए गए हैं : सबसे पहला उग्रसेन था और अंतिम का नाम धननंद था । इन भाइयों ने अवस्था के अनुसार एक-एक करके राज्य किया ।

यूनानी लेखकों ने अंतिम नंद राजा का नाम *अग्रामेस* (कर्टियस) अथवा जंद्रायस (दियोदोरस)—संस्कृत *चंद्रमस*—लिखा है, जो एफ. डब्ल्यु. टॉमस के मतानुसार धननंद का वैयक्तिक नाम था । (*कैंब्रिज हिस्ट्री आव इंडिया,* भाग 1) । उनके लिखे अनुसार अग्रामेस का पिता नाई था ।

अब हम पुराणों के अनुसार नंदवंश की चर्चा करते हैं । उनमें नंदराजाओं को अधार्मिक कहा गया है । प्रथम नंद को महापद्मपति बताया गया है । इस नाम से उसके अतुल धन अथवा विशाल सेना का संकेत मिलता है जिसकी सहायता से उसने अपने युग के सभी क्षत्रिय राज्यों—पांचाल, काशी, कलिंग, अश्मक आदि—को जीतकर एकराट् अथवा एकछत्र का पद प्राप्त किया था ।

कलिंग के राजा खारवेल के हाथीगुंफा के अभिलेख से नंद-राजा की कलिंग-विजय का प्रमाण मिलता है । इसमें उसने नंद-राजा का उल्लेख किया है जिसने वहाँ जल-बाँध बनवाया था और जो वहाँ से विजय के चिह्न के रूप में जिन-मूर्ति अथवा जिन-पदचिह्न मगध उठा ले गया था ।

यूनानी लेखकों ने उसे *गंगरिदे* (गंगा की उपत्यका के निवासी) और *प्रासी* (प्राच्य या पूर्वी प्रदेश के निवासी) का राजा बताया है और उसकी राजधानी पाटलिपुत्र बताई है ।

बौद्ध-ग्रंथों में उसे धननंद कहा गया है जिससे उसकी धन-संपत्ति का उल्लेख मिलता है । उसने यह धन कृपणता से या प्रजा पर भारी कर लगाकर इकट्ठा किया था ।

मैंने इस ग्रंथ में जो कालक्रम अपनाया है उसके अनुसार प्रथम नंद-राजा ने 403 ई. पू. में राज्य किया । उस समय उसकी आयु 20 वर्ष रही होगी । इससे प्रकट होता है कि उसका जन्म 423 ई. पू. में हुआ होगा । पुराणों के अनुसार सब नंद-राजाओं ने 100 वर्ष तक राज्य किया । इस प्रकार वे 423 ई. पू. से 323 ई. पू. तक गद्दी पर रहे । यह तथ्य उनके बाद राज्य करनेवाले मौर्यों के कालक्रम से भी प्रतिपादित हो जाता है । इस प्रकार पौराणिक कालक्रम और मौर्यकाल के सुनिश्चित कालक्रम की संगति बैठ जाती है ।

गणराज्य : इन नृपतंत्रों के अतिरिक्त पूर्वी और बौद्ध-भारत में गणतंत्रों का भी पर्याप्त विकास हुआ था । जैन-ग्रंथ *भगवतीसूत्र* में तात्कालिक पूर्वी भारत के इन गणराज्यों का उल्लेख मिलता है : 1. वज्जी-विदेहपुत्र, 2. नौ मल्लकी, 3. नौ लिच्छवी, 4. काशी-कोशल प्रदेश के 18 राज्य । इस प्रकार उनकी कुल संख्या 36 थी ।

बौद्ध-ग्रंथों में निम्नांकित गणतंत्रों का वर्णन मिलता है :

लिच्छवि : इन सभी गणतंत्रों में लिच्छवी गणतंत्र अग्रगण्य था। इसकी जनसंख्या 1,68,000 (84,000 की दुगनी) थी और इसकी राजधानी वैशाली में थी जिसके 2 भाग थे : 1. अभ्यंतर या नगर का मुख्य भाग, और 2. बहिर (उपनगर) अथवा बृहत्तर वैशाली। इस गणतंत्र में 7707 राजाओं और इतने ही उपराजाओं का वर्ग राज्य करता था। उनके मातहत कर्मचारियों का समूह कार्य करता था : सैनिक कर्मचारी *सेनानायक* के अधीन थे, प्रशासनिक कर्मचारी भांडागारिक के अधीन थे और न्याय-कर्मचारियों में *विनिश्चयमहामात्र* (अन्वेषण कार्यालय के कर्मचारी), *व्यवहारिक* (वकील) और *सूत्रधार* अथवा न्यायाधीश सम्मिलित थे। विभागीय अध्यक्षों के ऊपर *अट्ठकुलक* नामक कार्याधिष्ठाता होते थे। यह आठ अधिकारियों की परिषद होती थी और परराष्ट्र-संबंधी विषयों की देखभाल करती थी। इसके अतिरिक्त एक नौ सदस्यों की परिषद उच्चतम न्यायालय का काम करती थी।

बुद्ध ने लिच्छवियों को कष्टसह बताया है जिनमें "आलस्य और विलासिता नहीं थी, जो मुलायम गद्दों-तकियों की बजाय लकड़ी के लट्ठों के सिरहानों पर सोया करते थे। वे तीर चलाने, हाथियों को साधने और कुत्तों से शिकार करने में सिद्धहस्त थे।" वे बुद्ध के भक्त थे और उन्होंने उनसे वैशाली पधारने की प्रार्थना की, जिससे कि उनकी पावन उपस्थिति से वहाँ फैली प्लेग की बीमारी दूर हो जाए। नदीतट पर उनके मार्ग को धोकर साफ किया गया, उसे मालाओं; पताकाओं और कढ़ाई के वस्त्रों से सजाया गया और उन पर फूल बिखेरे गए, और इस प्रकार बुद्ध का राजकीय स्वागत किया गया। बुद्ध ने लिच्छवियों को उपदेश दिया कि अपने गणतंत्र की सुरक्षा के लिए उन्हें अपना आंतरिक मेल-मिलाप दृढ़ करना चाहिए और इसके गुणों को बढ़ावा देना चाहिए; वृद्धों, स्त्रियों और साधुओं का सत्कार करना चाहिए और मंदिरों और प्राचीन संस्थाओं को अक्षुण्ण रखना चाहिए।

शाक्य : शाक्यों के गणतंत्र में 80,000 परिवार थे। विश्व को इनकी सबसे बड़ी देन बुद्ध हैं। इनकी संसद शाक्य-परिषद कहलाती थी जिसमें 500 सदस्य होते थे और जिनका मुख्य *राजा* कहलाता था। जब कोशल के राजकुमार विडूढभ ने शाक्य-गणतंत्र पर आक्रमण किया तो वहाँ की संसद ने यह निश्चय किया कि आक्रमणकारी का विरोध न किया जाए। फलतः निरीह शाक्य जनता का क़त्लेआम हो गया। शाक्य सुसंस्कृत लोग थे। उनमें उपालि नाई और गोतमी और नंदा आदि थेरियाँ तथा बौद्धधर्म के कई प्रसिद्ध नेता उत्पन्न हुए।

मल्ल : *मज्झिम निकाय* (1/231) में मल्ल को संघराज्य कहा गया है। इसकी दो शाखाएँ प्रतीत होती हैं। इनमें से एक की राजधानी पावा थी जहाँ महावीर का निधन हुआ; दूसरी की राजधानी कुशीनगर थी जहाँ बुद्ध का निर्वाण हुआ। पावा

के मल्लों ने एक नया संसद भवन बनवाया। इसको *उब्भटक* कहते थे। बुद्ध ने इसका उद्घाटन किया था।

मल्ल गणतंत्र को आनंद और अनुरुद्ध नामक दो प्रसिद्ध बौद्ध-नेताओं को जन्म देने का श्रेय प्राप्त है।

ज्ञातृक (नाय) : महावीर का जन्म इन्हीं के बीच हुआ था। उनके पिता इस गण के मुख्य थे। उनकी राजधानी कोल्लाग थी जिसे जाति-कुल 'ज्ञातृकों का निवास' कहा गया है। बौद्ध-ग्रंथों में कोलिय और मोरिय नामक गणतंत्रों और मिथिला के विदेहों की चर्चा है। किंतु उनके विषय में अधिक तथ्यों का ज्ञान नहीं है।

तत्कालीन बौद्ध और जैन-ग्रंथों में वर्णित सभ्यता

जैन और बौद्ध-ग्रंथों में तत्कालीन भारतीय सभ्यता की झाँकियाँ मिलती हैं।

बस्तियाँ : तत्कालीन बस्तियों के जीवन में काफी प्रगति हो चुकी थी जो सभ्यता का आधार है। धर्म-ग्रंथों में अनेक निवास-केंद्रों का उल्लेख है। प्रशासन की सबसे छोटी इकाई ग्राम था। ग्राम और उससे बड़ी इकाइयों की चर्चा एक ग्रंथ में इस प्रकार आई है: 1. *ग्राम*, 2. *खर्वट* (200 ग्रामों का संघ), 3. *द्रोणमुख* (भृगुकच्छ या ताम्रलिप्ति-जैसे बंदरगाह अथवा कौटिल्य के अनुसार 400 गाँवों का संघ), 4. *पत्तन* (व्यापार अथवा खानों का केंद्र), 5. *मतंब* (10,000 ग्रामों और दुर्ग का समूह) 6. *नगर*, 7. *निगम* (व्यापारियों की बस्ती), और 8. *राजधानी*।

सामाजिक व्यवस्था : समाज जाति-व्यवस्था पर आधारित था। चार वर्णों के अतिरिक्त बौद्ध-ग्रंथों में 'हीन जाति' और 'हीनसिप्प' का उल्लेख मिलता है। आदिमवासियों अथवा अनार्यों को *म्लेच्छ* कहते थे। विदेशी अथवा सीमाबासी लोगों का भी उल्लेख मिलता है जिनमें योन, कंबोज प्रमुख थे। इनमें आर्य (मालिक) और दास, ये ही दो वर्ग होते थे। जहाँ तक ब्राह्मणों का प्रश्न है, सभी ब्राह्मण अपनी जाति के आदर्शों का पालन नहीं करते थे। बुद्ध ने इन पाँच प्रकार के ब्राह्मणों का उल्लेख किया है: 1. *ब्रह्मसमा* (ब्रह्म के समान), 2. *देवसमा* (देवता के समान), 3. *मरियदा* (जाति के गौरव के अनुरूप कार्य करनेवाले), 4. *सम्भिन्नमर्याद* (जो अपनी मर्यादाओं से च्युत हो चुके हैं), और 5. *ब्राह्मण चांडाल* (जो चांडालों की तरह पतित हैं)। अधिकतर ब्राह्मण पहले तीन प्रकार के थे। सामान्यतया ब्राह्मणों को अपने आश्रमों में *तापस* या *इसि* (ऋषि) के रूप में निवास करते दिखाया गया है। कुछ ब्राह्मण सरकारी नौकरी करते थे और पुरोहित, अमात्य, महामात्र, दूत ही नहीं बल्कि सेनापति, युद्धाजीव (वेतनभोगी सैनिक) भी थे। कुछ चिकित्सक, दवाफरोश, ज्योतिषी, स्थपति और चारण भी होते थे।

आर्थिक परिस्थिति : अर्थ-व्यवस्था ग्राम पर केंद्रित थी। सुरक्षा के लिए इसके चारों ओर दीवारों का घेरा बनाया जाता था जिनमें *ग्राम-द्वार* (ग्राम में घुसने का रास्ता) होता था। गाँव का मुख्य *ग्रामभोजक* कहलाता था। गाँव के खेतों में (ग्रामक्षेत्र) खेती होती थी जिन्हें झाड-झंखाड़ की बाड़ लगाकर और रखवालों द्वारा पशु-पक्षियों से बचाया जाता था। बड़े-बड़े फार्म भी थे जिनमें 500 हलों की खेती होती थी और मजदूर (*भतिका*) काम करते थे। किंतु सामान्यतः काश्तकार अपनी अलग-अलग खेती करते थे।

ग्राम-आयोजन : ग्राम-आयोजन में चरागाहों का विचार किया जाता था जहाँ गोपालक पशु चराते थे और जहाँ संन्यासियों के रहने के निमित्त वन होते थे। उनसे परे जंगलों की पट्टी होती थी जहाँ से जलाने के लिए लकड़ी मिलती थी। कृषि-योग्य भूमि पर 'बलि' (Cess) और 'भाग' (राज्य या मालिक का हिस्सा) लिया जाता था। अकाल से बचने के लिए उपज में से राजकीय संग्रहालयों में अन्न भेजा जाता था। बेगार का रिवाज था। कृषक राजा को उपहार देते थे।

दस्तकारी : कृषि के साथ-साथ दस्तकारी का काम भी होता था, जिनसे कृषकों को मौसमी काम से अवकाश मिलने पर धंधा मिल जाता था। वे स्थानीय उपभोग की वस्तुएँ बनाते थे। कारीगरों के अपने पृथक् गाँव भी होते थे। कुम्हारों के गाँव, बढ़इयों के गाँव, लोहारों के गाँव आदि के उल्लेख मिलते हैं। ग्रामों और नगरों में कारीगरों की अलग बस्तियाँ और गलियाँ होती थीं, जैसे *तंतुवायथान* (जुलाहा का वार्ड), *दंतकार-वीथी* (हाथीदाँत का काम करनेवालों की गली), *रंजनकारवीथी* (रँगरेजों की गली) आदि।

व्यापार-मार्ग : व्यापार के अलग-अलग मार्ग थे। सड़कों, नदियों और समुद्र में व्यापार चलता था। चंपा, सुवर्णगिरि, पाटलिपुत्र, ताम्रलिप्ति और वहाँ से लंका को व्यापार होता था। काशी से गंगा नदी के माध्यम से होकर समुद्र तक नावें जाती थीं। *भरुकच्छ* (भड़ौच) से सिंहल होकर समुद्र के किनारे-किनारे *सुवर्णभूमि* (बर्मा) तक जहाज जाते थे, जिनमें 500 से 700 यात्री तक यात्रा कर सकते थे। गंगा और यमुना में कौशांबी तक देशी बेड़े चलते थे।

गाड़ियाँ और *सार्थ* (कारवाँ) स्थल-मार्गों पर चलते रहते थे और एक स्थान से दूसरे स्थान पर सामान पहुँचाते थे। यह मार्ग राजगृह और श्रावस्ती से सुदूर प्रतिष्ठानों तक जाते थे और *दक्षिणापथ* में पहुँचते थे, और दूसरी ओर सिंध तक चले जाते थे जहाँ के घोड़े और गधे प्रसिद्ध थे। एक चौथा मार्ग *उत्तरापथ*, जो 'ग्रांड ट्रंक रोड' की तरह था, राजगृह, श्रावस्ती, वाराणसी और साकेत को तक्षशिला से जोड़ता था।

कारवाँ : कारवाँ राजस्थान की मरुभूमि के पास सितारों के सहारे *थल-निय्यामक* (कप्तान) के नेतृत्व में चलते रहते थे।

समुद्री व्यापार : पश्चिमी तट के बंदरगाहों के परे व्यापारी खुले समुद्र में

घुसकर भूमि से ओझल हो जाते थे और *बावेरू* (बाबुल) तक से व्यापार करते थे और वहाँ मोर ले जाया करते थे (देखिए : मेरी *हिंदू-सभ्यता* में दिए गए ग्रंथ-संकेत)।

बाजार : नगर के बाहर सफाई और स्वच्छता के दृष्टिकोण से बाजार बनाए जाते थे। सावत्थी (श्रावस्ती) के द्वार पर मछली, उत्तर-पंचाल के द्वार पर हरी सब्जी (पर्णिका), बनारस के बाहर चौराहों पर हिरण का मांस (संघाटक) बिकने व बूचड़खाने (शुंड) होने के उल्लेख मिलते हैं। नगर के भीतर दूकानों पर राशन, बिसातखाने के सामान, तेल, अन्न, कपड़ा और जेवर बिकते थे।

मुद्रा : सिक्के का प्रयोग होता था। इसे सामान्यतः *कार्षापण* कहते थे। *पाद, मासक, काकणिक* आदि विभिन्न नाम, मोल और तोल के सिक्के चालू थे। सोने के सिक्कों को *सुवर्ण* या *निष्क* कहते थे। ताँबे और काँसे के सिक्के भी बनते थे। विनय-पिटक (3/45) के एक अवतरण से ज्ञात होता है कि देश और काल के अनुसार सिक्कों के दाम में अंतर था। इसमें लिखा है कि बिंबिसार और अजातशत्रु के राज्यकाल में राजगृह में 5 *मासक* का 1 *पाद* होता था।

श्रेणियाँ : उद्योग-धंधे *श्रेणियों* द्वारा व्यवस्थित थे। श्रेणियों के पदाधिकारियों में मुख्य थे इनके प्रमुख (चौधरी), जेट्ठक (वरिष्ठ अधिकारी) और *भांडागारिक* (कोषाध्यक्ष)। ये साहित्य में वर्णित हैं। बिना श्रेणियों के संघटित उद्योग का संचालन *जेट्ठक* करते थे। व्यापार-प्रमुख सेट्ठी कहलाता था। कई श्रेणियों अथवा व्यापारों के संघ का मुखिया महासेट्ठी होता था। बुद्ध का भक्त अनाथपिंडक ऐसा ही महासेट्ठी था, जिसके अधीन 500 *अनुसेट्ठी* (मातहत सेठ)थे।

व्यापार-मार्गों के संकट : उस समय जंगली जानवरों, डाकुओं, खतरनाक स्थानों के भय से और भोजन, जल, पड़ावों, घाटों और मार्गों की जानकारी की कमी के कारण व्यापार करना कठिन था। इन दिक्कतों को दूर करने के लिए लंबी यात्राओं के निमित्त कारवाँ बनाए जाते थे, जिन्हें *सार्थ* कहते थे। इनमें व्यापारियों की विविध मंडलियाँ शामिल होती थीं और एक *सार्थवाह* (नेता) के नेतृत्त्व में रास्ता तै करती थीं। *सार्थवाह* को मार्गों का काफी ज्ञान होता था। एक ऐसे *सार्थ* का भी वर्णन मिलता है जिसमें 500 व्यापारी थे। इनके नेता को *सार्थवाह जेट्ठक* कहा गया है। सार्थों के अपने चौकीदार (*आरक्खक*) होते थे। इसी प्रकार चोरों के भी अपने संगठन थे। उनका मुखिया *चोर जेट्ठक* होता था और उनकी बस्तियाँ *चोरगामिक* कहलाती थीं। इन वर्णनों से उस काल की यात्राओं और यातायात पर अच्छा प्रकाश पड़ता है।

जाति और व्यवसाय : जातियों के नियम ऐसे थे कि उनसे ऊपर से नीचे और बराबर-बराबर सभी स्तरों पर मनुष्य अपने व्यवसाय अदल-बदल सकते थे। उस काल के ग्रंथों से पता चलता है कि एक राजकुमार अपना काम छोड़कर व्यापार

करने लगता था अथवा कुम्हार, धनुर्धारी आदि का व्यवसाय ग्रहण कर लेता था। इनसे यह भी ज्ञात होता है कि शाक्य और कोलिय क्षत्रिय खेती करते थे। उनमें लिखा है कि *ब्राहमण* जीविकोपार्जन के लिए व्यापारी और बढ़ई का धंधा पकड़ लेते थे। एक उल्लेख के अनुसार पिता अपने पुत्र को *लेख* (क्लर्क का काम), *गणना* (मुनीमी) अथवा *रूप* (सर्राफी) कोई भी व्यवसाय चुनने को कहता है। किंतु इस स्वतंत्रता और उदारता के होते हुए भी पैतृकता आर्थिक जीवन का एक प्रमुख तत्त्व थी। एक बौद्ध-ग्रंथ के अवतरण के अनुसार ब्राह्मण का व्यवसाय भिक्षाटन था, क्षत्रिय का धनुष-बाण चलाना और युद्ध करना, वैश्य का कृषि और पशुपालन और *शूद्र* का हल और हँसिया चलाना था।

ईरानी आक्रमण : प्राचीन काल से भारत और ईरान का सांस्कृतिक संबंध था। अवेस्ता में भारत को *हिंदु* कहा गया है जो संस्कृत शब्द *सिंधु* से निकला है। इसमें पंजाब का नाम हफ़्त हिंदु है जो ऋग्वेद के *सप्तसिंधवः* का पर्याय है। ई. पू. की छठी शती में यह सांस्कृतिक संबंध राजनीतिक संबंध में परिणत हो गया। दारा प्रथम (522-486 ई. पूर्व) के राज्यकाल में *हि* (*न्*) *दु* उसके साम्राज्य का एक भाग था जैसा कि उसके अभिलेखों में लिखा है। उत्तर-पश्चिमं भारत उसके साम्राज्य का बीसवाँ प्रांत था और वहाँ से उसकी आय का एक तिहाई हिस्सा प्राप्त होता था। क्ष्यार्ष (ई. पू. 486-465) के राज्यकाल में इस प्रदेश पर ईरानी लोगों का अधिकार दृढ़ हो गया। उसने यूनान से लड़ने के लिए अपनी सेना में भारतीय सैनिक भरती किए। उन्हें *गंदारी* (गंधार के निवासी) और *हिंदी* (सिंधु प्रदेश के निवासी) कहा गया है।

भारत और ईरान के संबंध के कारण यहाँ ईरानी मुद्रा प्रचलित हुई। फारसी स्वर्णमुद्रा 'देरिक' कहलाती थी और रजतमुद्रा *सिगलोई* (शेकल) कहलाती थी। स्वर्णमुद्रा की अपेक्षा रजतमुद्रा अधिक प्रचलित थी।

ऐसा लगता है कि सीमा प्रांतों में ईरानी उपनिवेश थे। अशोक ने ईरानी-अरामी लिपि में तक्षशिला में एक आदेशलेख खुदवाकर फारसी प्रभाव को मान्यता दी। पाणिनि (लगभग 500 ई. पू.) ने इस लिपि को *यवनानी* (यवनों की लिपि) कहा है। उत्तरी-पश्चिमी प्रदेश में बाद में जो खरोष्ट्री लिपि प्रचलित हुई, उसे भी अरामी-लिपि का रूपांतर माना जाता है। कुछ विद्वानों के अनुसार अशोक द्वारा अखमानी सम्राटों की तरह स्तंभों और शिलाओं पर खुदवाई गई घोषणाएँ और इन स्तंभों के घंटाकार शीर्ष ईरानी प्रभाव का साक्ष्य प्रस्तुत करते हैं।

सिकंदर का आक्रमण (327 ई. पू.) : सिकंदर मकदूनिया का राजा था और अरस्तू का शिष्य था। उसकी सैनिक-प्रतिभा अनुपम थी। उसने एशिया में विस्तृत विजय-यात्राएँ कीं। 333-327 ई. पू. के बीच में उसने फारसी साम्राज्य, मिस्र और बक्त्र पर विजय प्राप्त की और भारत पर आक्रमण किया। अपने पृष्ठ-भाग की रक्षा के लिए उसने अपनी प्रगति के मार्ग से यूनानी सैनिकों की छावनियाँ बसाईं। भारत

में अभियान करने से पूर्व उसने स्थानीय राजाओं को समर्पण करने का आह्वान किया। सीमाप्रांत के सिसिकोतस (शशिगुप्त) और तक्षशिला के राजा आंभी ने उसका निमंत्रण स्वीकार किया।

सबसे पहले सीमा प्रदेश के एक राजा अस्टीज (अष्टक) ने यूनानी आक्रांता का विरोध किया, किंतु यह निरर्थक रहा।

उत्तर में 'अस्यसिओई' (अश्वायन) और 'अस्सकेनोई' (अश्वकायन) गणतंत्रों के लोग उससे लड़े। जब तक उनका एक भी व्यक्ति जीवित रहा, उन्होंने युद्ध जारी रक्खा। पूर्वी अश्वकायनों ने अपने मसग (मशक) नामक दुर्ग से राजामाता क्लियोफिस (कृपा ?) के नेतृत्त्व् में सिकंदर का बड़ा मुकाबला किया। उस जाति की स्त्रियाँ भी अपने देश की रक्षा के लिए लड़ीं।

इन लोगों ने ओरनोस (वरणा) के नगर पर भी यूनानियों का डटकर विरोध किया, किंतु असफल रहे। इन पहाड़ी लोगों को हराकर सिकंदर ने सिंधु को पार किया और तक्षशिला में प्रवेश किया, जहाँ का राजा पहले ही उसके समक्ष आत्मसमर्पण कर चुका था।

इसके बाद झेलम को पार करना था, वहाँ के राजा पोरस (पौरव) ने उसका डटकर विरोध किया। किंतु रात के अंधकार में जब आँधी और वर्षा बहुत तेज थी, यूनानियों ने झेलम पार कर ली और पौरव उसे रोकने में असमर्थ रहा। उसने 30,000 पैदल, 4,000 घोड़ों, 300 रथों और 200 हाथियों की एक विशाल सेना एकत्रित की। किंतु खराब मौसम के कारण यह सब निष्फल रहा। वर्षा के कारण भूमि पर फिसलन हो गई। घोड़ों के चलने और दौड़ने में दिक्कत हो गई। रथ कीचड़ में फँस गए। भारतीय घोड़े और हाथी मकदूनी घोड़ों का धावा नहीं सह सके और उन्होंने अपनी ही सेना में खलबली मचा दी। पौरव अंतिम क्षण तक दृढ़ रहा। उसकी वीरता से सिकंदर प्रभावित हुआ। उसने उससे मित्रता का संबंध स्थापित किया और उसे उसका राज्य लौटा दिया, और साथ ही 5,000 नगर और असंख्य ग्रामों का प्रदेश और 15 गणतंत्रों का इलाका उसके राज्य में मिला दिया। गणतंत्रात्मक जाति 'ग्लौसाई' (ग्लौचुकायन), जिनके पास 37 नगर थे, चिनाब और रावी के बीच के समस्त प्रदेश पौरव के राज्य के अंग बन गए।

रावी के पार सिकंदर ने 'अद्रोस्तोई' (अधृष्ट) और 'कठोई' (कठ) को जीत लिया और उनके विरोध को निष्फल कर दिया। उसने पास के राजा 'सोफाइटिस' (सौभूति) और फेगेलस (भगल) के राज्यों को भी जीत लिया।

इसके बाद सिकंदर हिफैसिस (व्यास) नदी पर आया, जहाँ उसकी विद्रोही सेना ने आगे बढ़ने से इन्कार कर दिया।

उसकी वापसी : 326 ई. पू. में सिकंदर ने अपनी सेना को उसी मार्ग से, जिससे वह झेलम से आगे आया था, वापस जाने का आदेश दिया। झेलम से उसने रास्ता

बदला और सिंधु नदी में 1,000 नावों के बेड़े के द्वारा, जिनमें वहीं की बनी हुई सामान भरने की किश्तियाँ, घोड़े ले जाने के बेड़े और युद्ध-पोत थे और जिनके दोनों ओर किनारों पर रक्षा के लिए सेना नियुक्त थी, आगे बढ़ना शुरू किया। जैसे ही यह बेड़ा झेलम और चिनाब के संगम पर पहुँचा, मल्लोई (मालव) और ओक्सीद्रकोई (क्षुद्रक) के नेतृत्त्व में गणतंत्रों के एक संघ ने सिकंदर का कड़ा विरोध किया। एक नगर में ब्राह्मण रहते थे, जिन्होंने लेखनी को छोड़कर तलवार उठाई और लड़ते-लड़ते वीरगति को प्राप्त हुए।

सिकंदर की वापसी आसान नहीं थी। शिवि, ज़ेथ्री (क्षत्रिय), ओस्साडिओई (वसाती), सोग्डि (शूद्र) आदि गणतंत्रों ने उसका विरोध किया। एक ही नगर में 20,000 नागरिकों ने अपने बाल-बच्चों के साथ आत्म-समर्पण करने की बजाय अग्नि की गोद में कूदना पसंद किया।

इस प्रदेश के ब्राह्मणों ने आक्रांता के विरुद्ध अपना संघर्ष जारी रखा। उन्होंने राजा भूषिक और एक अन्य राजा 'ओक्सीकेनोस' को शत्रु से लड़ने और अपमानित होने के स्थान पर मृत्यु का आलिंगन करने की मंत्रणा दी।

325 ई. पू. में सिकंदर भारत से चला गया। गैड्रोसिया के सूखे रेतीले मैदान में उसकी सेना को महान् कष्ट हुआ।

परिणाम : यूनानी इतिहासकारों में सिकंदर के भारतीय आक्रमण को अतिरंजित महत्त्व देने की प्रवृत्ति दृष्टिगत होती है। उसके आक्रमण का पंजाब पर कोई स्थायी असर नहीं पड़ा। इसके विपरीत यह महत्त्वपूर्ण तथ्य सामने आया कि विभिन्न स्थानों पर विविध गणतंत्रों, जातियों और राजाओं ने उसका डटकर मुकाबला किया। सिकंदर एक-एक करके उन राज्यों को परास्त करने में सफल हुआ। वे शत्रु के विरुद्ध राष्ट्रीय एकतापूर्ण मोर्चा नहीं बना सके। प्रकृति ने भी भारतीय हाथियों और रथों को, जो भारतीय सेना के संबल थे, युद्ध-भूमि में विफल करके शत्रु की सहायता की।

यूनानी विजेता की सबसे बड़ी कठिनाई यह थी कि वह मकदूनिया की राजधानी से बहुत दूर हो गया था। एक संन्यासी ने सूखे चमड़े के एक कोने पर पैर रखकर, जिससे दूसरा कोना ऊपर उठ गया, बड़े चित्रमय ढंग से इस तथ्य पर प्रकाश डाला। दूरवर्ती प्रदेश को संग्रथित करना सरल नहीं था।

यूनानी क्षत्रप : सिंधु के पूर्व में भारत के भीतर यूनानी क्षत्रप नियुक्त करने का सिकंदर को साहस न हुआ। उसने उन्हें सिंधु के पश्चिम में रखा। उसकी वापसी पर विरोधी तत्त्व उमड़ पड़े। उसके परम शक्तिशाली क्षत्रप फिलिप की हत्या कर दी गई। इससे भी पहले अश्वायन क्षत्रप निकेनोर का वध कर चुके थे।

यूनानी लेखकों द्वारा भारतीय जीवन के उल्लेख : सिकंदर के आक्रमण के बाद यूनानी लेखकों ने भारतीय जीवन के कुछ रोचक तथ्य लिखे हैं। पंजाब में

नागरिक जीवन उन्नति पर था। वहाँ बहुत-से नगरों का विकास हो रहा था। इसमें मसग और ओरनोस के दुर्ग सुरक्षा और युद्ध के काम आते थे। मसग (मशक) का दुर्ग एक पहाड़ की चोटी पर स्थित था। इसके चारों ओर बड़ी दीवार और खाई थी, जिसके कारण वहाँ शत्रु का पहुँचना बहुत कठिन था। मल्लोई (मालव) लोगों ने बहुत से नगर बसाये थे जिनकी किलेबंदी बहुत मजबूत थी। भारतीय स्थापत्य का माध्यम लकड़ी के साथ-साथ पत्थर भी था।

पशु-संपत्ति : पंजाब पशुओं के लिए भी प्रसिद्ध था। अश्वक प्रदेश से सिकंदर ने अच्छी नस्ल के 2,30,000 बैल मकदूनिया भेजे। तक्षशिला के राजा ने उसे 3,000 बैल और 10,000 भेड़ें भेंट की थीं।

संन्यासी : भारतीय सामाजिक जीवन की एक विशेषता संन्यासियों का समूह थी। सिकंदर को उनसे मिलने की अभिलाषा थी, किंतु वे उससे मिलने को तैयार न थे। उनके एक नेता ने साफ तौर से कहा था, "कोई भी व्यक्ति यूरोपीय सैनिक भूषा—घुड़सवारी का चोगा, चौड़ा छज्जेदार टोप और घुटनों तक के जूते—पहनकर, जैसे कि मकदूनी पहने हुए थे, भारतीय ज्ञान नहीं सीख सकता। इसके लिए उसे नंगा होकर गर्म पत्थरों पर उनके बराबर बैठना चाहिए।" (*कैंब्रिज हिस्ट्री,* भाग 1, पृ. 358)। एक अन्य संन्यासी ने जिसका नाम यूनानियों ने दंडमिस् (दंडिस्वामी ?) लिखा है, यह कहकर कि "मुझे न किसी का भय है न किसी से वर माँगने की इच्छा है, जो कुछ सिकंदर मुझे दे सकता है वह मेरे लिए व्यर्थ है, ब्राह्मणों को न धन का लोभ है न मृत्यु का भय है" सिकंदर के पास जाने से इन्कार कर दिया और मौत की कोई परवा नहीं की। ये शब्द भारतीय विचारधारा और आध्यात्मिकता का सुंदर निदर्शन हैं।

सातवाँ अध्याय

मौर्य-साम्राज्य

चंद्रगुप्त मौर्य (323-299 ई. पू.) : 325 ई. पू. में सिकंदर के भारत से वापस लौटने पर भारतीय स्वतंत्रता का आंदोलन, जिसके चिह्न अनेक स्थानों पर यूनानी क्षत्रप की हत्या के रूप में प्रस्फुटित हो चुके थे, जोर पकड़ गया। उसी समय इस आंदोलन का नेतृत्व करनेवाला और समय का इंगित पहचाननेवाला एक योग्य व्यक्ति सामने आया। उसका नाम था चंद्रगुप्त। उसे ही यूनानी लेखकों ने सैंद्रोकोतस कहा है। इस पहचान से भारतीय इतिहास का एक महत्त्वपूर्ण कालक्रम-संबंधी तथ्य प्राप्त हुआ है।

चंद्रगुप्त के पराक्रमों के विषय में जस्टिन का उल्लेख : ऐसा प्रतीत होता है कि युवावस्था में चंद्रगुप्त सिकंदर से मिल चुका था। उसने उसके आक्रमण को अपनी आँखों से देखा था और उससे समुचित निष्कर्ष और उपदेश ग्रहण किए थे। इस घटना-चक्र को जस्टिन ने इन शब्दों में व्यक्त किया है : ''सिकंदर के निधन के बाद भारत ने, ऐसा लगता है कि, परतंत्रता के जुए को अपनी गर्दन से उतार फेंका और यूनानी क्षत्रपों को मौत के घाट उतार दिया। इस स्वतंत्रता का नेता सैंद्रोकोतस (चंद्रगुप्त) था। इस व्यक्ति का जन्म सामान्य घर में हुआ था, किंतु दिव्य प्रेरणा से उसे राज्यशक्ति प्राप्त करने का प्रोत्साहन मिला था। इसके बाद उसने 'लुटेरों' का एक गिरोह अपने साथ इकट्ठा किया और भारतीय जनता को तत्कालीन (यूनानी) राज्य का तख्ता पलट देने की प्रेरणा दी।''

चंद्रगुप्त की मुक्ति-सेना के सैनिक : पंजाब को विदेशी शासन से स्वतंत्र करने के चंद्रगुप्त के संकल्प की सफलता उसकी सेना पर निर्भर थी, जिसे उसने उन गणतंत्रों की वीर सैनिक-जनता से एकत्रित किया था जिन्होंने अपनी स्वतंत्रता की रक्षा के लिए सिकंदर से अंतिम दम तक युद्ध किया था। इन रंगरूटों को जस्टिन ने 'लुटेरा' कहा है जिसका अभिप्राय पंजाब के अराजक गणतंत्रात्मक जनों से है, जिन्हें भारतीय ग्रंथों में 'आरट्ट' अथवा 'अराष्ट्रक' कहा गया है। *महाभारत* में इन आरट्टों का ज़िक्र है और उन्हें पंचनद अथवा पाँच नदियों की भूमि पंजाब का निवासी बताया गया है। किंतु चंद्रगुप्त केवल इन स्थानीय रंगरूटों पर ही निर्भर नहीं रहा। उसने सैन्य-संग्रह के सभी साधनों का उपयोग किया और एक मिली-जुली सेना तैयार की जिसमें *मुद्राराक्षस* नाटक के अनुसार शक, यवन,

किरात, कंबोज, पारसीक और वाह्लीक आदि विविध जातियों के सैनिक सम्मिलित थे।

स्वतंत्रता-संग्राम की कथाएँ : स्वतंत्रता-संग्राम से देश में हलचल मच गई। चंद्रगुप्त की युद्ध-नीति के विषय में लोककथाएँ प्रचलित हो गईं। एक कथा के अनुसार चंद्रगुप्त ने देश के आंतरिक भाग में आक्रमण किया और सीमाप्रदेश को नहीं जीता, जिस प्रकार एक बालक रोटी के किनारों को छोड़कर अंदर का भाग खाता है। इससे उसे यह अनुमान हुआ कि वह सीमाप्रदेश पर और अपने पृष्ठ-देश को सुरक्षित करने के लिए सशक्त सैनिकदल नियुक्त करे और तब मगध पर आक्रमण करे। ऐसा ही करके उसने मगध की राजधानी पाटलिपुत्र का घेरा डाल दिया और वहाँ के राजा धननंद का वध किया, जैसा कि बौद्धग्रंथ *महावंशटीका* से ज्ञात होता है।

सेल्युकस का आक्रमण : नंदों के विशाल राज्य को जीतकर चंद्रगुप्त पंजाब से मगध तक के विस्तृत प्रदेश का सम्राट् बन गया। बाद में जब उसकी शक्ति चरमसीमा पर पहुँच चुकी थी, तो 304 ई. पू. में सीरिया के सम्राट् सेल्युकस ने सिकंदर के आदर्शों का अनुकरण करते हुए भारत पर आक्रमण करने की मूर्खता की। किंतु उसे इस बात का पता नहीं था कि अब नया भारत एक शक्तिशाली सम्राट् के तत्त्वावधान में राजनीतिक एकता प्राप्त कर चुका था। उसे संधि का प्रस्ताव करना पड़ा और अपने राज्य का समस्त पूर्वी प्रदेश, जिसमें अराकोसिया (कंदहार), एरिया (हेरात), पेरोपोमेसदे (काबुल) और गेड्रोसिया (बलूचिस्तान) शामिल थे, चंद्रगुप्त को समर्पित करने पड़े। इस प्रकार चंद्रगुप्त का राज्य ईरान तक फैल गया और इस बृहत्तर भारत पर वह जम गया।

दक्षिण-विजय : प्लूटार्क के अनुसार सेल्युकस पर विजय पाने के पश्चात् चंद्रगुप्त ने 6,00,000 सैनिकों की सेना लेकर, समस्त भारत को जीतकर अपने अधीन कर लिया। तमिल कथानकों में मौर्यों द्वारा दक्षिणी प्रदेश पर आक्रमण के उल्लेख मिलते हैं। स्थानीय जातियों ने, जिन्हें कोशर और वाड्कर कहा गया है, मौर्यों की सहायता की। एक जैन-परंपरा के अनुसार चंद्रगुप्त ने सिंहासन छोड़कर जैन-आचार्य भद्रबाहु के साथ मैसूर के निकट श्रवणबेलगोल में प्रस्थान किया और वहाँ संन्यासी-जीवन बिताया। अभिलेखों और स्थापत्य से इस किंवदंती के सत्य की पुष्टि होती है। उस स्थान पर चंद्रगुप्त-बस्ती नामक मंदिर भी इस तथ्य का साक्ष्य देता है। अतः यह अनुमान किया जाता है कि वह अपने राज्य के ही एक भाग में बस गया था। अतः उसके पौत्र अशोक ने अपने दूसरे आदेशलेख में सतियपुत्र और केरलपुत्र को चोल, पांड्य के साथ अपना दक्षिणी पड़ोसी बताया है जिससे उसके साम्राज्य की दक्षिणी सीमा का संकेत मिलता है। दक्षिणी प्रदेश की विजय का श्रेय अशोक को नहीं है, क्योंकि उसने केवल कलिंग को जीता था।

पश्चिमी विस्तार : शक-राजा रुद्रदामा (150 ई.) के अभिलेख से पता

चलता है कि पश्चिमी भारत पुष्पगुप्त नामक वैश्य के अधीन चंद्रगुप्त के साम्राज्य का भाग था। रुद्रदामा के इस लेख के अनुसार सौराष्ट्र और आनंर्त मौर्य राज्य में शामिल थे। इसी कारण अशोक ने गिरनार (जूनागढ़) और सोपारा में अपने दो आदेशलेख खुदवाए जो पश्चिमी भारत पर उसके राज्य का साक्ष्य देते हैं।

चाणक्य : यह उल्लेखनीय है कि चंद्रगुप्त के राज्य-निर्माण का समस्त इतिहास वस्तुतः उसके गुरु चाणक्य, कौटिल्य अथवा विष्णुगुप्त का कार्य था। पुराणों में लिखा है कि "कौटिल्य ब्राह्मण अधार्मिक नंदों का निर्मूलन करेगा और उनके स्थान पर चंद्रगुप्त का राज्याभिषेक करेगा।" कौटिल्य के अर्थशास्त्र के अंत में भी यह वाक्य मिलता है कि "उसने शास्त्र, शस्त्र और (मातृ) भूमि को नंदराज्य से मुक्त किया।" इस प्रकार कौटिल्य का यह संकल्प था कि वह शूद्र नंद राजा के अत्याचार का अंत करके वहाँ वर्णाश्रम-धर्म के संरक्षक क्षत्रियवंशोद्भूत न्यायोचित राजा को अभिषिक्त करे।

बौद्ध-ग्रंथों के अनुसार कौटिल्य की चंद्रगुप्त से भेंट आकस्मिक हुई थी। चंद्रगुप्त की माता ने निर्धनता के कारण अपने पुत्र को एक पशुपालक के हाथ बेच दिया था, जिससे उसे एक शिकारी ने खरीद लिया था। उधर से गुजरते हुए चाणक्य ने उस बालक को *राजक्रीड़ा* (राजा का खेल) करते हुए देखा। उसे उसके महान् भविष्य का आभास मिला और उसने उसे शिकारी से खरीदकर तुरंत अपने निवासस्थान तक्षशिला की ओर प्रस्थान किया। वहाँ उसने उसे आठ वर्ष तक शास्त्र और शिल्प की उच्च शिक्षा दी। चाणक्य पहले ही नंद राजा के सभाभवन में अपमानित होकर नंद राजा के उन्मूलन की प्रतिज्ञा कर चुका था। इन तथ्यों से उस राजनीतिक क्रांति की पृष्ठभूमि का पता चलता है, जिससे चाणक्य और चंद्रगुप्त एक दूसरे के संपर्क में आए।

शासन : सेल्युकस द्वारा नियुक्त यूनानी राजदूत मेगास्थनीज़ के वर्णन से और चंद्रगुप्त-गुरु चाणक्य के अर्थशास्त्र से, जिसे मौर्य-इतिहास का ग्रंथ माना जाता है, चंद्रगुप्त मौर्य के राज्य-शासन पर प्रचुर प्रकाश पड़ता है। अर्थशास्त्र का काल निश्चित नहीं है, किंतु एफ. डब्ल्यु. टॉमस ने 'केंब्रिज हिस्ट्री' में इसे मौर्यकालीन माना है।

शासन के विभाग : मेगास्थनीज़ ने चार प्रकार के अधिकारी गिनाए हैं जो 1. जिला, 2. नगरपालिकाएँ, 3. विभाग और 4. सेना का काम करते थे। नगरों में नगरपालिकाएँ काम करती थीं जिनमें पाँच-पाँच सदस्यों की छः समितियाँ होती थीं, जो क्रमशः 1. कार्यालय (कारखानों), 2. विदेशियों के निवास की व्यवस्था व निवासगृहों की देखभाल, 3. आवश्यक आँकड़े एकत्रित करने, 4. बाजार, 5. पण्य और 6. विक्रय-कर की प्राप्ति का कार्य करती थीं।

ये छः समितियाँ मिलकर अथवा समूची नगरपालिका-परिषद बंदरगाहों, मंदिरों, सार्वजनिक स्थानों और लोक-कर्म और पण्यों के मूल्यों की व्यवस्था

करती थीं।

सामान्य प्रशासन : सामान्य प्रशासन उच्चाधिकारियों (कौन्सिलरों और असेसरों) के हाथ में था। इन्हीं में से राज्यपाल, राजकीय परामर्शदाता, कोषाध्यक्ष, न्यायाधीश, सेनापति, विभागाध्यक्ष और प्रशासक (मैजिस्ट्रेट), और खुफिया पुलिस के कर्मचारी (गुप्तचर) लिए जाते थे।

विभाग : मेगास्थनीज़ ने शस्त्र-निर्माण, औजारों और जहाजों के राष्ट्रीकृत उद्योगों के विभागों का उल्लेख किया है। इनमें काम करनेवाले मजदूर और कारीगर कर से मुक्त होते थे। सिंचाई-विभाग 'नदियों की देखरेख' और पानी के नालों और नाकों का, जिनसे पानी नहरों और राजवाहों में होकर भूमि में पहुँचता था, संरक्षण करता था। कर-प्राप्ति का एक अलग विभाग था।

सेना : सैनिक कार्यालय को एक विशाल सेना का प्रबंध करना पड़ता था जिसमें प्लिनी के अनुसार 6,00,000 पैदल सिपाही, 30,000 घुड़सवार; 9,000 हाथी और लगभग 800 रथ थे। यह कार्यालय पाँच-पाँच सदस्यों की 6 समितियों में विभक्त था जो 1. पैदल सेना, 2. घुड़सवार सेना, 3. युद्ध के रथ, 4. हाथी, 5. आवागमन, रसद और चिकित्सा, और 6. नौसेना की व्यवस्था करती थीं।

कौटिल्य का वर्णन : विभाग : कौटिल्य ने मेगास्थनीज़ के वर्णन को अधिक विस्तार दिया है। यहाँ उसकी सूक्ष्म रूपरेखा अंकित की जाती है। उसने निम्नांकित शासन-विभागों और उनके अध्यक्षों का उल्लेख किया है : 1. समाहर्त्ता (कर-अधिकारी) का विभाग, 2. सन्निधाता (कोषाध्यक्ष) का राजस्व विभाग, 3. भंडार, 4. शस्त्रास्त्र, 5. बंदीगृह, 6. अक्षपटल (लेखा), 7. सीताध्यक्ष (कृषि-विभाग), 8. खनिज पदार्थ, 9. लोहाध्यक्ष (धातुओं के नियंत्रण का विभाग), 10. लक्षण अथवा टंकशालाध्यक्ष (टकसाल), 11. नमक, 12. वन, 13. पशु, 14. विवीताध्यक्ष (चरागाहों का विभाग), 15. मुद्राध्यक्ष (पासपोर्ट विभाग), 16. नावाध्यक्ष (नावों और जहाजों का विभाग), 17. पत्तनाध्यक्ष (बंदरगाहों का विभाग), 18. पण्याध्यक्ष (व्यापार संचालन का विभाग), 19. संस्थाध्यक्ष (व्यापार मार्गों का विभाग), 20. शुल्काध्यक्ष (चुंगी विभाग), 21. अंतपाल (सीमाप्रदेश की देखभाल करने का विभाग), 22. सुराध्यक्ष (आबकारी तथा मद्य पदार्थों का कर लेनेवाला विभाग), 23. पौतवाध्यक्ष (बाट-तराज़ू और माप की जाँच करनेवाला विभाग), 24. सूत्राध्यक्ष (रुई कातने और कपड़ा बुनने के उद्योग के संचालन का विभाग), 25. महामात्रापसरण (गुप्तचर और खुफिया पुलिस और सूचना विभाग), 26. राजदूत, 27. देवताध्यक्ष (धार्मिक संस्थाओं का विभाग)।

इन विभागों से पता चलता है कि राजकीय कार्यों का क्षेत्र बहुत विस्तृत था। आधुनिक लोक-कल्याण-राज्य (वेलफेयर स्टेट) की तरह यह राज्य भी अनेक साधनों से लोकमंगल की ओर दत्तचित्त था।

राज : शासन में राजा का सबसे अधिक महत्त्वपूर्ण स्थान था। वही इसका

अध्यक्ष था। मेगास्थनीज़ का राजा से जो गहरा संबंध रहा, उससे उसके वर्णन का मूल्य बहुत बढ़ जाता है। उसने राजा के कार्यकलाप को इन शब्दों में व्यक्त किया है : वह भव्यता, गौरव और ऐश्वर्य की सामग्रियों और साधनों से परिवृत था। उसके साथ सशस्त्र स्त्रियों का अंगरक्षक-दल चलता था। 24 हाथी औपचारिक समारोह के अवसरों पर उसे अभिवादन करते थे।

वह शिकार, दौड़, खेल, पशु-युद्ध, श्रृंगी-पशुओं के संघर्ष, बैल, मेढ़े, गैंडे और हाथियों की टक्करों का शौकीन था।

राजधानी : गंगा और शोण के संगम पर 9 मील लंबी दूरी में और 1 मील की चौड़ाई में पाटलिपुत्र का नगर बसा था। इसके चारों ओर एक गहरी खाई थी, जिसमें नावें चला करती थीं और शोण नदी से पानी आता था। लकड़ी के लट्ठों की एक विशाल शहरपनाह इसके बचाव के लिए बनाई गई थी। उसमें छिद्र बने हुए थे जिसमें से सैनिक बाण छोड़ते थे। उसमें 64 द्वार और 570 बुर्ज थे। पटना के संग्रहालय में लकड़ी की इस चहारदीवारी के अवशेष मौजूद हैं। नगर की नालियाँ शोण में गिरती थीं। नगर अधिकतर लकड़ी का बना था जिससे बाढ़ से सुरक्षित रह सके।

सामाजिक जीवन : मेगास्थनीज़ ने जातियों, व्यवसायों और उद्योगों का वर्णन किया है। उसने ब्राह्मणों का वर्गीकरण विभिन्न कार्यों की दृष्टि से किया है : 1. विद्यार्थी, 2. गृहस्त, (पुरोहित और आचार्य), 3. संन्यासी जो फल-पत्ती खाकर रहते थे (किंतु जो बौद्ध नहीं थे), 4. प्रमनई (प्रामाणिक) अथवा स्वतंत्र-विचारधारा के विद्वान्, 5. गिमनेतई अथवा जैन-साधु-जैसे नग्न तपस्वी। उसने क्षत्रियों को सैनिक वर्ग और वैश्यों को कृषक और व्यापारी बताया है। उसने शूद्रों का इस नाम से उल्लेख नहीं किया है। उनके व्यवसाय—जैसे दस्तकार, शस्त्रकार, नौकार, शिकारी, गोपाल आदि—की चर्चा की है जिन्हें नकद या जिन्सों के रूप में वेतन मिलता था।

उसने इन शब्दों में जाति-प्रथा का वर्णन किया है : "एक सैनिक कृषक नहीं बन सकता, न एक कारीगर दार्शनिक बन सकता है। कोई व्यक्ति अपनी जाति से बाहर विवाह और अपने व्यवसाय या धंधे के अतिरिक्त कोई और काम नहीं कर सकता।"

बिंदुसार (299-274 ई. पू.) : चंद्रगुप्त के बाद उसका पुत्र बिंदुसार गद्दी पर बैठा, जिसे यूनानी लेखकों ने अमित्रघात (शत्रुओं का वध करनेवाला) बताया है। यह पता नहीं चलता कि उसके शत्रु वास्तव में कौन थे? तक्षशिला की प्रांतीय राजधानी के लोगों ने उसके विरुद्ध विद्रोह किया, जिसका दमन करने के लिए उसने अपने पुत्र सुसीम को भेजा और फिर अपने दूसरे पुत्र अशोक को नियुक्त किया। उसी समय उसकी मृत्यु हो गई और अशोक ने मंत्री राधगुप्त की सहायता से अपने अन्य भाइयों को हराकर स्वयं सिंहासन पर अधिकार कर लिया। बौद्ध परंपरा के

अनुसार उसके भाइयों की संख्या 99 थी और उसने उन सबको मारकर *चंडाशोक* की उपाधि प्राप्त की थी, किंतु उसके आदेशलेखों में इसके विरुद्ध साक्ष्य मिलता है। इन लेखों में उसके भाइयों और बहनों का उल्लेख है, जिनके साथ उसके अच्छे संबंध थे और जिन्हें उसने पाटलिपुत्र आदि प्रांतीय राजधानियों में नियुक्त किया था। उसने अपने आदेशलेखों में इस बात पर भी जोर दिया है कि धर्म का अर्थ अपने संबंधियों के साथ अच्छे संबंध (*समप्रतिपत्ति*) रखना है। किंतु उसके राज्यारोहण और राज्याभिषेक में 4 वर्ष का अंतर रहा। इससे इस बात का खुलासा हो जाता है कि अशोक को उत्तराधिकार के लिए युद्ध करना पड़ा होगा।

एक परंपरा के अनुसार चाणक्य बिंदुसार का भी मंत्री रहा। उसने कठोरता से शासन किया और 16 नगरों के राजाओं और सामंतों को, जिन्होंने स्वतंत्र होने की कोशिश की, निर्मूल करके पूर्वी और पश्चिमी समुद्रतटों तक उसका साम्राज्य सुदृढ़ कर दिया। बिंदुसार के राज्यकाल में साम्राज्य के विस्तार में कोई कमी नहीं हुई। सीरिया के सम्राट् अंतिओकस प्रथम सोतर ने उसके पद को मान्यता दी और उसकी सभा में डाइमेकस को अपना दूत बनाकर भेजा। प्लिनी के मतानुसार मिस्र के राजा टालेमी (ई. पू. 285-247) ने जिस भारतीय राजा की सभा में अपना दूत दायोनीसस भेजा, वह संभवतः बिंदुसार या अशोक था, क्योंकि अशोक ने तेरहवें आदेशलेख में टालेमी को अपना समकालीन बताया है। यूनानी राजा ने बिंदुसार की सेवा में 'अंजीर, किशमिश और शराब' का उपहार भेजा जिसे उसने बहुत पसंद किया।

अशोक (लगभग 274-236 ई. पू.) : अशोक के जीवन का इतिहास उसके आदेशलेखों से प्राप्त किया जा सकता है, जो उसकी आत्मकथा-जैसे लगते हैं। आख्यानिक साहित्य से भी इस विषय में जानकारी होती है।

कालक्रम : *महावंश* के अनुसार अशोक को उसके पिता ने 18 वर्ष की आयु में अवंती राष्ट्र का शासक नियुक्त किया था। उसकी राजधानी उज्जयिनी थी। वहाँ उसने विदिशा की शाक्य राजकुमारी महादेवी से विवाह किया। उससे महेंद्र नामक पुत्र और संघमित्रा नाम की कन्या का जन्म हुआ। पुराणों के अनुसार चंद्रगुप्त ने 24 वर्ष अर्थात् ई. पू. 323 से ई. पू. 299 तक राज्य किया और बिंदुसार ने 25 वर्ष अर्थात् ई. पू. 274 तक राज्य किया। इस प्रकार अशोक ई. पू. 274 में गद्दी पर बैठा होगा। *महावंश* के अनुसार उसका राज्याभिषेक 4 वर्ष बाद अर्थात् ई. पू. 270 में हुआ। इस ग्रंथ के अनुसार उसके अभिषेक के 6 वर्ष बाद अर्थात् ई. पू. 264 में उसका-ज्येष्ठपुत्र महेंद्र बौद्ध धर्म में दीक्षित हुआ। उस समय उसकी आयु 20 वर्ष थी। अतः महेंद्र का जन्म 284 ई. पू. में माना जाना चाहिए। यह अनुमान किया जा सकता है कि उसके जन्म के समय उसके पिता की आयु 20 वर्ष होगी। अतः अशोक का जन्म 304 ई. पू. में हुआ होगा।

साम्राज्य का विस्तार : अशोक को एक विशाल साम्राज्य विरासत में मिला था, जिसे उसके दादा चंद्रगुप्त ने विभिन्न प्रदेशों को जीतकर निर्मित किया था।

अशोक का साम्राज्य ईरान की सीमा से सुदूर दक्षिण तक और ताम्रपर्णी (लंका) तक फैला हुआ था ।

शिलालेखों के स्थान : उसके साम्राज्य की सीमाएँ स्तंभों और पर्वतों की चट्टानों पर खुदे उसके आदेशलेखों की स्थिति से स्पष्ट होती हैं । उसके चट्टानोंवाले आदेशलेख निम्नांकित स्थानों पर मिलते हैं : 1. पेशावर के निकट शाहबाजगढ़ी में, 2. उसी प्रांत के मानसेहरा में, 3. देहरादून के निकट कालसी में, 4. जूनागढ़ के निकट गिरनार में, 5. बंबई राज्य के सोपारा में, 6. भुवनेश्वर के निकट धौली में, 7. गंजाम जिले के जौगड़ में, 8. मैसूर राज्य के चितलदुर्ग में, यहाँ सिद्धपुरा, जटिंगरामेश्वर और ब्रह्मगिरी नामक तीन स्थानों पर लघु आदेशलेख भी मिले हैं, 9. जबलपुर के निकट रूपनाथ में, 10. बिहार प्रांत के सहसराम में, 11. जयपुर के निकट बैराट में, 12. बैराट की अन्य पहाड़ी भाब्रू पर, 13. भूतपूर्व हैदराबाद राज्य के मास्की नामक स्थान में, 14-15. उसी राज्य के कोपबाल तालुक के गोवीमठ और पालकीगुंडु स्थानों पर, 16. कर्नूल जिले के येरीगुडी स्थान पर, 17. मध्यप्रदेश के गुज्जरा नामक स्थान पर जहाँ लघु आदेशलेख मिले हैं, 18. तक्षशिला में अरामी लिपि में लिखा हुआ लेख, 19. कंदहार के निकट जहाँ यूनानी और अरामी दो लिपियों में लिखा हुआ आदेशलेख हाल ही में प्राप्त हुआ है ।

स्तंभलेख : उसने पाषाण-स्तंभों पर भी अपनी विज्ञप्तियाँ खुदवाईं जो निम्नांकित स्थानों पर मिलती हैं : 1. अंबाला के निकट तोपरा, 2. मेरठ । इन दोनों स्तंभों को फीरोजशाह तुगलक देहली ले आया था । 3. कौशांबी, इस स्तंभ को शायद अकबर ने इलाहाबाद के किले में रखवाया था । 4. लौरिया अरराज (चंपारन जिले के राधिया नामक स्थान पर), 5. लौरिया नंदनगढ़ (उसी जिले के मथिया नामक स्थान पर), 6. रामपुरवा (उसी जिले में), 7. साँची (भोपाल के निकट), 8. सारनाथ (बनारस के निकट), 9. लुंबिनी (नेपाल में), 10. निगाली सागर (नेपाल में) ।

सीमाएँ : आदेशलेखों में उसके राज्य की सीमाओं का उल्लेख है । दक्षिण में चोल, पांड्य, सतियपुत्र, केरलपुत्र और उसके बाद ताम्रपर्णी (लंका) उसके पड़ोसी थे और उत्तर में सीरिया का अंतियोक योनराजा (अंतिओकस द्वितीय थियोस 261-246 ई. पू.) उसका पड़ोसी राजा *अंत* कहा गया है । अशोककालीन भवनों के अवशेष कश्मीर, बंगाल और चोल-द्रविड़ प्रदेशों में पाए जाते हैं ।

प्रशासन : साम्राज्य का अधिपति राजा था । उसकी सहायता के लिए 1. उपराजा, 2. युवराज, 3. कुमार, जिन्हें वह प्रांतों में नियुक्त करता था, 4. 'राजूक' अथवा 'प्रादेशिक' (गवर्नर) और 5. परिषत् (समिति) होते थे । उच्च पदाधिकारी *महामात्र* कहलाते थे । तक्षशिला, उज्जैनी, तोसली (उड़ीसा)और सुवर्णगिरि (मैसूर) नामक प्रांतीय राजधानियों में कुमार (वायसराय) नियुक्त किए

जाते थे।

राजूक शत-सहस्र प्राणियों पर शासन करते थे और शांति एवं न्याय की रक्षा करते थे।

राजा के निजी सचिव *प्रतिवेदक* कहलाते थे। वे राजा को प्रत्येक समय और प्रत्येक स्थान पर जनता की स्थिति से अवगत रखते थे। उसके राजदूत *दूत* कहलाते थे।

प्रधानमंत्री को *अग्रामात्य* कहते थे और अन्य मंत्री महामात्र कहलाते थे। ये अपने-अपने विभागों के अध्यक्ष होते थे। *धर्ममहामात्र*, जिन्हें अशोक ने सर्वप्रथम नियुक्त किया था, नैतिक आचार के मंत्री थे।

राजकीय कर्मचारी, जिन्हें *पुरुष* कहते थे, तीन श्रेणियों के होते थे: उच्च, मध्यम और अधम (स्तंभलेख ?)। निम्न श्रेणी के कर्मचारी 'युक्त' कहलाते थे।

दौरे (अनुसंधान) : महामात्र *ग्रामावास* (ग्राम के निवासियों के घर), *सेतु* (सार्वजनिक कार्य), *शाला* (तालाब और भवन, जैसा कि बुद्धघोष की व्याख्या से प्रतीत होता है) के निरीक्षण के लिए दौरा करते थे। कुमारों को पाँच वर्षों में और राज्यपालों को तीन वर्षों में अपने-अपने दौरे पूरे करने पड़ते थे (आदेशलेख-1 और 3)।

धर्मयात्रा : राजा का दौरा *धर्मयात्रा* कहलाता था। यह एक प्रकार की तीर्थयात्रा होती थी (आदेशलेख-8) जिसमें राजा गाँव का दौरा करता था, वृद्धों और संन्यासियों को दान देता था, गाँव-बस्ती की हालत देखता था (*जानपदस्य जनस्य दर्शनम्*) और धर्म-संबंधी प्रवचन करता था। अशोक ने संबोधि (बोधगया, जहाँ बुद्ध ने संबोधि प्राप्त की थी), लुंबिनी (जहाँ उनका जन्म हुआ था)और बुद्ध कोनाकमन (कनक मुनि) के स्तूप आदि बौद्ध-तीर्थों की यात्रा की। इस राज-यात्री की पाटलिपुत्र से इन स्थानों की यात्रा की प्रगति के सूचक स्तंभ अब तक विद्यमान हैं और उसके विभिन्न चरणों का साक्ष्य देते हैं।

नैतिक मंत्रालय : धर्म महामात्र के अधीन नैतिक मंत्रालय का कार्य सब वर्गों, श्रेणियों, संप्रदायों और स्तरों के लोगों का नैतिक उत्कर्ष करना था। इसका कार्य-क्षेत्र उन्हीं लोगों तक सीमित नहीं था जो अशोक की प्रजा थे वरन् उन तक भी फैला हुआ था जो उसके राज्य की सीमाओं पर रहते थे, जैसे उत्तर के योन, कंबोज, गंधार और पश्चिम के अपरांत तथा राष्ट्रिक और पितिनिक आदि।

सार्वजनिक कार्य : अशोक सामान्य मनुष्य का हितैषी था, जिसके लिए उसने विविध प्रकार के सार्वजनिक उपयोगिता के कार्य किए थे। उसने सड़कों के किनारे आम और बरगद-जैसे उपयोगी वृक्ष लगवाकर, आधे-आधे कोस पर कुएँ और सरायें बनवाकर यात्राओं को और सुखद बनाया था। पशुओं और मनुष्यों की चिकित्सा के लिए उसने चिकित्सालय खुलवाए और उनमें औषधियों की समुचित व्यवस्था की। इसके लिए उसने बहुत-सी जड़ी-बूटियाँ और फलों के पेड़ बाहर से

मँगवाकर लगवाए। चिकित्सालयों में चिकित्सकों का समुचित प्रबंध किया गया (आदेशलेख-2)। उसकी दूसरी पत्नी चारुवाकी (कारुवाकी) ने आम्रवन, भिक्षुओं के लिए आराम और दानगृहों के लिए दान दिए (रानी का लेख)।

पश्चिमी देशों में कल्याण-मंडल : अशोक ने पाश्चात्य देशों को भी अपने मानवीय कार्यों की परिधि में सम्मिलित किया और तेरहवें आदेशलेख में वर्णित 1. अंतियोक (सीरिया का अंतिओकस द्वितीय थियोस, 261-246 ई. पू.), 2. तुरमय (मिस्र का टालेमी द्वितीय, 285-247 ई. पू.), 3. अंतिकिनि (मकदूनिया का एंटीगोनस गोनेतस, 278-239 ई. पू.), 4. यक (सिरीज का मगस 300-258 ई. पू.) और 5. अलिकसुंदरो (एपरिस का एलेग्जेंडर, 272-258 ई. पू.) नामक पाँच पाश्चात्य राजाओं के राज्यों में दुख-निवारण के निमित्त चिकित्सकों के मंडल भेजे।

धर्म-विजय : अशोक ने उन पाश्चात्य राज्यों में अपने दूत भेजे जो उसकी धर्म-विजय के संदेश-वाहक थे। धर्म-विजय—हिंसा और घृणा से परिपूर्ण सैनिक विजय के विपरीत भ्रातृत्व-भाव से समन्वित नैतिक विजय का पर्याय था। उसने धर्मघोष द्वारा भेरीघोष को बंद कर दिया (आदेशलेख-4)। रण-दुंदुभि का निनाद शांति की घंटियों की टनटन में विलीन हो गया। अशोक ने इस प्रकार युद्ध का बहिष्कार करके विश्वशांति के प्रथम प्रवर्त्तक का पद प्राप्त किया।

कलिंग-विजय : धर्म-विजय का यह सिद्धांत उस नैतिक क्रांति का फल था, जो कलिंग की विजय और उसकी हिंसामयी विभीषिकाओं से अशोक के मन में उत्पन्न हुई थी। उसने स्वयं कहा है : "जब कोई अविजित देश जीता जाता है तो वहाँ वध, मरण और अपवाह (देशनिकाला) का बोलबाला हो जाता है।" इस हिंस्र विजय में जितनी हत्याएँ आदि हुईं उनका वर्णन इन शब्दों में किया गया है : "एक लाख पचास हजार व्यक्ति बंदी बनाए गए, एक लाख मारे गए, और इनसे कई गुने युद्ध में लगे घावों से मर गए।" युद्ध से उत्पन्न इस भयंकर नर-संहार से उसे असीम वेदना हुई। अशोक का मन पश्चात्ताप से इतना आप्लावित हो गया कि उसने सदा के लिए युद्ध को तिलांजलि देकर अहिंसा का धर्म ग्रहण कर लिया।

नैतिक प्रचार : उसने जीवन के प्रत्येक क्षेत्र में इस नवीन धर्म का प्रयोग किया। राजकीय रसोई में पशुवध को बंद करके उसने अपना घरेलू जीवन पवित्र किया। उसके समय में मनोरंजन के लिए *समाज* होते थे। इन समाजों में पशुओं और पक्षियों की लड़ाई होती थी। नृत्य-संगीत के साथ भोज के लिए पशु-पक्षियों का वध किया जाता था। अशोक ने ये *समाज* बंद करा दिए। बदले में उसने उन तमाशों को प्रोत्साहन दिया जिनसे धर्म और सदाचार की प्रेरणा मिलती थी, जैसे सदाचारी व्यक्तियों के स्वागत के लिए खड़े दिव्य रूपों का प्रदर्शन आदि।

उसने यह नियम बना दिया कि कुछ जीवों को छोड़कर शेष जीवधारियों को भोजन के निमित्त न मारा जाए, न ही धार्मिक कृत्यों में उनका वध किया जाए।

एक स्तंभलेख में ऐसे पशुओं की तालिका है जिन्हें न मारा जा सकता था, न बधिया किया जा सकता था।

प्रतिवर्ष राजा की वर्ष-गाँठ पर बंदी मुक्त किए जाते थे।

उसने सब मनुष्यों को कानून की दृष्टि से समान घोषित किया (*व्यवहार समता*) और सबको न्याय और दंड की समानता (*दंड-समता*) का वरदान दिया।

राजकीय दान : ग्रामों और तीर्थों में उसके दौरे दान के लिए प्रसिद्ध थे। हम देख चुके हैं कि अशोक अपनी धर्मयात्राओं में ब्राह्मणों, श्रमणों और वृद्धों को बहुत दान देता था। अभिषेक के बीसवें वर्ष में (250 ई. पू.) लुंबिनी ग्राम (जहाँ भगवान बुद्ध का जन्म हुआ था) की तीर्थयात्रा करते हुए उसने विशिष्ट दान दिए। उसने उस स्थान की पवित्रता के स्मारक के रूप में वहाँ एक स्तंभ ही नहीं खड़ा कराया, जिस पर यह लेख खुदा हुआ था कि यहाँ तथागत का जन्म हुआ था, वरन् उस गाँव के सब बलि (शुल्क) माफ कर दिए (उबालिके) और वहाँ के लगान को सदा के लिए उपज की एक-चौथाई से घटाकर आठवाँ हिस्सा कर दिया। उसने आजीविकों के लिए तीन स्थानों पर गुफाओं में निवास बनवाकर दान दिए।

धर्म : व्यक्तिगत रूप से अशोक बौद्ध था। यास्की के आदेशलेख में उसने अपने-आपको बुद्ध शाक्य कहा है। भब्रू के आदेशलेख में उसने बौद्ध-त्रिरत्न को नमस्कार किया है और बौद्ध-शास्त्रों से चुने हुए अंश उद्धृत किए हैं। साँची, सारनाथ और कौशांबी के अभिलेखों में वह संघ की एकता के प्रतिपादक के रूप में सामने आता है और संघभेद करनेवालों को संघ से बाहर करने की धमकी देता है।

किंतु अपने आदेशलेखों में उसने उस धर्म का प्रचार किया है जो सब लोगों को ग्राह्य हो। यह धर्म सार्वत्रिक नैतिक कर्तव्यों पर आधारित है। इनकी गणना वह इस प्रकार करता है : 1. माता-पिता, वृद्ध, आचार्य आदि गुरुजनों की आज्ञाओं का पालन करना, 2. संबंधियों, मित्रों, सेवकों और परिचारकों और निर्धन और दुखी व्यक्तियों और संन्यासियों और घरेलू पशुओं के प्रति सद्व्यवहार करना, 3. दान, 4. अहिंसा, 5. दया, सत्य, शौच (अंदर और बाहर की), मार्दव, साधुता, संयम, भावशुद्धि और समाचरण (सबके प्रति समान व्यवहार) का अभ्यास करना।

इससे यह स्पष्ट हो जाता है कि अशोक ने धर्म में कर्मकांड को कम महत्त्व दिया और नैतिक व्यवहार पर बहुत बल दिया जो वास्तविक धार्मिक कर्मकांड (*धर्म-मंगल*) हैं।

इसी प्रकार दान में उसने धर्मदान (नैतिक उपदेश के दान) को भौतिक नश्वर पदार्थों के दान से अधिक महत्त्व दिया है।

अशोक ने धार्मिक जीवन की आवश्यकताओं का भी निर्देश किया : 1. धर्म-नियम (नैतिक जीवन का संयम), 2. निझति (ध्यान जिसमें आत्मचिंतन अथवा आत्म-परीक्षा भी शामिल है) और 3. सबकुछ छोड़कर पराक्रम (अत्यंत

धार्मिक विविधता के इस देश में अशोक ने उनकी एकता के आधार अथवा मौलिक सार पर जोर दिया। विभिन्न धर्मों के प्रवचनों को सुनने के लिए (बहुश्रुत होने के लिए) समितियों में एकत्रित होकर (*समवाय*) और धार्मिक आलोचना की प्रवृत्ति को नियंत्रित करके (*वचोगुप्ति*) धार्मिक सहिष्णुता साध्य होती है (आदेशलेख-12)।

तीसरी बौद्ध संगीति : *महावंश* जैसे साहित्यिक ग्रंथों में अशोक के विषय में कुछ ऐसे तथ्य मिलते हैं जो उसके अभिलेखों में अप्राप्य हैं। उदाहरण के लिए उनसे पता चलता है कि उसके राज्य की महत्त्वपूर्ण घटना पाटलिपुत्र में मोग्गलिपुत्त तिस्स की अध्यक्षता में तीसरी बौद्ध *संगीति* का आयोजन था। इस समिति (*संगीति*) में कथावस्तु तैयार की गई और त्रिपिटकों के पारायण के लिए1,000 स्थविरों की एक विशेष संगीति नियुक्त की गई।

इसके बाद *संगीति* ने भारत और विदेशों में—भारत में कश्मीर, गंधार, हिमालय, यवन या वनवासी में और उससे बाहर लंका और सुवर्णभूमि (दक्षिणी बर्मा और सुमात्रा अथवा समस्त मलय प्रायद्वीप) में—बौद्ध-सिद्धांतों के प्रचार के लिए प्रचारकों के दल भेजे। हिमालय में मज्झिम, अपरांतक में धर्मरक्षित (यवन)और लंका में युवराज महेंद्र भेजे गए। उन्हें आदेशलेख-13 में दूत कहा गया है। मोग्गलिपुत्त और मज्झिम के नाम साँची के द्वितीय स्तूप की एक धातु-मंजूषा पर खुदे हुए मिले हैं। आदेशलेख-5 में अपरांतक प्रदेश का भी वर्णन है। ऐसे प्रदेश में योन, कंबोज, राष्टिक, पितिनिक आदि रहते थे। इस प्रकार आदेशलेखों से कथानकों की यथार्थता सिद्ध होती है। आदेशलेखों में अशोक को प्रायः *देवानांपिय पियदसि लाजा* कहा गया है। यास्की के लेख में उसका नाम अशोक मिलता है। भ्रब्रू के लेख में अशोक ने अपने-आपको *पियदसि लाजा मागधे* अर्थात् 'मगध का प्रियदर्शी' राजा कहा है।

कला और स्थापत्य : अशोक अपनी स्थापत्य-संबंधी कृतियों के लिए प्रसिद्ध है। परंपरा के अनुसार उसने कश्मीर में श्रीनगर नामक नगर की स्थापना की और वहाँ 500 बौद्ध भिक्षुओं को बसाकर उनके लिए विहार बनवाए। इनमें से कुछ को शताब्दियों बाद श्वान-चाङ् ने देखा था। उसने अपनी पुत्री चारुमती को नेपाल भेजा और वहाँ उसके लिए देवपत्तन नामक नगर बसाया। उसने पाटलिपुत्र नगर में भी सुंदर भवन बनवाए, जिन्हें 600 वर्ष बाद चीनी यात्री फा-ह्यान् ने देखा। उसने इस नगर का वर्णन इन शब्दों में किया: "देवताओं ने पत्थरों को उठा-चढ़ाकर दीवारें और द्वार बनाए और उनमें सुंदर पच्चीकारी और खुदाई-भराई का ऐसा उत्कृष्ट काम किया कि संसार में किसी भी व्यक्ति का हाथ उसे संपन्न करने में असमर्थ है।"

अशोक ने अनेक स्तूप बनवाए, जिनमें से 80 को श्वान-चाङ् ने अपनी आँखों से देखा।

अशोक की महत्तम कृति स्तंभ हैं। ये सभी एकाश्मक अर्थात् पत्थर के एक ही टुकड़े से काटकर बनाए गए हैं। इनकी पालिश (चिकनाहट) के रहस्य को आज के कारीगर भी नहीं समझ सके। ये इतने चमकदार हैं कि कुछ यूरोपीय यात्रियों ने इन्हें 'पीतल' का समझा, कुछ ने किसी 'धातु' का ढला हुआ जाना अथवा कुछ ने 'संगमरमर' का बना समझा। प्रत्येक स्तंभ एक शीर्ष से सुसज्जित होता है जिसकी चोटी सिंह, हाथी, साँड़ आदि पशुओं के आकार की है जो चार सिंहों पर टिका है और शक्ति के स्थान पर सत्य तथा बल की जगह विधि के राज्य का प्रतीक है। यह शीर्ष सारनाथ में बुद्ध द्वारा दिए गए धर्म-चक्र-प्रवर्तन सूत्र नामक प्रवचन के सार की पत्थर में अभिव्यक्ति है। सिंहों से नीचे फलक (एबेकस) पर पाँच मूर्त्तियाँ हैं जो बुद्ध के जीवन की महत्त्वपूर्ण घटनाओं की सूचक हैं। हाथी, बैल, घोड़ा और सिंह क्रमशः दिव्य बालक के गर्भाधान, जन्म, निष्क्रमण और सिद्धि के परिचायक हैं। उनके बीच में दिखाया हुआ चक्र बुद्ध के आचार्यत्व का प्रतीक है।

ये सभी स्तंभ चुनार के पत्थर के बने हैं। इनका निर्माण पाटलिपुत्र के किसी कारखाने में हुआ था। इनकी डिजाइन एक ही प्रकार की है। इनकी ऊँचाई लगभग 50 फुट और भार लगभग 50 टन होता था। मेरठ जैसे सुदूर स्थानों में, जो लगभग 1,000 मील हैं, ये स्तंभ स्थापित किए जाते थे। भारी यंत्रों और वाहनों के द्वारा ही इतने विशाल और भारी स्तंभों को एक जगह से दूसरी जगह भेजा गया होगा।

गुहावास : अशोक ने गया के निकट बराबर और नागार्जुनी की पहाड़ियों में चट्टानें काटकर गुफाएँ बनवाई थीं। इनमें से 4 के साथ अशोक का और तीन के साथ उसके पौत्र दशरथ का नाम जुड़ा हुआ है, जैसा कि इन पर खुदे लेखों से प्रकट होता है। समस्त पहाड़ी को खलतिक पर्वत कहा गया है। अभिलेखों से पता चलता है कि अशोक ने ये गुफाएँ आजीविक श्रमणों के लिए बनवाकर अपनी उदारता का परिचय दिया था। इन गुफाओं की दीवारों और छतों पर मौर्यकालीन पालिश (चिकनाहट और चमक) मिलती है।

सुदर्शन झील : मौर्य अभियंताओं ने सुवर्ण-सिकता, पलाशिनी आदि नदियों के जल को रोककर दुर्जयंत पर्वत पर एक बाँध बनाया था जिसमें एक बहुत बड़ी झील बन गई थी, जहाँ सिंचाई के लिए जल इकट्ठा किया जाता था और नालियों (प्रणालियों) द्वारा उसे खेतों तक पहुँचाया जाता था। जैसा कि 150 ई. पू. के शक राजा रुद्रदामा के अभिलेख से ज्ञात होता है, यह झील सौराष्ट्र में स्थित थी जहाँ अशोक के राज्यपाल यवन राजा तुषाष्प का शासन था। यह तुषाष्प विदेशी था। अशोक ने अपनी उदारता का परिचय देकर इसे इतने दायित्वपूर्ण पद पर नियुक्त किया था।

अशोक के संबंधी : आदेशलेखों में केवल उसकी दूसरी पत्नी चारुवाकी का, जो राजकुमार तीवर की माता थी, और उनके पौत्र दशरथ का उल्लेख मिलता है।

ग्रंथों से उसके इन संबंधियों का पता चलता है : उसकी पत्नी देवी का पुत्र महेंद्र और पुत्री संघमित्रा, पत्नी पद्मावती का पुत्र कुणाल, उसका अन्य पुत्र जलौक, उसका पौत्र और कुणाल का पुत्र संप्रति और उसकी दो अन्य पत्नियाँ असंधिमित्रा और तिष्यरक्षिता ।

अशोक का अंत : कथाओं के अनुसार अशोक का अंत दुखद हुआ । अपने पौत्र संप्रति को राज देकर वह स्वर्ग सिधारा । संप्रति ने उसके अंतिम दिनों में बौद्ध-संघ को दिए गए दान बंद कर दिए और प्रतीक रूप में उसका भत्ता आधा आमलक (आमला) मात्र निश्चित किया ।

उत्तराधिकारी : उसके उत्तराधिकारियों—जैसे कुणाल, जलौक, दशरथ, संप्रति (जो जैनधर्म का संरक्षक था) आदि के नाममात्र मिलते हैं । पुराणों के अनुसार अंतिम मौर्य-सम्राट् शालिशुक और बृहद्रथ थे। शालिशुक के दुर्बलतापूर्ण राज्यकाल में पाटलिपुत्र पर यवनों ने धावा किया था । बृहद्रथ के सेनापति पुष्यमित्र ने उसे हटाकर शुंगवंश का राज्य स्थापित किया । पुराणों में लिखा है कि ''सेनापति पुष्यमित्र । (पुष्यमित्र) अपने स्वामी की हत्या करके चंद्रगुप्त के राज्याभिषेक के 137 वर्ष बाद (अर्थात् 186 ई. पू.) राज्य करेगा ।'' यह कथा बाण के *हर्षचरित* में दोहराई गई है जिसमें लिखा है कि ''पुष्यमित्र ने एक सैनिक-प्रदर्शन में अपने स्वामी की हत्या की ।''

मौर्य-साम्राज्य का अंत : कुछ विद्वानों के मतानुसार मौर्य-साम्राज्य के पतन का कारण अशोक की शांतिप्रिय नीति थी, जिसके फलस्वरूप उसने भेरीघोष को धर्मघोष में परिवर्तित कर दिया । किंतु अशोक के आदर्श महान् थे । वह युद्ध बंद कर तथा जोर-जबर्दस्ती के स्थान पर न्याय और कानून के राज्य की स्थापना करके मानवता को हिंसा के अभिशाप से बचाना चाहता था । आज भी मानवता इन आदर्शों तक पहुँचने का प्रयत्न कर रही है, इसलिए इन महान् आदर्शों के लिए हम अशोक को दोषी नहीं ठहरा सकते । अशोक ने अपनी सैन्य-शक्ति को अक्षुण्ण रखा, जिससे वह आटविक-जैसी विद्रोही जंगली जातियों-जैसे असामाजिक तत्त्वों के आघातों से सत्य के राज्य की रक्षा करने में सफल हुआ । अत: हम उसे इन जातियों को नैतिक जीवन के आदर्श से च्युत न होने की चेतावनी देते हुए पाते हैं । सत्य यह है कि साम्राज्य अपने विधान की दुर्बलताओं के फलस्वरूप ही नष्ट हुआ । शासक अपने वैयक्तिक गुण विरासत में अपने उत्तराधिकारियों को नहीं दे सकता । अशोक के बाद सिंहासन पर बहुत छोटे स्तर के व्यक्ति आए, जो उसके महान् व्यक्तित्व की संयोजक-शक्ति के हट जाने पर इतने विस्तृत साम्राज्य को एक सूत्र में बाँधकर न रख सके ।

आठवाँ अध्याय

मौर्योत्तर राज्य

1.शुंग-वंश (लगभग 186-65 ई. पू.) : *पुष्यमित्र (लगभग 186-150 ई.पू.)* : साहित्यिक कृतियों से पुष्यमित्र के राज्यकाल पर प्रकाश पड़ता है । कालिदास के नाटक *मालविकाग्निमित्र* का नायक युवराज अग्निमित्र है । उसके साले वीरसेन ने, जो नर्मदा प्रदेश का अंतपाल था, विदर्भ से मौर्य अधिकारी यज्ञसेन को निकाल बाहर किया ।

यूनानी आक्रमण : अपनी शक्ति को दृढ़ करके पुष्यमित्र ने अपने प्रभुत्व की पुष्टि के लिए अश्वमेध यज्ञ किया । यूनानियों ने उसके प्रभुत्व को चुनौती दी । अग्निमित्र के वीर पुत्र वसुमित्र ने इस चुनौती को स्वीकार किया और 100 सामंतों को साथ लेकर सिंधुतट पर (जो चंबल या यमुना की सहायक नदी है अथवा रमेशचंद्र मजूमदार के मतानुसार सिंधु नदी है) यूनानियों से युद्ध किया ।

वैय्याकरण पतंजलि ने अपने *महाभाष्य* में यवनों द्वारा साकेत और माध्यमिका के घेरे का उल्लेख किया है (*अरुणत् यवनः साकेतम्; अरुणत् यवनः माध्यमिकाम्*)। *गार्गी-संहिता* के *युगपुराण* में दुष्ट और विक्रांत यवनों द्वारा पाटलिपुत्र अथवा कुसुमध्वज की विजय के उद्देश्य से साकेत, पंचाल और मथुरा के लोगों के साथ मिलकर मध्यप्रदेश पर आक्रमण करने का (*प्राप्स्यंति*) उल्लेख है । अभयनंदी की *महावृत्ति* में *अरुणन्महेंद्रो मथुराम्* वाक्य मिलता है । पंचाल और मथुरा के इन राजाओं (पार्थिवों) का पता उनके सिक्कों से चलता है, जिन्हें मित्र-मुद्राएँ कहते हैं । हाल ही में मिले एक मुद्रा-संग्रह में पंचाल-वंश के 21 मित्र राजाओं के सिक्के मिले हैं । स्त्राबो के विवरण से ज्ञात होता है कि यवन गंगा और पालीबोथ्रा (पाटलिपुत्र) तक बढ़ आए थे । सौभाग्यवश ये आक्रमणकारी आपस में लड़ पड़े और मध्यप्रदेश से वापस लौट गए ।

पुष्यमित्र ने यूनानी आक्रामकों को पीछे ढकेल दिया (*परान् पराजित्य*) और अपनी महान् विजय के उपलक्ष्य में एक दूसरा अश्वमेध यज्ञ किया, जिसमें पतंजलि ने स्वयं पुरोहित का कार्य किया, जैसा कि महाभाष्य के अवतरण *इह पुष्यमित्र याजयामः* (हम पुष्यमित्र के लिए यहाँ—विदिशा में—यज्ञ कर रहे हैं) से प्रकट होता है । इस वाक्य से यह भी प्रतीत होता है कि यज्ञ के जटिल उपचार उस

संभवत: इसके बाद पुष्यमित्र कलिंग के राजा खारवेल के साथ संघर्ष में सन्नद्ध हो गया। खारवेल के हाथीगुंफा अभिलेख में इसकी ओर इशारा है। इसमें लिखा है कि अपने राज्य के आठवें वर्ष में खारवेल ने राजगृह (मगध) के राजा को भगा दिया और गोरथगिरि (बराबर पहाड़ी) के दुर्ग पर धावा बोला। मगध के राजा का नाम वहसपतिमित (बृहस्पतिमित्र) लिखा है जो पुष्यमित्र का रूपांतर है, क्योंकि पुष्य और बृहस्पति पर्यायवाची हैं। यह शिलालेख मौर्यकाल के 165वें वर्ष में अर्थात् 158 ई. पू. में लिखा हुआ माना जाता है।

साम्राज्य का विस्तार : अयोध्या के एक मंदिर के अभिलेख में 'दो अश्वमेध यज्ञ करनेवाले' (द्विरश्वमेधयाजी) सेनापति पुष्यमित्र का उल्लेख है और कोशल प्रदेश के राजा (*कोशलाधिप*) धनदेव की चर्चा है जो उसके वंश की छठी पीढ़ी में था। उसका पुत्र अग्निमित्र विदिशा का *गोप्ता* अर्थात् राज्यपाल था और वीरसेन नर्मदा प्रदेश का प्रशासक था। पाटलिपुत्र, अयोध्या और विदिशा नामक नगरों से उसके राज्य की सीमाओं पर प्रकाश पड़ता है। पतंजलि के अनुसार एक सभा शासन-कार्यों में पुष्यमित्र का हाथ बँटाती थी।

धर्म : दिव्यावदान के अनुसार पुष्यमित्र एक कट्टर ब्राह्मण और बौद्ध धर्म का पक्का शत्रु था और उसने बौद्ध-विहारों पर काफी प्रहार किए, किंतु विदिशा के निकट भरहुत में उसने दान द्वारा अनेक बौद्ध स्तूपों का निर्माण होने दिया। यह उसकी धार्मिक सहिष्णुता का परिचायक है। भरहुत के एक अभिलेख में लिखा है कि ये स्तूप शुंगों के राज्य में (*सुगनं राजे*) थे।

पुष्यमित्र के उत्तराधिकारी : पुराणों में पुष्यमित्र के उत्तराधिकारियों के नाम आए हैं और उनका राज्यकाल भी लिखा है। इनकी संख्या 10 है किंतु उनमें से बहुत-से नाममात्र हैं। इनमें अग्निमित्र और भाग महत्त्वपूर्ण थे। जैसा कि हम लिख चुके हैं, अग्निमित्र *मालविकाग्निमित्र* नाटक का नायक है जिसमें उसकी 'मंत्रिपरिषद और अमात्य परिषद' का उल्लेख है। विदिशा (बेसनगर) के गरुड़ध्वज-स्तंभ पर खुदे एक अभिलेख में वर्णित राजा भाग राजा भागभद्र प्रतीत होता है। इस लेख का तात्पर्य यह है कि 1. यूनानी राजा अंतलिकित (अंटियालसिदुस लगभग 120 ई. पू.) ने विदिशा के इस भारतीय राजा की सभा में तक्षशिला-निवासी हेलियोदोर को अपना दूत बनाकर भेजा था और 2. यह यूनानी वैष्णव हो गया था और अपने-आपको *भागवत* कहता था और इसने अपने इष्टदेव *देवदेव वासुदेव* को एक गरुड़ध्वज अर्पित किया था, जिस पर, *दम* (आत्मनिग्रह), *छाग* (त्याग) और *अप्रमाद* (सतर्कता), ये तीन अमर सत्य खुदवाए थे।

यह उल्लेखनीय है कि जैसे साँची अशोक के समय से बौद्धधर्म का प्रसिद्ध केंद्र था, वैसे ही विदिशा भागवत-धर्म का प्रमुख स्थान था।

अंतिम शुंग राजा देवभूति था, जो भोग-विलासिता में डूबा रहता था। उसका अमात्य वासुदेव था। उसने अपने एक भृत्य से देवभूति की हत्या करा दी और

काण्वायन-वंश की नींव डाली ।

2. काण्वायन-वंश (लगभग 75-30 ई. पू.) : इस वंश के राजा ब्राह्मण थे और द्विज कहलाते थे । पुराणों में इस वंश के चार राजाओं का उल्लेख मिलता है और उनका राज्यकाल 45 वर्ष बताया गया है ।

3. आंध्र (लगभग 30 ई. पू. से 250 ई.) : सिमूक ने अपने साथियों के साथ मिलकर, काण्वायनों को हटाकर आंध्रवंश का राज्य स्थापित किया ।

प्रारंभिक इतिहास : आंध्र एक बहुत प्राचीन जाति थी जिसका उल्लेख वैदिक ग्रंथ *ऐतरेय ब्राह्मण* (लगभग 2000 ई. पू.) में मिलता है । इसमें उन्हें विंध्य के दक्षिण में रहनेवाली अनार्य-जातियों में गिना गया है । अशोक के एक आदेशलेख में इन्हें अर्धस्वतंत्र जाति बताया गया है । प्लिनी के काल में (प्रथम शती ई.) उन्होंने शक्ति प्राप्त करके अपना राज्य स्थापित किया । इनके 30 दुर्ग थे । आंध्रों की सेना में 1,00,000 पैदल, 2000 घुड़सवार और 1000 हाथी थे ।

पुराणों में उन्हें आंध्र कहा गया है, किंतु अभिलेखों में उनका सातवाहन नाम आया है जिससे उनके कुल का आभास मिलता है ।

अधिकांश पुराणों में 19 आंध्र-राजाओं का उल्लेख है जिन्होंने कुल मिलाकर 300 वर्ष (लगभग 30 ई. पू. से 250 ई.) तक राज्य किया । यहाँ हम उनमें से कुछ महत्त्वपूर्ण राजाओं का वर्णन करेंगे ।

शातकर्णि प्रथम : यह तीसरा आंध्र राजा था । नानाघाट के दर्रे में कुछ उभरी हुई मूर्त्तियाँ मिलती हैं, जिन पर नाम खुदे हैं । इनमें एक सिमूक (सातवाहन) की मूर्त्ति है और दूसरी पर रानी नागनिका (नागमनिका) और राजा शातकर्णि के नाम खुदे हैं । अभिलेखों में शातकर्णि को दक्षिणापथपति कहा गया है । साँची के एक अभिलेख में कारीगरों की श्रेणी के एक प्रमुख कार्यकर्त्ता का उल्लेख है जो राजन् श्री शातकर्णि के यहाँ नौकरी करता था । इससे प्रकट होता है कि पूर्वी मालवा उसके राज्य में अवश्य शामिल रहा होगा । इस राजा ने अश्वमेध यज्ञ करके सातवाहनों की सार्वभौम सत्ता स्थापित की । उसकी राजधानी प्रतिष्ठान थी । खारबेल के अभिलेख में वर्णित शातर्णिक भी संभवतः यही राजा था ।

गौतमीपुत्र शातकर्णि (लगभग 119-124 ई.) : एक विदेशी जाति क्षहरातों ने, जिसका नेता नहपान (119-124 ई.) था, आंध्र-साम्राज्य की प्रगति को रोक दिया और दक्षिण में बेल्लारी जिले के सातवाहन विहार नामक उपनिवेश की ओर ठेल दिया । किंतु आंध्रों ने गौतमीपुत्र शातकर्णि के नेतृत्व में अपनी खोई हुई शक्ति और सत्ता प्राप्त की । अभिलेखों में गौतमीपुत्र शातकर्णि को शक-यवन-पहलव और क्षहरात वंश का नाश (*निसूदन, निरवशेष*) करनेवाला कहा गया है । उसकी सैनिकविजय का परिणाम यह हुआ कि नहपान के सिक्कों को गौतमीपुत्र ने फिर से अपने नाम से टंकित किया । उसकी माता गौतमी बलश्री के नासिक गुहाभिलेख में उसकी विजयों का विवरण मिलता है, जिनमें अस्सक (गोदावरी प्रदेश), सुराष्ट्र

(दक्षिणी काठियावाड़), कुकुर (उत्तरी कोंकण), अनूप (नर्मदा-तट पर माहिष्मती प्रदेश), विदर्भ (बरार) और आकर-अवंति (पूर्वी और पश्चिमी मालवा)सम्मिलित हैं। उसमें लिखा है कि ''उसके घोड़ों ने तीन समुद्रों का पानी पिया था''।

पुलुमावी (130-159 ई.) : पुराणों में उसे पुलोमा कहा गया है, किंतु उसके अभिलेखों में उसका पूरा नाम 'वासिष्टीपुत्र स्वामी श्री पुलुमावी' मिलता है। उसके अभिलेख नासिक, केरल, अमरावती, कृष्णा-गोदावरी प्रदेश, जिसे आंध्रपथ कहते हैं, और सातवाहनीय अथवा बेल्लारी के विस्तृत प्रदेश में मिलते हैं। यूनानी भूगोलशास्त्री तोलेमी ने उसे 'बैठान (पैठन) का सिरोप्तोलेमयोस' कहा है।

वासिष्टी-पुत्र श्री शिव शातकर्णि (159-166 ई.) : उसे पुलुमावी का भाई और शक नरपति महाक्षत्रप रुद्रदामा प्रथम का दामाद माना जाता है। गिरनार प्रशस्ति के अनुसार रुद्रदामा ने उसे दो बार परास्त किया था, किंतु *अविदूर-संबंध* के कारण उसे जीवित छोड़ दिया था।

यज्ञश्री शातकर्णि (174-203 ई.) : यह अंतिम महान् आंध्र राजा था। उसके अभिलेख कन्हेरी (अपरांत), नासिक और चिवा (कृष्णा जिला) में मिलते हैं और उसके सिक्के काठियावाड़ से कृष्णा तक के विस्तृत प्रदेश में मिलते हैं। उसने एक निराले ढंग का सिक्का चलाया, जिस पर जहाज की आकृति बनी है। इससे प्रकट होता है कि उसका राज्य समुद्रतट तक फैला हुआ था और वह अपनी प्रजा को समुद्री व्यापार में सहायता देता था।

आंध्र-साम्राज्य का पतन : यज्ञश्री के बाद आंध्र-साम्राज्य का पतन प्रारंभ हो गया। उसके उत्तराधिकारी दुर्बल थे और उनका राज्य पूर्वी दकन और कन्नड़ प्रदेश तक सीमित था। महाराष्ट्र पर आभीर राजा ईश्वरसेन (235-40 ई.) का अधिकार हो गया था। इक्ष्वाकु और पल्लव राजवंशों ने सातवाहनों को बिलकुल ही समाप्त कर दिया।

इक्ष्वाकुओं का नाम उनके राजा वीरपुरुषदत्त के कारण प्रसिद्ध है, जिसने नागार्जुनीकोंडा के प्रसिद्ध स्तूप का निर्माण कराया।

आंध्र-वंश की शाखाएँ : पतन के बाद सातवाहन-वंश का प्रतिनिधित्व इसकी इन शाखाओं ने किया : 1. *कुंतल,* जहाँ का राजा हाल अपनी रचना *गाथा सप्तशती* के कारण बहुत प्रसिद्ध है। 2. *चट्कुल,* जिसका राज्य दक्षिण-पश्चिमी भारत में था। इस वंश को मुरानंद ने परास्त किया और जिसे चुटुकुलानंद ने गद्दी से हटाया। इसके बाद दो और राजा हुए, जिनके राज्यकाल में (तीसरी शती में) पल्लवों ने आंध्रपथ और सातवाहनीय पर अधिकार कर लिया। 3. *अकोला* से प्राप्त 1500 सिक्कों के एक संग्रह से एक अन्य सातवाहन शाखा का पता चलता है, जिसने ईसा की तीसरी शती तक राज्य किया जबकि वाकाटकों ने उन्हें परास्त

का भी पता चलता है, जिसके कई राजाओं के नाम मिलते हैं।

आंध्र-सभ्यता : आंध्र-शासन सुव्यवस्थित था। इसकी इकाइयाँ *आहार* और ***जनपद*** कहलाती थीं। प्रशासनिक अधिकारी *अमात्य* कहलाते थे और सैनिक अधिकारियों की उपाधि *महासेनापति* होती थी। यज्ञश्री शातकर्णि के राज्यकाल में अपरांत में एक अमात्य शासन करता था और नासिक में महासेनापति कार्य करता था। नानाघाट में *महारठी* नामक अधिकारी का शासन था।

धर्म : सातवाहन राजाओं ने बौद्ध और ब्राह्मण धर्मों के प्रति समानता का व्यवहार करके अपनी धार्मिक सहिष्णुता का परिचय दिया। शक आदि विदेशी लोगों ने बौद्ध धर्म और हिंदू धर्म अपनाकर इन प्रदेशों में निवास ग्रहण किया। एक अभिलेख के अनुसार राजा शातकर्णि ने अश्वमेध और अन्य वैदिक यज्ञ किए तथा वासुदेव और संकर्षण आदि हिंदू-देवताओं की उपासना की। गौतमीपुत्र शातकर्णि ने बौद्ध-भिक्षुओं को गुफाओं और भूमि के दान दिए। नहपान के शक जामाता उषवदात (ऋषभदत्त) ने गोवर्धन (नासिक), उज्जयिनी अथवा भरुकच्छ (भृगुकच्छ) आदि विभिन्न स्थानों पर ब्राह्मणों के लिए अनेक अनुदान दिए जैसा कि नासिक गुहा के अभिलेखों से प्रतीत होता है।

आर्थिक जीवन : आर्थिक जीवन श्रेणियों द्वारा व्यवस्थित था। ये श्रेणियाँ आजकल के बैंकों का काम करती थीं। इनमें लोग अक्षय निधियाँ स्थापित करते थे जिन्हें ये लाभ के कामों में लगाती थीं। दाता जिस धर्म-कार्य आदि के लिए निधियाँ स्थापित करते थे, इन निधियों के ब्याज से उन कार्यों के लिए धन दिया जाता था। उदाहरणार्थ नासिक गुहाभिलेख के अनुसार उषवदात ने जुलाहों की दो श्रेणियों (पट्टवाय श्रेणी) के पास क्रमशः 2000 और 1000 कार्षापणों की राशियाँ जमा कीं, जिन पर वे 12% और 9% ब्याज देते थे। अन्य अभिलेखों से ज्ञात होता है कि कुम्हारों (*कुलरिक*), यांत्रिकों (*उदयांत्रिक*) और तेलियों (*तिल-पिषक*) की श्रेणियों के पास ऐसी ही निधियाँ जमा की गई थीं।

कन्हेरी की गुफाओं से प्रतीत होता है कि समुद्री मार्ग से पश्चिमी तट पर आए बौद्ध-भिक्षुओं को वहाँ शरण मिलती थी।

समुद्री व्यापार : समुद्री मार्गों से आयात-निर्यात का काफी व्यापार होता था। पेरीप्लस के अनुसार पश्चिम से आया सामान बारीगाजा (भरुकच्छ भड़ौंच) के बंदरगाह पर उतारा जाता था और वहाँ से कल्याण, सूर्पारक, वैजयंती आदि अंतर्देशीय नगरों में पहुँचाया जाता था।

भारत से बहुत-सा सामान बाहर जाता था। प्रतिष्ठान से मूल्यवान पत्थर और नगर से सूती सामान, मलमल और कपड़े बाहर भेजे जाते थे।

शांति और शासन : देश की शांति-व्यवस्था से इसके दूरवर्ती भागों के पारस्परिक यातायात को प्रोत्साहन मिलता था। उदाहरण के लिए हम व्यापारियों को उनके निवासस्थान से दूर दान देते हुए पाते हैं। वैजयंती (वनवासी) अथवा

सूर्पारक के एक व्यापारी के कारला में दिए गए दान का उल्लेख मिलता है । नासिक के एक व्यापारी ने विदिशा में जाकर दान किया । भृगुकच्छ और कल्याण के लोगों ने गिरनार में और नासिक के निवासियों ने भरहुत में दान दिए ।

4. कलिंग वंश : प्राचीन इतिहास : हम लिख चुके हैं कि अंतिम नंद राजा ने सबसे पहले कलिंग की विजय की । चंद्रगुप्त मौर्य ने नंद साम्राज्य को जीत लिया । कलिंग के राजा खारवेल के हाथीगुंफा के अभिलेख से ज्ञात होता है कि नंद राजा ने कलिंग में जल-मार्ग (प्रणाली) बनवाया और वह वहाँ से जिन की प्रतिमा उठा ले गया जो कलिंग का राष्ट्रदेव था । इसके बाद अशोक के तेरहवें आदेशलेख में अशोक की कलिंग-विजय का उल्लेख है और यह लिखा है कि वहाँ के लोग उस समय तक अविजित थे । ऐसे लोगों को, जिन्हें अपनी स्वतंत्रता से प्रेम था और जो उसके लिए संघर्ष करने को तत्पर थे, बहुत मारकाट के बाद ही जीता जा सकता था । अशोक को इसका बड़ा पश्चात्ताप हुआ ।

प्रश्न यह है कि जब कलिंग नंद साम्राज्य का अंग था और उनकी विरासत के रूप में मौर्य साम्राज्य में आ गया था तो अशोक को इसे फिर से जीतने की कैसे आवश्यकता आ पड़ी ? इस प्रश्न का उत्तर इस अनुमान पर आधारित हो सकता है कि चंद्रगुप्त के राज्य में समूचा कलिंग नहीं था वरन् इसका कुछ भाग ही था । इसका बड़ा भाग दक्षिण की ओर था और वहाँ आदिवासी या आटविक रहते थे, जिनका उल्लेख अशोक के तेरहवें आदेशलेख में मिलता है और जिनके ऊपर शासन करना कलिंग आदेशलेख के अनुसार, अशोक के लिए एक समस्या बन गया था । इस प्रकार अशोक ने कलिंग पर विजय प्राप्त की जिसमें गंजाम जिले और जौगड़ (संभवतः अशोक द्वारा वर्णित समापा) और धौली (संभवतः अशोक द्वारा वर्णित तोसली) के नगर शामिल थे और जहाँ अधिकतर आदिवासी ही रहते थे । यह उल्लेखनीय है कि मेगास्थनीज़ ने चंद्रगुप्तकालीन कलिंग के एक राजा का वर्णन किया है, जो स्वतंत्र था और जिसकी सैनिक शक्ति बहुत बढ़ी हुई थी । संभवतः अशोक को इसी राजा या इसके किसी उत्तराधिकारी से युद्ध करना पड़ा था ।

खारवेल : कलिंग के इतिहास के बाद के तथ्य खारवेल के उपर्युक्त अभिलेख से प्राप्त होते हैं । इस लेख में उसके जीवन को बाल्यावस्था, युवराजकाल और उसके बाद राज्यकाल आदि इन तीन भागों में बाँटा गया है । जब वह युवराज था तो उसे राज्योपयुक्त विषयों की अर्थात् राजाज्ञाओं के लेखन (*लेख*), मुद्रा-राजस्व (*रूप*), हिसाब-किताब (*गणना*), कानून (*व्यवहार*), प्रशासन (*विधि*) और अन्य विषयों (*विद्या*) की उच्च शिक्षा दी गई ।

खारवेल चेट (चेदि)-कुल का वंशज था । उसकी राजधानी कलिंगनगरी थी । वह पक्का जैन था । अपने राज्य के दूसरे वर्ष में उसने राजा शातकर्णि के विरुद्ध पश्चिम में एक सेना भेजी और आंध्रप्रदेश के राष्ट्रिक और भोजक आदि जातियों

द्वारा समर्पण और मान्यता प्राप्त की। नंद राजा ने जो नहर खुदवाई थी, उसे उसने तनसुलिय (तोसली) मार्ग (वाट) से राजधानी तक विस्तृत कराया। यह स्मरणीय है कि अशोक के राज्यकाल में तोसली में एक कुमार शासन करता था। उसके बाद उसने उत्तर की ओर ध्यान दिया और राजगृह के निकट *गोरथगिरि* पर आक्रमण करके वहाँ के लोगों को तंग किया (*उपपीडयति*) उसकी विशाल वाहिनी ने यवनराजा दिमित (देमेत्रिओस) को परास्त किया, जिसने भागकर मधुरा (मथुरा)में शरण ली। इस प्रकार उसने यूनानियों को पराजित करने में उत्तरी राज्यों का हाथ बँटाया। तत्पश्चात् उसने उत्तर की ओर अभियान किया, जिसे उसके अभिलेख में भारतवर्ष कहा गया। उसने उत्तरापथ के राजाओं को आतंकित किया, मगध पर आक्रमण किया। उस समय मगध का राजा *बहसपतिमित* (बृहस्पतिमित्र) था। उसने मगध और अंग से बहुत-सा लूट का माल कलिंग पहुँचाया, जिसमें जिन की वह मूर्त्ति भी थी जिसे नंद-राजा कलिंग से उठा लाया था।

दक्षिण की ओर उसने पिथुंड (मछलिपट्टनम के निकट) पर अधिकार किया जो उसके पूर्ववर्ती राजाओं की राजधानी थी और पांड्य-प्रदेश को लूटा।

कालक्रम : यह उल्लेखनीय है, कि इस अभिलेख के बहुत-से शब्द घिस गए हैं और अब निश्चित रूप से पढ़ने में नहीं आते। उनके पाठ का अनुमान मात्र लगाया जाता है। कालक्रम के संबंध में इसमें जो अवतरण है, उससे प्रतीत होता है कि यह लेख खारवेल के राज्य के तेरहवें वर्ष में लिखाया गया था जो राजामुरिय-काल का 165वाँ वर्ष था। मौर्यकाल 323 ई. पू. से प्रारंभ हुआ। अतः खारवेल के राज्य का तेरहवाँ वर्ष 323-165 + 13 = 171 ई. पू. होता है। इसके अतिरिक्त एक दूसरा कालक्रमात्मक तथ्य यह है कि इस अभिलेख में तीन राजाओं का उल्लेख है जिनकी पहचान शातकर्णि, पुष्यमित्र और डेमेत्रियोस द्वितीय से की जाती है, जिन्होंने ई. पू. दूसरी शती में राज्य किया।

इस अभिलेख में वर्णित कलिंगनगरी वर्तमान शिशुपालगढ़ मानी जाती है।

नवाँ अध्याय

विदेशियों के आक्रमण और उनका देश में बसना

भारत में तब केंद्रीय शासन की एकता और दृढ़ता का अभाव हो गया। फलतः यह उत्तर-पश्चिम के विदेशी आक्रमणकारियों का शिकार हो गया। इन आक्रमणों का संबंध यवन, शक और पहलवों से है।

यवन आक्रमण : यवनों के आक्रमण शुंग-राजाओं के समय में प्रारंभ हो चुके थे। इनका मूलस्थान बक्त्र था, जिसे 250 ई. पू. के लगभग दायोदोतस द्वितीय ने सीरिया के साम्राज्य से स्वतंत्र किया था। उसका उत्तराधिकारी यूथीदेमस (लगभग 212-190 ई. पू.) था, जिसने सीरिया के सम्राट् अंतिओकस तृतीय की कन्या से विवाह करके अपनी शक्ति को दृढ़ किया था। इसके बाद उसने भारत की ओर अपने राज्य का विस्तार किया जैसा कि उसके सिक्कों से प्रकट होता है। उसके पुत्र डिमिंट्रियस प्रथम (190-160 ई. पू.) ने इस विस्तार की प्रक्रिया को अक्षुण्ण रक्खा। यूक्रेटाइडीस (177-155 ई. पू.) ने उसे बक्त्र से बाहर निकाल दिया। जैसा कि जस्टिन ने लिखा है, ''जब बक्त्र पर यूक्रेटाइडीस का राज्य था, भारत पर डिमिट्रियस शासन कर रहा था।''

यवन राजा : भारत के यवन राजाओं में सबसे महत्त्वपूर्ण राजा डिमिट्रियस द्वितीय, अपोलोडोटस द्वितीय और मिनांदर (मिलिंद) थे, जैसा कि उनके सिक्कों से प्रकट होता है। उनके सिक्के बारीगाजा (भड़ौंच) तक के बाजारों में चालू थे। उनका राज्य पंजाब में था और उनकी राजधानी शाकल (स्यालकोट) थी। एक यूनानी राजा ने, जिसका नाम सिक्कों पर पतलव (पेंटालियोन 160-155 ई. पू.) अंकित है, ऐसे सिक्के जारी किए जिन पर एक स्त्री की आकृति मिलती है जिसे पूसे ने बुद्ध की माता माया माना है।

इन यवन राजाओं के पारस्परिक संबंध का पता नहीं चलता। वे विभिन्न क्षेत्रों में राज्य करते थे।

अपोलोडोटस द्वितीय ने उत्तर-पश्चिम-प्रदेश में अपने राज्य का कुछ भाग खो दिया। यूक्रेटाइडीस ने इस पर अधिकार करके उसके सिक्कों को फिर से टंकित कराया जिन पर *कपिसिय नगर देवता* (कपिशा का नगरदेवता) लेख लिखा है।

डिमिट्रियस द्वितीय ने एक विस्तृत-प्रदेश पर राज्य किया जिसमें पातालेने (सिंधु-डेल्टा), सौराष्ट्र और कच्छ शामिल थे। ऐसा माना जाता है कि उसने शुंगराज्य पर आक्रमण किया। उसकी ख्याति अंग्रेज कवि चॉसर के कानों तक पहुँची, जिसने 'भारतीय राजा एमेरितस महान्' का उल्लेख किया है। सौवीर के एक नगर दत्तामित्री का नामकरण उसके नाम पर हुआ है। उसके सिक्कों पर खरोष्ट्री लिपि में *महरजस अपडिहतस* (अप्रतिहतस्य) *दिमेत्रियस* लेख अंकित है।

मिनांदर (लगभग 115-90 ई. पू.) : उसने एक विस्तृत प्रदेश पर राज्य किया। उसके सिक्के गंधार में पेरोपेमिसदे (गजनी-काबुल-उपत्यका), पुष्कलावती, तक्षशिला, उतमंजई, मर्दान, चरसद्दा, हजारा, स्वात-घाटी आदि स्थानों पर मिले हैं। कुछ विद्वानों का विचार है कि 155 ई. पू. में यूक्रेटाइडिस के बाद उसने इन प्रदेशों पर राज्य किया। 130 ई. पू. के लगभग उसका देहांत हुआ। बजौर नामक सीमावर्ती स्थान पर पत्थर की बुद्ध की धातु-मंजूषा मिली है जिस पर 'महाराज मिनंद्र के राज्य में' लेख अंकित है। इस मंजूषा को वीर्यकमित्र और उसके पुत्र विजयमित्र ने, जो स्वात-उपत्यका में मिनांदर का राज्यपाल था और जिसका उल्लेख प्रथम शती ई. पू. के शक-सिक्कों पर मिलता है, प्रतिष्ठित कराया था। सिक्कों से पता चलता है कि मिनांदर ने कुछ अन्य उपराजाओं अथवा राज्यपालों की भी नियुक्ति की थी। ऐसे राज्यपालों में 1. स्वात और अराकोसिया का शासक अंटीमेकस द्वितीय, 2. पेशावर और उतमंजई का शासक पोलीक्सेनस और 3. उपरली काबुल उपत्यका का शासक इपांदर उल्लेखनीय हैं।

पालि ग्रंथ *मिलिंद-पञ्हो* में मिनांदर को मिलिंद कहा गया है और यह लिखा गया है कि बौद्ध आचार्य नागसेन के प्रभाव से उसने बौद्धधर्म स्वीकार कर लिया था। उसका भारतीयकरण उस सीमा तक पहुँच गया था कि उसने अनेक यूनानी अनुयायियों के नामों को भारतीय रूप दे दिया था। उदाहरणार्थ अंतिओंकस को *अनंतकाय* और डिमिट्रियस को *देवमंत्रीय* कहा जाने लगा था। उसके सिक्कों पर चक्र की आकृति और *ड़िकेओस* (धार्मिक) की उपाधि अंकित मिलती है। सिक्कों की उलटी ओर खरोष्ठी में यह लेख खुदा है—महरजस ध्रमिकस मेनद्रस।

महरजस ध्रमिकस मेनद्रस : सिक्कों से इस प्रदेश में राज्य करनेवाले कुछ अन्य राजाओं-राजकुमारों का पता चलता है, किंतु उनके नामों के अतिरिक्त उसके विषय में कोई अन्य सूचना नहीं मिलती। बेसनगर के स्तंभ-लेख में, जिसका उल्लेख पहले किया जा चुका है, यूक्रेटाइडिस के वंशज अंटियालसिडिस का उल्लेख मिलता है। उसके सिक्कों की उलटी तरफ हाथी की आकृति और खरोष्ठी में *महरजस जयधरस अंतिअलिकितस* लेख मिलता है।

इसके बाद शकों ने बक्त्र पर अधिकार कर लिया जहाँ का अंतिम यवन राजा हर्मियस (20-30 ई.) था।

शक : पीछे से मध्य-एशिया की जातियों के दबाव के कारण शक लोग आगे

की ओर खिसकने लगे। वे सीस्तान, दक्षिणी अफ़गानिस्तान और बलूचिस्तान से होकर निचली सिंधु-उपत्यका में आए जिसे इंडोसीथिया (शकद्वीप) कहते हैं।

माओस (लगभग 20 ई. पू.-22 ई.) : शक-अभियान का नेता माओस था, जिसके सिक्कों से प्रकट होता है कि उसने गंधार और पश्चिमी-पंजाब (जिसमें तक्षशिला भी शामिल था) पर अपना आधिपत्य स्थापित किया। उसने राजाधिराज की उपाधि ग्रहण की। पह्लव सम्राट् मिथ्रिडेटिस द्वितीय (123-88 ई. पू.) की मृत्यु पर, जिसका प्रभुत्व उसे पहले मान्य था, उसने मथुरा तक का प्रदेश 72 विक्रम संवत् = 15 ई. से पहले जीतकर अपने राज्य में मिला लिया। इस समय काबुलघाटी में यवन राजा यूक्रेटाइडिस के वंशजों और पंजाब में यवन राजा यूथीडेमिस के वंशजों का शासन था। इन दोनों वंशों में संघर्ष चल रहा था। दक्षिण सिंध के मार्ग से शकों के आ जाने से इन युद्धरत शक्तियों में एक व्यवधान पड़ गया। माओस ने इन दोनों यवन वंशों के सिक्कों का अनुकरण किया है।

एजीस प्रथम के बाद उसका पुत्र एजिलाइसेस (अयिलिश) 28-79 ई. के बीच में गद्दी पर बैठा और उसके बाद उसका पुत्र एजीस द्वितीय लगभग 35-79 ई. के बीच में राजा बना। (यहाँ *एज ऑव इंपीरियल यूनिटी* में डॉ. डी. सी. सरकार द्वारा उल्लिखित कालक्रम का अनुसरण किया गया है।)

इन विदेशी राजाओं का पता केवल उनके सिक्कों से चलता है और वे हमारे लिए नाममात्र हैं। ऐसा प्रतीत होता है कि उनमें द्वैराज्य की प्रथा थी। उन्होंने स्वयमेव भी सिक्के चलाए और अपने संबंधियों और अपने उपराजाओं के साथ मिलकर भी। इस प्रकार हमें उनके संबंधियों तथा उपराजाओं के नामों का पता चलता है। उदाहरण के लिए एजीस प्रथम ने अपने सिक्कों पर अपने साथ अपने पिता स्पलिरिसेस का नाम भी अंकित कराया। कुछ मुद्राओं पर उसके नाम के साथ-साथ उसके पुत्र स्पलगद और उसके सेनापति (स्त्रातेगोस) अस्पवर्मा के नाम भी अंकित मिलते हैं। जैसा कि हम आगे देखेंगे, इस अस्पवर्मा का नाम पह्लव राजा गोंदोफर्नेस् के नाम के साथ भी संबंधित पाया जाता है।

वोनोनीस (वनान) : वोनोनीस ने पूर्वी ईरान अथवा द्रागियाना में राज्य करना आरंभ किया और शीघ्र ही अपने सिक्कों पर महाराजाधिराज की सम्राट्-पद-सूचक उपाधि अंकित कराई। इसके बाद उसके अपने संबंधियों, उदाहरणार्थ, अपने दो भाइयों स्पलहोर और स्पलिरिसेस (लगभग 18-10 ई. पू.) के साथ मिलकर सिक्के जारी किए। स्पलिरिसेस उसके बाद गद्दी पर बैठा और उसने उसके सिक्कों को पुनः टंकित कराया। माओस ने उसे सिंहासन से उतार दिया।

गोंदोफर्नेस् (लगभग 20-50 ई.) : गोंदोफर्नेस् ने पार्थियन सम्राट् अर्थोग्नीज के राज्यकाल में अराकोजिया के राज्यपाल का कार्य आरंभ किया। किंतु बाद में उसने पार्थियन साम्राज्य के कुछ भाग तथा काबुल-घाटी और गंधार को जीतकर अपने-आपको स्वतंत्र राजा घोषित कर दिया। सिक्कों पर उसे *महरज*

रजतिरजत्रतरस देवव्रतस गुदव्हरस (*महाराज राजातिराजत्रातु : देवव्रतस्य गुडुपर्णस्य*) कहा गया है। इन सिक्कों पर उसे घोड़े पर चढ़ा हुआ दिखाया गया है और यूनानी लिपि में उसका नाम लिखा है। उसने अपने संबंधियों, अपने भाई गुद और अपने सेनापति अस्पवर्मा के साथ मिलकर भी मुद्राएँ जारी कीं।

उसके बाद उसके वंश के लोगों ने केवल 20 वर्ष तक राज्य किया। कुषाण नामक एक नवागंतुक जाति ने उन्हें निकाल बाहर किया।

एक अभिलेख में 'गुदुहवर' (गोंदोफर्नेस्) के राज्यकाल के बीसवें वर्ष को एक संवत् के 103वें वर्ष के तुल्य बताया गया है। चूँकि इस भारतीय संवत् के संबंध में वैशाख मास का उल्लेख है, इससे यह अनुमान किया जाता है कि यहाँ विक्रम संवत् अभिप्रेत है। इस प्रकार यह राजा 103-57-20 = 26 ई. में गद्दी पर आया।

शक-क्षत्रप : तक्षशिला : पहलव लोगों की प्रथा के विपरीत शकों ने देश के आंतरिक भागों में प्रवेश कर तक्षशिला, मथुरा, नासिक और उज्जयिनी में अपने क्षत्रपवंश प्रतिष्ठित किए और पूर्णत: भारतीय हो गए। उनमें से कुछ बौद्ध हो गए, कुछ हिंदू। सिक्कों और अभिलेखों से वहाँ के निम्नांकित राजाओं का पता चलता है :

1. क्षत्रप लिअक कुसुलक, जो राजा मोग (माओस) के राज्यकाल में तक्षशिला के निकट चुक्ष का क्षत्रप था, 2. उसका पुत्र पटिक जो तक्षशिला का क्षत्रप हुआ। वह एक पक्का बौद्ध था और उसने वहाँ एक संघाराम बनवाकर उसमें बुद्ध की धातु की प्रतिमा प्रतिष्ठित कराई और रोहिणीमित्र उपाध्याय को उसका प्रबंधक (*नवकर्मिक*) नियुक्त किया। अपने दान के कारण उसने महादानपति का पद प्राप्त किया। अन्य क्षत्रप, जैसे जिहुनिया का क्षत्रप अस्पवर्मा, हमारे लिए केवल नाममात्र हैं।

मथुरा : सिक्कों तथा सिह-शीर्ष पर उत्कीर्ण लेखों से मथुरा के शक इतिहास का पता चलता है। इनमें वहाँ के महाक्षत्रप, रजुल (= राजुल = सिक्कों का रंजुवुल) और उसके पुत्र क्षत्रप शुडिस (जिसे शूडिस, शोडास और शोंडास भी कहते थे) का पता चलता है। शुडिस बाद में महाक्षत्रप बन गया था। उसके सिक्कों पर उसके पुत्र क्षत्रप तोरण (या भरण) दास के अलावा हगान तथा हगामश, शिवघोष, शिवदत्त आदि उसके अन्य क्षत्रपों के नाम भी मिलते हैं।

उक्त अभिलेखों से कुछ महत्त्वपूर्ण सामाजिक और सांस्कृतिक तथ्यों पर प्रकाश पड़ता है : राजुल की अग्रमहिषी (पटरानी) अयसि कंबोज देश की रहनेवाली थी और सम्राट् मोग के पुत्र युवराज खरओस्ट की पुत्री थी। वह बौद्धधर्म में दीक्षित हो गई और उसने मथुरा में एक बौद्ध संघाराम, एक स्तूप और एक शाक्यमुनि के अवशेषों का प्रतिष्ठास्थान (मंदिर) बनवाए। इन भवनों के निर्माण के लिए उसे उसके पुत्र शुडिस ने 'महाक्षत्रप कुसल पटिक और समस्त शकस्थान के पुण्य' के लिए भूमि प्रदान की। इससे अपनी जन्मभूमि तथा अपने नेता के प्रति

उसकी भक्ति प्रकट होती है। उसने स्वयं भी एक गुहा-विहार का दान किया और वहाँ महासांधिक नय की शिक्षा देने के लिए नगर (जलालाबाद) के भिक्षु बुद्धदेव को समासीन किया। अपनी परोपकार-भावना के फलस्वरूप उसे यथार्थ रूप से महादानपति की उपाधि प्राप्त हुई।

पश्चिमी भारत : अभिलेखों से पश्चिम भारत के शक-राजा भूमक और नहपान पर प्रकाश पड़ता है, जो संभवतः पिता-पुत्र थे और अपने-आपको *क्षहरात-क्षत्रप* कहते थे। बाद में नहपान महाक्षत्रप बन गया। शक-संवत् 41-46 = 119-124 ई. के बीच में उसने अपने शिलालेख खुदवाए थे।

नहपान का जामाता उषवदात एक योग्य व्यक्ति था। उसने उसे अपने प्रशासन में साथ रखा। उषवदात दीनिक का पुत्र था और नहपान की पुत्री दक्षमित्रा के साथ ब्याहा था। वह उसके क्षत्रप के रूप में शासन करता था और दक्षिण में पूना (नामाल) से उत्तर में पुष्कर, कापूर (बड़ौदा), प्रभास (दक्षिणी काठियावाड़), भृगुकच्छ, गोवर्धन (नासिक), दशपुर (पश्चिमी मालवा) और शूर्पारक तक फैले हुए उसके विस्तृत राज्य के कई प्रदेशों का नियंत्रण करता था।

नहपान के निधन पर उसके वंश का राज्य समाप्त हो गया। पेरीप्लस में उसे नंबोनेस और उसकी राजधानी को मिन्नगर = जीर्णनगर (जूनागढ़, गिरनार)कहा गया है।

उज्जयिनी : चष्टन (78-110 ई.) ने उज्जयिनी में एक शक-वंश स्थापित किया और शक-संवत् (*शकनृपकाल*) का प्रवर्तन किया। चष्टन की एक पाषाण-प्रतिमा, जिसमें उसे शक-वेशभूषा में घुटनों तक का लंबा कोट पहने खड़ा दिखाया गया है, मथुरा से प्राप्त हुई है और मथुरा-संग्रहालय में रखी है। प्रतिमा के दोनों ओर नोकीली टोपी पहने शक घुड़सवार योद्धा अंकित किए गए हैं। प्रतिमा पर षष्टन शब्द खुदा है जो चष्टन का रूपांतर माना जाता है।

रुद्रदामा : चष्टन के वंश का सबसे महत्त्वपूर्ण राजा उसका पौत्र रुद्रदामा था, जिसके शक-संवत् 72 = 150 ई. के गिरनार के अभिलेख में उसकी विजयों और प्रशासन का सूक्ष्म वर्णन मिलता है। उसने उत्तर में यौधेयों को पराजित किया और दक्षिणापथपति गौतमीपुत्र शातकर्णि को हराया। अभिलेख में निम्नांकित प्रदेशों पर उसकी विजय का उल्लेख है : 1. सिंधु (निचली सिंधु-उपत्यका का पश्चिमी भाग), 2. सौवीर (निचली सिंधु-उपत्यका का पूर्वी भाग), 3. कच्छ, 4. आनर्त (उत्तरी काठियावाड़), 5. सुराष्ट्र (दक्षिणी काठियावाड़) जिसकी राजधानी गिरनार थी, 6. मरु (मारवाड़), 7. अपरांत (उत्तरी कोंकण) जिसकी राजधानी शूर्पारक थी, 8. आकर (पूर्वी मालवा) जिसकी राजधानी विदिशा थी, 9. अवंती (पश्चिमी मालवा) जिसकी राजधानी उज्जयिनी थी।

जैसा कि ऊपर लिखा जा चुका है, उसने पुलूमावि के साथ अपनी पुत्री का विवाह करके आंध्रों के साथ संधि की।

उसने पह्लव सुविशाख को सुराष्ट्र का राज्यपाल नियुक्त किया। सुराष्ट्र में *सुदर्शन-तटाक* नामक प्रसिद्ध जलाशय के जीर्णोद्धार की आवश्यकता पड़ गई, जिसके लिए राजा ने लोगों से बेगार (*विष्टि*) और चंदा (*प्रणय*) या *कर* लिए बिना अपनी जेब से (*स्वस्मात् कोशात्*) काफी धन खर्च किया।

उसकी मंत्रि-परिषद् में 1. *मति-सचिव* (राजनीति की चर्चा करनेवाले) और 2. *कर्म-सचिव* (प्रशासन के अधिकारी) नामक कर्मचारी होते थे।

उसने अभिलेखों में संस्कृत-भाषा का और सिक्कों पर प्राकृत-भाषा का प्रयोग किया।

उसके बाद 200 वर्ष तक के उसके वंश के इतिहास का कुछ पता नहीं चलता।

इस वंश का अंतिम क्षत्रप रुद्रसिंह तृतीय था जिसके सिक्के मालवा और राजस्थान में 273 शक संवत् = 351 ई. तक और विंध्य से दक्षिण में 301 शक संवत् = 379 ई. तक मिलते हैं। ऐसा माना जाता है कि यही वह शक राजा था जिसे गुप्त-सम्राट् चंद्रगुप्त द्वितीय ने मारकर शक-राज्य का अंत किया था। किंतु श्री परमेश्वरीलाल गुप्त ने हाल ही में इस मत का खंडन करके यह सिद्ध करने की चेष्टा की है कि शक-राज्य को समाप्त करने का श्रेय वलभी के मैत्रक वंशी राजाओं को है। (*भारतीय विद्या,* 1958, भाग 18, पृ. 83)

कुषाण : हम ऊपर देख चुके हैं कि 175-160 ई. पू. के लगभग मध्य एशिया की जातियों में एक संचरण की परंपरा चल पड़ी। एक जाति ने दूसरी को आगे ठेलना शुरू कर दिया। उनमें से कुछ भारत में आकर बस गईं।

ह्यूङ-नू (हूण ?) जाति ने पश्चिमी चीन से यू-ची लोगों को बाहर धकेल दिया। इन हटते हुए यू-ची लोगों ने वंक्षु-उपत्यका और बक्त्र में बसे वू-सुन और शक लोगों को वहाँ से खदेड़ दिया। पीछे की जातियों के दबाव के कारण यू-ची और आगे बढ़े और उन्होंने शकों की भूमि पर अधिकार करके उन्हें भारत में आने पर विवश कर दिया। बक्त्र और सुग्ध की नवाधिकृत भूमि पर उनके पाँच दल बस गए, जिनमें से एक का नाम कुषाण था और जिसके नेता (यबगू = यवौग) ने सब दलों को एकता के सूत्र में बाँध दिया था।

कुजुल कडफाइसेस प्रथम (लगभग 15-65 ई.) : अपनी जाति की महत्ता के इस निर्माता का नाम कदफिसस प्रथम था। उसने हिंदुकुश के पार अपने राज्य का विस्तार करना आरंभ कर दिया; दक्षिणी अफगानिस्तान, काबुल, कंदहार, किपिन और पार्थिया के एक भाग को अपने राज्य में मिला लिया और अंत में यवन, शक और पह्लव राज्यों को आत्मसात कर लिया।

सिक्कों से ही उसके इतिहास का प्रमुख रूप में ज्ञान होता है। उसके प्रारंभिक सिक्कों पर सीधी तरफ यूनानी राजा हर्मियस का नाम अंकित है और उलटी तरफ उसका अपना नाम और उपाधि *कुशनस-पडस कुजुलकफस-ध्रुम-ठितस* (कुछ सिक्कों पर *सचधम-ठितस*) है। इस लेख से पता चलता है कि वह अपनी जाति का

नेता (*युवग*) था और सत्यधर्म (*वैदिक धर्म*) में उसकी निष्ठा थी। उसके बाद के सिक्कों पर उसका नाम और उपाधि इस प्रकार मिलती हैं: *महरजस-महतस कुषाण कुयुल कफस* अथवा *महारजस रजतिरजस कुयुल कफस*। इस प्रकार सिक्कों से उसके सम्राट्पद का आभास होता है और यह पता चलता है कि उसने सत्य धर्म (*वैदिक धर्म*) को अंगीकार किया था। 60 ई. में 80 वर्ष की आयु में उसकी मृत्यु हुई। उसके सिक्कों पर राजा के सिर की जो आकृति है वह रोमन सम्राट् ऑगस्टस (27 ई. पू.-14 ई.), ताइबेरियस (14-37 ई.) अथवा क्लौदियस (41-54 ई.) के सिक्कों पर अंकित आकृति से मिलती है।

विम कडफाइसस द्वितीय (लगभग 65-75 ई.) : अगला महत्त्वपूर्ण कुषाण राजा कडफाइसस द्वितीय था। सिक्कों से पता चलता है कि भारत के विस्तृत प्रदेश पर उसका राज्य था। सिक्कों पर अंकित लेखों में उसे महाराजा, राजाधिराज, सर्वलोकेश्वर और महीश्वर (पृथ्वी का स्वामी) कहा गया है और उसका नाम विम कफिश लिखा है। उसके कुछ सिक्कों पर द्विभुज, त्रिशूलधारी, व्याघ्र-चर्मग्राही, नंदी-अभिमुख भगवान् शिव की आकृति अंकित है। इनमे प्रकट होता है कि उसने हिंदू-धर्म ग्रहण करके शैवमत स्वीकार किया था। महीश्वर शब्द महेश्वर का रूपांतर हो सकता है जिससे शिवभक्ति की कल्पना होती है।

कुछ ताँबे के सिक्कों पर यह लेख मिलता है: *महारयस रयरयसदेव-पुत्रस कुयुल करकफ्सस* (कपस)। इस लेख से *कुयुल करकफस* राजा के सम्राट्-पद और *देवपुत्र* उपाधि का पता चलता है।

मथुरा जिले में विम कथफाइसेस प्रथम की एक बृहदाकार प्रतिमा मिली है, जिसमें उसे सिंहासन पर बैठे लंबी आस्तीन का चोंगा और फीतों से बँधे ऊँचे भारी बूट-जूते पहने और पादपीठ पर पैर रखे दिखाया गया है। इस प्रतिमा पर यह लेख मिलता है: "1. *महाराज राजातिराजो देवपुत्रो* 2. *कुषाणपुत्रो शाहि विमा तक्षमस्य* अर्थात् (यह) सम्राट् विम की (प्रतिमा) है जिसके पास तेज घोड़े (*तक्षम*) हैं, जो कुशाण-वंशीय है, जो देवता का पुत्र है और जो राजाओं का राजा है।"

इस लेख में *देवकुल* (मंदिर) और जन-कल्याण के लिए *आराम* (सगय), *उदयान* (कुआँ) और *पुष्करिणी* (तालाब) बनवाने का उल्लेख है।

वि. सं. 121 = 64 ई. के एक अभिलेख में एक महान् कुषाण (गुषण) सम्राट् का उल्लेख है। उसकी ठीक से पहचान करना कठिन है। उसे या तो कडफाइसस द्वितीय माना जा सकता है, जिसने अपने नाम का उल्लेख करना उचित नहीं समझा या उसका क्षत्रप समझा जा सकता है।

उसके उत्तराधिकारी : अभिलेखों में कडफाइसस द्वितीय के बाद की उत्तराधिकार-तालिका इस प्रकार दी है: 1. कनिष्क प्रथम (1-23), 2. वासिष्क (24-28), 3. हुविष्क (28-40), वाझेष्क-पुत्र कनिष्क द्वितीय और 5. वासुदेव (74-98)।

कनिष्क प्रथम : कनिष्क भारतीय इतिहास के महत्तम राजाओं में गिना जाता है। उसके साम्राज्य में भारत के बाहर का एक विस्तृत प्रदेश भी शामिल था। उसने चीनियों से खोतान, यारकंद और काशगर जीत लिए थे। भारत के भीतर उत्तर-पश्चिम में कपिशा, गंधार, कश्मीर से सिंध और मालवा से होकर पाटलिपुत्र तक उसका राज्य था। उत्तर-पश्चिम में लल और लाइक और पूर्वी भारत में महाक्षत्रप खरपल्लान और क्षत्रप वनस्फर उसके राज्यपाल थे, जैसा कि उसके अभिलेखों से प्रकट होता है। चूँकि उसके सिक्कों पर टिटस (79-81 ई.) और ट्राजन (98-117 ई.) के रोमन सिक्कों के अनुकरण के चिह्न मिलते हैं, इसलिए एलन ने अनुमान किया है कि उसका राज्य 78 ई. के पश्चात् आरंभ हुआ होगा।

उसने कश्मीर में कनिष्कपुर नामक नगर का निर्माण कराया, जो आजकल बारामूला के निकट कनिसपुर नामक स्थान है, और अपनी राजधानी पेशावर में एक स्तूप और विहार बनवाया जिसमें बुद्ध के अस्थि-अवशेषों को प्रतिष्ठित कराया। खुदाई से पता चला है कि इसमें बुद्ध, ब्रह्मा, इंद्र और कनिष्क की मूर्तियाँ थीं।

परंपरा के अनुसार कनिष्क ने कश्मीर के कुंडलवन विहार (अथवा जलंधर ?) में आचार्य पार्श्व की अध्यक्षता में बौद्धधर्म के विवादग्रस्त सिद्धांतों के स्पष्टीकरण के लिए चौथी बौद्ध-संगीति का आयोजन किया। उसमें उपस्थित विद्वानों ने उपलब्ध बौद्ध-साहित्य की गवेषणा की और उस पर व्याख्याएँ लिखीं। वसुबंधु के जीवनचरित्रकार परमार्थ ने लिखा है कि इस संगीति में अश्वघोष ने भाग लिया था, किंतु उसने कनिष्क का नामोल्लेख नहीं किया है।

कनिष्क के सिक्के : कनिष्क के विस्तृत राज्य की विविध जातियों में जिन देवताओं की उपासना प्रचलित थी, उन सबकी आकृतियाँ उसके सिक्कों पर अंकित हैं। इनमें (1) *ब्राह्मण देवता*—महासेन, स्कंद-कुमार-विशाख [बीज़ागो], उमा [ओम्मो], वरुण [होरोन], और भवेश [ओएशो], (2) *बौद्ध देवता*—बुद्ध [बोद्दो], 'सक-मनबोउद' [शाक्यमुनि बुद्ध], ओद्यो बोयछकम [अद्वैत-बुद्ध शाक्यमुनि], (3) *ईरानी देवता*—मिथ्रो [मिइरो], और (4) *यूनानी देवता*—हेलिओस, सेलेन, हिरेक्लीस शामिल हैं।

कनिष्क की प्रतिमा : मथुरा जिले में कनिष्क की एक प्रतिमा मिली है। इसमें उसे खड़ा हुआ दिखाया गया है। उसकी दाहिनी भुजा गदा अथवा राजदंड पर टिकी है और बाएँ हाथ में उसने तलवार की मूँठ पकड़ रखी है। राजा को घुटने तक का चोगा और फ़ीतों से बँधे भारी बूट-जूते पहने दिखाया गया है। ब्राह्मी लिपि में इस पर *महाराज राजातिराज देवपुत्रो कनिष्को* लेख अंकित है।

वासिष्क (लगभग 102-106 ई.) : दो अभिलेखों से वासिष्क के विषय में पता चलता है। इनमें से पहला 24 = 102 ई. का है। यह एक अश्वमेधयज्ञ के यूप पर

खुदा है। उसमें लिखा है कि उस समय वासिष्क का राज्य था। दूसरा 28 = 106 ई. का है और साँची के धर्मदेव विहार में मिला है। इसमें तात्कालिक राजा का नामोल्लेख इस प्रकार हुआ है—*महाराज राजातिराज देवपुत्र-शाहि-वासिष्क।*

हुविष्क (लगभग 106-138 ई.) : ऐसा लगता है कि अपने पिता के क्षत्रप के रूप में हुविष्क ने शासन प्रारंभ किया किंतु 41 = 119 ई. के बाद उसने राजा बनकर अभिलेख और सिक्के जारी किए। उसके सिक्कों पर बहुत-से देवताओं, विशेषतः ब्राह्मण देवताओं—*ओएशो* (भवेश), *मिथ्रो, होरोन,* (वरुण), *ओम्मो* (उमा), *स्कंदो-कोमारो-बिजागो* (विशाख) और गणेश—की आकृतियाँ पाई जाती हैं। इन सिक्कों पर उसका आवक्षरूप मिलता है। ऐसा लगता है कि उसके राज्य के कुछ भागों—जैसे सिंधु-सौवीर, सुराष्ट्र—पर क्षत्रप रुद्रदामा का अधिकार हो गया था।

उसने मथुरा में एक मंदिर और बौद्ध विहार बनवाया और कश्मीर में हुविष्कपुर (वर्तमान हुष्कुर) नामक नगर बसाया।

41वें वर्ष = 119 ई. के एक अभिलेख में महाराज-राजातिराज देवपुत्र-वासिष्क के पुत्र कनिष्क का उल्लेख है। उसे कनिष्क द्वितीय माना जा सकता है। वह हुविष्क का क्षत्रप मात्र रहा। उसने अपने सिक्के नहीं चलाए।

वासुदेव प्रथम (लगभग 152-176 ई.) : वासुदेव के अभिलेखों में 74-99 वर्षों का उल्लेख है और उसके कुछ सिक्कों पर शिव, नंदी और अरदोक्षो (अवेस्ता में वर्णित धन-संपत्ति की देवी) की आकृतियाँ मिलती हैं।

बाद के कुषाण-राजा : वासुदेव के बाद कुषाण-साम्राज्य छोटे-छोटे राज्यों में बँट गया। इन शासकों के नाम उनके सिक्कों पर मिलते हैं। इनसे 1. कनिष्क तृतीय, 2. वसु, 3. ग्रुंबाटीस (360 ई.) के नामों का पता चलता है। ये नाम सिक्कों पर ऊपर से नीचे की ओर लिखे हैं। उस समय तक सोने के सिक्के चालू थे।

किदार-कुषाण : अफगानिस्तान और सिंधु-उपत्यका पर सासानी राजाओं (80-360 ई.) का अधिकार हो गया और ये कुषाण-राजा उनके करद हो गए। 340 तक शाक, शीलद और गडहर आदि छोटे-छोटे शक राजा पश्चिमी पंजाब में राज्य करते रहे। 340 ई. में किदार-कुषाणों ने उनका अंत कर दिया और अपना राज्य स्थापित कर लिया। किदार के राज्य में कश्मीर, गंधार, पश्चिमी और मध्य पंजाब का विस्तृत प्रदेश शामिल था। उसके बाद उसका पुत्र पीरो गद्दी पर बैठा। गुप्त-सम्राटों और सासानी सम्राट् शाहपुर तृतीय के आघातों और आक्रमणों से उसके राज्य का अंत हो गया।

कुषाणकालीन भारत : धर्म : कुषाण-सम्राटों ने धार्मिक उदारता का परिचय दिया और उन्होंने अपने सिक्कों पर विभिन्न धर्मों के देवताओं की मूर्तियाँ अंकित करने की अनुमति दी, यद्यपि उनका अपना-अपना वैयक्तिक धर्म था। विम शैव

था, कनिष्क प्रथम बौद्ध था, हुविष्क भी बौद्ध था, वासुदेव शैव या शायद वैष्णव था ।

कनिष्क प्रथम ने बौद्ध-संगीति का आयोजन करके बौद्धधर्म की बड़ी सेवा की । इस संगीति में बौद्ध-ग्रंथों का पाठ निर्धारित हुआ । बौद्धधर्म का एक नया रूप महायान आविर्भूत हुआ जो दक्षिणी बौद्धधर्म के हीनयान से भिन्न था ।

कला : महायान ने कला को एक नूतन दिशा प्रदान की । बुद्ध की मूर्तियाँ, उनके जीवन की घटनाओं का अंकन और बोधिसत्त्वों की आकृतियाँ कलात्मक अभिव्यक्ति का उपादान और माध्यम बन गईं । पहले हीनयान ने इन मूर्तियों के निर्माण पर प्रतिबंध लगाया था । यूनानी कला का भी इस कलात्मक विकास पर काफी प्रभाव पड़ा और फलतः गंधार की कला का प्रादुर्भाव हुआ । मथुरा के कारीगरों पर भी इसका गहरा प्रभाव पड़ा और उन्होंने ग्राहकों की माँग पूरी करने के लिए बुद्ध और बोधिसत्त्वों की बड़ी-बड़ी मूर्तियाँ बनानी शुरू कर दीं । ये मूर्तियाँ सारनाथ, श्रावस्ती, साँची और राजगृह आदि सुदूर स्थानों में प्रतिष्ठित की गईं । प्राङ्मौर्य-कालीन परखम, बेसनगर और दीदारगंज की विशाल यक्षों और यक्षिणियों की प्रतिमाओं की परंपराएँ इन बुद्ध और बोधिसत्त्वों की मूर्तियों में विलीन हो गईं । किंतु यह कला विशुद्ध बौद्ध नहीं थी । मथुरा जैन और ब्राह्मण कला का भी केंद्र था । इसने अन्य धर्मों के प्रतीकों को कलात्मक रूप प्रदान कर उनकी यथेष्ट सेवा की ।

कुषाण-काल में संस्कृत को भी प्रोत्साहन मिला । प्रसिद्ध बौद्ध विद्वान अश्वघोष, पार्श्व और नागार्जुन आदि ने संस्कृत में ग्रंथ-रचना की । उत्तरी बौद्धधर्म के शास्त्रों की माध्यम संस्कृत हो गई थी ।

प्रशासन : शासन की ये इकाइयाँ थीं : 1. आहार, 2. जनपद, 3. देश अथवा विषय, और 4. राष्ट्र (समस्त राज्य) । राज्यपालों को क्षत्रप और महाक्षत्रप कहते थे ।

लोक-कल्याण-कार्य और अनुदान : कुषाण-सम्राटों के बहुत-से अभिलेखों में उनके धार्मिक दानों का उल्लेख है । बौद्ध धार्मिक दानों में बहुधा स्तूप और विहार प्रधान हैं जिनमें बुद्ध के अवशेष प्रतिष्ठित किए जाते थे । उदाहरण के लिए स्वात की घाटी में पठानों के एक गाँव में यूनानी थियोडोरा के राज्यकाल का एक धातु-कलश मिला है जिसमें बुद्ध के अवशेष संचित हैं । एजीज प्रथम के काल में एक व्यापारी की पुत्री ने, जो बौद्ध उपासिका थी, अपने घर में एक स्तूप बनाया और उसमें बुद्ध के अवशेष प्रतिष्ठित किए । उसी प्रदेश में एक अन्य अभिलेख मिला है जिससे ज्ञात होता है कि उरशा (हजारा जिले) के एक बौद्ध निवासी ने बुद्ध के अवशेषों के लिए एक चैत्य बनवाया, तक्षशिला में एक विहार निर्माण कराया और अपने घर में बोधिसत्त्व का एक मंदिर स्थापित किया ।

कनिष्क प्रथम के काल के कई अभिलेखों में बोधिसत्त्वों की प्रतिमाओं और

उनके दंड अथवा छत्रयष्टि के दान के उल्लेख मिलते हैं। उदाहरणार्थ 81 ई. के भिक्षु बल के सारनाथ के अभिलेख में अथवा हुविष्क के मथुरा के अभिलेख में यह लिखा है कि भिक्षु बल की एक अंतेवासिनी ने मधुवन (मथुरा) में बोधिसत्त्व की एक प्रतिमा स्थापित कराई।

ऐसा प्रतीत होता है कि सम्राट् हुविष्क ने स्वयं देवपुत्र विहार नामक एक बौद्ध विहार बनवाया और उसमें भगवान् शाक्यमुनि की प्रतिमा प्रतिष्ठित कराई। यह तथ्य उसके 129 ई. के एक अभिलेख में अंकित है। उसी समय के एक अन्य अभिलेख में यह लिखा है कि अफगानिस्तान के एक गाँव में बुद्ध के अवशेष एक स्तूप में प्रतिष्ठित किए गए जिसके साथ कीट-पतंग और वनस्पति (शष्प) आदि सब जीवधारियों के कल्याण और मंगल के लिए एक विहार भी बनवाया गया। इससे अद्वितीय विश्वजनीन उदारता का भाव प्रकट होता है।

इन दानों के प्राप्ति-स्थानों से पता चलता है कि कुषाण-साम्राज्य के तत्त्वावधान में बौद्धधर्म भारत की सीमाओं को लाँघकर अफगानिस्तान तक फैल गया था।

जहाँ तक लौकिक दानों का प्रश्न है, हम ई. पू. तीसरी शती के सोहगौरा (गोरखपुर) के ताम्रपट्ट लेखों का उल्लेख कर सकते हैं, जिनमें दुर्भिक्ष से बचाव के लिए अन्न-संग्रह करने की खत्तियों (कोष्ठागारों) के निर्माण की चर्चा है।

शाहि हुविष्क के एक मनोरंजक अभिलेख में, जिसकी तिथि 106 ई. है और जो मथुरा से प्राप्त हुआ है, यह लिखा है कि वहाँ एक पुण्यशाला का निर्माण कराया गया और अक्षयनीवी स्थापित की गई जिससे वहाँ प्रतिदिन भूखों-नंगों को निःशुल्क भोजन दिया जाता था। इस भोजन में 1. सक्तु (सत्तू), 2. लवण (नमक), 3. शुक्ल (आमले का रस), और 4. हरित-कलापक (हरी सब्जियाँ) होती थीं। इस निधि का प्रबंध एक स्थानीय श्रेणी के हाथ में था, जो ट्रस्ट का काम करती थी।

घोसुंडी (चित्तौड़गढ़) से प्राप्त ई. पू. की प्रथम शती के अभिलेख में संकर्षण और वासुदेव नामक ब्राह्मण देवताओं की उपासना के लिए बनवाए गए एक मंदिर का उल्लेख है।

मोरा (मथुरा) से प्राप्त ई. पू. की लगभग दूसरी शती के शोडास के राज्य-काल के एक अभिलेख में एक विशाल भागवत-मंदिर का जिक्र है जिसमें पाँच वृष्णिवीरों की प्रतिमाएँ स्थापित की गई थीं। *वायुपुराण* में वासुदेव, प्रद्युम्न, सांब, अनिरुद्ध और शेष को पाँच वृष्णिवीर बताया गया है।

ई. पू. की प्रथम शती के धनदेव के अयोध्या के अभिलेख में मृत पितरों के केतन अथवा समाधियों का जिक्र है। पभोसा के अभिलेखों में भिक्षुओं और साधुओं के रहने के लिए गुहाओं (लेनं = लयण = गुहावास) के बनवाने की चर्चा है।

कनिष्क प्रथम के काल के एक शिलालेख में एक हर्म्य का उल्लेख है, जहाँ ग्रामदेवता की मूर्ति प्रतिष्ठित थी और उसकी उपासना की जाती थी।

परिशिष्ट

यवन राजाओं का काल-क्रम

डायोडोटस प्रथम (256-248 ई. पू.)

डायोडोटस द्वितीय (248-235 ई. पू.)

अन्टिमेकस प्रथम (190-180 ई. पू.)

डिमिट्रियस द्वितीय (180-165 ई. पू.)

मिनांदर (155-130 ई. पू.)

अन्टिमेकस द्वितीय (130-125 ई. पू.)

एगेथोक्लिया स्ट्रैबो प्रथम (130-95 ई. पू.)

(स्ट्रैबो प्रथम के साथ मिलकर राज्य किया)

अपोलोडोटस
(115-95 ई. पू.)

यूक्रेटाइडिस प्रथम
(171-155 ई. पू.)

यूथीडेमस प्रथम
(235-200 ई. पू.)

हेलियोक्लीस प्रथम
(155-140 ई. पू.)

डिमिट्रियस प्रथम
(200-185 ई. पू.)

हेलियोक्सील द्वितीय
(120-115 ई. पू.)

पंटालियोन
(185-175 ई. पू.)

एगेथोक्लीस
(180-135 ई. पू.)

अन्टियालसिडस
(150-100 ई. पू.)

एगेथोक्लिया

हर्मियस (75-55 ई. पू.)

(यह कालक्रम तालिका डा. अवधकिशोर नारायण की पुस्तक 'दि इंडो ग्रीक्स' से ली गई है।)

दसवाँ अध्याय

गुप्त-साम्राज्य

प्राक्-गुप्त-इतिहास : कुषाण-साम्राज्य के अनंतर उत्तरी भारत की राजनीतिक एकता नष्ट हो गई और यह बहुत-से छोटे राज्यों में विभक्त हो गया। इसकी एकता को एक अन्य सार्वभौम शक्ति ने फिर से स्थापित किया। यह शक्ति गुप्तों की थी। ये छोटे राज्य, जिनमें उत्तरी भारत बँट गया था, गणतंत्र और राजतंत्र दोनों रूपों में विद्यमान थे। इनका इतिहास केवल स्थानीय महत्त्व रखता है।

गणतंत्र : इस काल के इन गणतंत्रों का उल्लेख प्राप्य है :

1. *आर्जुनायन*—ये उस प्रदेश में रहते थे जिसे आजकल भरतपुर और अलवर कहते हैं। ये इतने संपन्न थे कि इन्होंने अपनी निजी मुद्राएँ जारी की थीं, जिन पर *आर्जुनायनानां जयः* लेख उत्कीर्ण है। वे सिक्के ई. पू. प्रथम शती के हैं। अंत में ये लोग गुप्त-साम्राज्य में विलीन हो गए।

2. *मालव*—सिकंदर के आक्रमण के समय ये पंजाब में थे। मालवों से सिकंदर का संघर्ष भी हुआ था। पंजाब में यवन-राज्य के प्रसार के फलस्वरूप वे राजस्थान में बस गए। इन्होंने विक्रम-संवत् का प्रयोग किया। गुप्त अभिलेखों में इन्हें मालव-गण कहा गया है। ईसा की तीसरी शती में इनकी शक्ति चरम सीमा पर पहुँच गई। मौखरी महाराज बल भी उनके अधीन था। अंत में ये गुप्त साम्राज्य में अंतर्भुक्त हो गए।

3. *यौधेय*—इनका इतिहास लंबा है। पाणिनि को इनका पता था। ई. पू. प्रथम शती से इन्होंने अपने सिक्के जारी करने शुरू किए जिन पर *बहुधान्नका यौधेयानं* लेख मिलता है। इनके सिक्कों के साँचे रोहतक जिले में पाए गए हैं। ईसा की चौथी शती के उनके ताँबे के सिक्के कुषाण नमूने के हैं। उन पर *यौध्नेयगणस्य जयः* लेख उपलब्ध है।

4. *लिच्छवी*—इनका इतिहास छठे अध्याय में पहले लिखा जा चुका है।

5. *शिबि*—पहले ये पंजाब में रहते थे। वहाँ इन्होंने सिकंदर का मुकाबला किया था। यूनानियों ने इन्हें सिबोइ नाम से अभिहित किया है। बाद में ये चित्तौड़ के निकट राजस्थान में बस गए। इनकी राजधानी माध्यमिका थी। इनके कुछ सिक्कों पर *मज्झमिकाय सिबिजनपदस* लेख मिलता है।

6. *कुणिन्द*—इनके प्रसिद्ध राजा अमोघभूति का नाम सिक्कों से ज्ञात होता है।

कुणिन्द सिक्के कुषाण-नमूनों के हैं। उन पर शिव की आकृति अंकित है। ई. पू. प्रथम शती में उनके राज्य का सूत्रपात हुआ।

7. *कुलूत*—इन्होंने कुणिन्दों को परास्त किया। इनके सिक्कों से वीरयशस और भद्रयशस नामक दो राजाओं का पता चलता है। गुप्तराजाओं ने उन्हें पराजित किया।

8. *औदुंबर*—ये पंजाब के काँगड़ा, गुरदासपुर और होशियारपुर जिलों में रहते थे। इनके सिक्कों पर *भगवतो महादेवस्य राजराजस्य* लेख मिलता है। इनमें से कुछ सिक्कों पर धाराघोष, शिवदास और रुद्रदास नामक राजाओं के नाम अंकित हैं। ये सिक्के प्रथम शती ई. पू. से प्रथम शती ई. तक के हैं। इन पर महीमित्र, भूमिमित्र आदि कुछ ऐसे राजाओं के नाम मिलते हैं जिनके अंत में मित्र आता है।

एकतंत्र : ये छोटे-छोटे राज्य थे जिनके उल्लेख इस प्रकार मिलते हैं :

1. *नागवंश*—कुषाणों के बाद उत्तरी भारत के विभिन्न प्रदेशों में नागों के कई राजवंश हुए। मथुरा पद्मावती, कांतिपुरी और विदिशा उनके केंद्र थे। पद्मावती के भारशिव नाग अधिक शक्तिशाली थे। सिक्कों से उनके राजा भवनाग का पता चलता है। एक नाग-राजकुमारी चंद्रगुप्त द्वितीय से ब्याही थी। पुराणों में पद्मावती के 9 नाग राजाओं का उल्लेख है।

2. *मित्र राजा*—अहिच्छत्रा एक अलग राज्य था, जिसके राजाओं के नाम उनके सिक्कों पर लिखे हैं। उनके नामों के अंत में मित्र आता है। ये राजा फाल्गुणीमित्र, अग्निमित्र, बृहत्स्वातिमित्र हमारे लिए नाममात्र हैं; क्योंकि इनके इतिहास का पता नहीं चलता है।

3. *अयोध्या के धनदेव : विशाखदेव आदि*—अयोध्या के राजाओं का पता केवल सिक्कों से चलता है। धनदेव संभवतः पुष्यमित्र के परिवार से संबंधित था, जैसा कि ऊपर कहा जा चुका है। इनके कुछ ताँबे के सिक्कों पर सत्यमित्र जैसे राजाओं का नाम मिलता है। इनके नामों के अंत में भी मित्र शब्द आता है।

4. *कौशांबी*—यहाँ के राजाओं ने ई. पू. प्रथम शती से सिक्के जारी किए। इनमें से कुछ पर मित्र नामधारी राजाओं के नाम मिलते हैं।

5. *वाकाटक*—यह एक प्रसिद्ध राजवंश था जिसे गुप्त-सम्राटों ने भी मान्यता दी और उनके साथ उन्होंने वैवाहिक संबंध स्थापित किए।

6. *मौखरी*—इन्होंने सुंदरवर्मा के नेतृत्व में मगध में एक स्थानीय राज्य की स्थापना की थी।

गुप्त-इतिहास : गुप्त-राजाओं ने आरंभ में अपना छोटा-सा राज्य स्थापित किया। बाद के अभिलेखों से उनके दो स्थानीय राजाओं, श्रीगुप्त (लगभग 240-280 ई.) और घटोत्कच (लगभग 280-319 ई.) का पता चलता है। बाद के एक अभिलेख में श्रीगुप्त को आदिराज अर्थात् वंश का प्रवर्तक कहा गया है और उसका गोत्र धरण बताया गया है। चीनी यात्री ई-चिङ ने, जो 675 ई. में भारत

आया था, *महाराजा श्रीगुप्त* का जिक्र किया है 'जिसने उससे 300 वर्ष पहले चीनी यात्रियों के निवास के लिए मृगशिखावन में एक मंदिर बनवाया था।' यदि इस श्रीगुप्त को प्रथम गुप्त-राजा मान लें तो उसकी *महाराजा* नामक उपाधि से यह प्रकट होता है कि उसका स्थान ऊँचा था। उसके उत्तराधिकारी घटोत्कच को भी गुप्त अभिलेखों में *महाराजा* ही कहा गया है।

चंद्रगुप्त प्रथम (319-335 ई.) : गुप्त-अभिलेखों में अगले राजा चंद्रगुप्त प्रथम को *महाराजाधिराज* कहा गया है। यह सम्राट्-पद उसने शायद लिच्छवि राजकुमारी से विवाह के फलस्वरूप प्राप्त किया था, जो अपने साथ लिच्छवि राज्य का दहेज लाई थी। उसके पुत्र ने अपने-आपको *लिच्छवि-दौहित्र* कहा। उसे अपनी माता के ऊपर गर्व था जिसके कारण गुप्तवंश को सम्राट्-पद प्राप्त हुआ था। यह विवाह सिक्कों पर चित्रित है जिनके एक ओर चंद्रगुप्त और दूसरी ओर श्रीकुमारदेवी के नाम अंकित हैं। सिक्कों के इसी ओर राजा द्वारा रानी को विवाह के उपलक्ष्य में अँगूठी भेंट करते दिखाया गया है। इन सिक्कों की उलटी ओर *लिच्छवयः* शीर्षक सारगर्भित लेख मिलता है जिससे पता चलता है कि लिच्छवि गणतंत्र के लोग उस प्रदेश के शासन में, जहाँ ये सिक्के चलते थे, गुप्त-सम्राट् के साथ किसी रूप में सम्मिलित थे।

गुप्त-संवत् : चंद्रगुप्त प्रथम को गुप्त-संवत् का प्रवर्तक माना जाता है। 319 ई. में उसके राज्यारोहण के समय से यह संवत् आरंभ हुआ। यह तिथि अलबेरूनी के इस कथन पर आधारित है कि शक-संवत् और गुप्त-सवंत् के बीच 240 वर्ष का व्यवधान है। शक-संवत् 78 ई. से शुरू होता है। अतः गुप्त-संवत् का प्रारंभ 319 ई. सिद्ध होता है।

समुद्रगुप्त पराक्रमांक (लगभग 335-375 ई.) : *कालक्रम :* समुद्रगुप्त के राज्य की इन तिथियों का पता है : 1. उसके पुत्र चंद्रगुप्त द्वितीय ने 375 ई. में अपना राज्य आरंभ किया जैसा कि उसके मथुरास्तंभ-अभिलेख से ज्ञात होता है, यदि इसमें प्रयुक्त एक शब्द का पाठ 'पंचमे' माना जाए। 2. सिंहल के राजा मेघवर्ण ने (जिसका राज्यकाल 351 से 379 ई. तक है) उसकी सभा में एक दूतमंडल भेजा। समुद्रगुप्त के राज्यकाल का आरंभ 335 ई. सें माना जाता है। 375 ई. में वह मरा। इस प्रकार उसके राज्य के 40 वर्ष होते हैं।

यदि 20 वर्ष की आयु में उसने राज्य सँभाला हो तो उसका जन्म 315 ई. के लगभग हुआ होगा, जब उसके पिता की अवस्था कम-से-कम 20 वर्ष रही होगी अर्थात् उसके पिता का जन्म 295 ई. के आसपास हुआ होगा।

प्रयाग-स्तंभ-लेख से ज्ञात होता है कि समुद्रगुप्त को उसके पिता ने भरी सभा में अपनी इच्छा से उत्तराधिकारी चुना था और उसकी सभा ने इस उत्तराधिकार की पुष्टि की थी, यद्यपि उसके कुछ तुल्य कुलजों ने इस पर बुरा माना था।

हरिषेण : समुद्रगुप्त के राज्य का वृत्तांत उसके प्रयाग-स्तंभ-लेख में उपलब्ध

है। इसे उसके मंत्री हरिषेण ने लिखा था। हरिषेण चार पदों पर काम करता था। वह *खाद्यटपाकिक* (सरकारी रसोई का अधिकारी), *संधि-विग्रहिक* (विदेश और युद्ध मंत्री), *कुमारामात्य* (युवराज की सेवा में मंत्री) और *महादंडनायक* (मुख्य न्यायाधीश) था। महादंडनायक तिलभट्टक ने इस सुदीर्घ शिलालेख को पाषाण-स्तंभ पर उत्कीर्ण किया था।

समुद्रगुप्त की विजयें : उक्त अभिलेख समुद्रगुप्त को दिग्विजयी के रूप में प्रस्तुत करता है। इसमें विभिन्न दिशाओं में उसकी विभिन्न प्रकार की विजयों का सिलसिलेवार वर्णन मिलता है। उसकी योजना यह थी कि दूर की विजय-यात्राएँ शुरू करने से पहले अपने पृष्ठ-भाग को सुरक्षित करें।

प्रथम विजयें : सबसे पहले उसने अपने निकटवर्ती राजाओं—अहिच्छत्रा के राजा अच्युत, पद्मावती के राजा नागसेन और कन्नौज अथवा पुष्पपुर के कोटवंश के अधिपति—को परास्त किया और उनके राज्यों को अपने राज्य में मिला लिया। इस विजय से उसका राज्य 'प्रयाग और साकेत' से परे तक फैल गया, जो पुराणों के अनुसार गुप्त-राज्य की सीमाएँ थीं।

दक्षिणी अभियान : समुद्रगुप्त ने दक्षिणापथ अथवा दकन के सभी राजाओं को जीत लिया। इन विजयों में उसकी नीति यह थी कि शत्रु को पकड़ने (*ग्रहण*) के बाद छोड़ दिया जाए (*मोक्ष*) और विजेता के *अनुग्रह* से उसे सामंत की हैसियत से फिर उसका राज्य वापस कर दिया जाए। यह नीति दूर के उन राज्यों के प्रति उपयुक्त थी जिन्हें साम्राज्य में मिलने के स्थान पर सम्राट् के प्रभुत्व के अधीन कर लिया गया था। दक्षिण के पराजित नरपति ये थे : 1. *कोसल* (बिलासपुर, रायपुर और संभलपुर के जिले) का महेंद्र, 2. *महाकांतार* (उड़ीसा में जयपुर का वन) का व्याघ्रराज, 3. *कौराल* (कोलेर झील) का मंटराज, 4. *पिष्टपुर* (पीठापुरम्) का महेंद्रगिरि, 5. *कोट्टूर* (तूनी के निकट कोट्टुरु) का स्वामिदत्त, 6. *एरंडपल्ल* (विशाखापट्टनम् जिला) का दमन, 7. *काँची* का विष्णुगोप (पल्लव वंश का एक राजा), 8. *अवमुक्त* (इसकी पहचान नहीं की जा सकी है) का नील-राज, 9. *वेंगी* का हस्तिवर्मा (एक सालंकायन राजा), 10. *पालक्क* (नेल्लूर) का उग्रसेन, 11. *देवराष्ट्र* (विशाखापट्टनम् जिले का येलमंचिलि तालुका) का कुबेर, और 12. *कुस्थलपुर* (उत्तरी आर्काट जिले में कुशस्थली नदी का प्रदेश) का धनंजय।

आर्यावर्त का दूसरा युद्ध : दूसरे आर्यावर्त के युद्ध में समुद्रगुप्त ने उत्तरी भारत के शेष राज्यों को, जो गणपतिनाग, चंद्रवर्मा, रुद्रदेव (रुद्रसेन प्रथम वाकाटक) आदि नरपतियों के अधीन थे, बलपूर्वक समाप्त (प्रसभोद्धरण) करके अपने साम्राज्य में मिला लिया। उक्त राजाओं के अतिरिक्त जो अन्य राजाओं के नाम अभिलेख में आए हैं उनके विषय में कोई तथ्य नहीं मिलते। उनके नाममात्र ज्ञात हैं।

आटविक राज्यों की पराजय : परिव्राजक वंश के एक राजा के एक अभिलेख

से पता चलता है कि आटविक राज्यों की संख्या 18 थी। इन्हें पूर्णरूप से परास्त करके इनके राजाओं को सम्राट् की सेवा के लिए नियुक्त किया गया (*परिचारिकी कृतसकलाटविक राजस्य*)।

प्रत्यंत-राज्यों से संबंध : सीमावर्ती राज्यों ने, जो विद्रोह के केंद्र बन सकते थे, समुद्रगुप्त को सब कर दिए (*सर्वकरदान*), उसकी आज्ञाओं का पालन किया (*आज्ञाकरण*), स्वयं उपस्थित होकर प्रणाम किया (*प्रणामागमन*) और उसके सुदृढ़ शासन को पूर्णतः परितुष्ट किया (*परितोषितप्रचंडशासन*)। ऐसे राज्य इस प्रकार थे :

1. पूर्वी सीमा के राज्य, जैसे समतट (समुद्र तक फैला पूर्वी बंगाल), कामरूप (असम का गोहाटी जिला) और डवाक (नौगाँव जिला)।

2. उत्तरी सीमा के राज्य, जैसे नेपाल और कर्तृपुर (कुमायूँ, गढ़वाल और रुहेलखंड) के पर्वतीय राज्य।

3. पश्चिमी सीमा के गणतंत्र, जैसे मालव, आजुनायन (जयपुर प्रदेश में), आभीर (पश्चिमी राजस्थान में), यौधेय, मद्रक (पंजाब में), सनकानीक (भिलसा में), काक (भिलसा के निकट), खर्परिक (दमोह जिले में) और प्रार्जुनक।

विदेशी राज्य : समुद्रगुप्त के साम्राज्य की सीमाओं से परे भारत के भीतर और बाहर विदेशी राज्य थे, जैसे सिंहल और समुद्र पार के द्वीप जिनके साथ वह समुचित संबंध रखना चाहता था जिससे शांति स्थापित करने में सहायता मिल सके। उसने उनके साथ इन शर्तों पर 'सेवा और सहयोग की संधियाँ' कीं :

1. *आत्मनिवेदन* (मैत्री का प्रस्ताव), 2. *कन्योपायन* (राजमहल में सेवा के लिए कन्याओं का उपहार), 3. *दान* (स्थानीय वस्तुओं की भेंट), 4. उनकी स्वायत्तता और सुरक्षा (*स्वविषय भुक्ति*) को प्रमाणित करनेवाली मुद्रांकित सनदों का याचन।

ये विदेशी राज्य इस प्रकार वर्णित किए गए हैं : 1. *दैवपुत्रशाही-शाहानुशाही*– उत्तर पश्चिम में राज्य करनेवाले कुषाण, 2. *शक*–जो उत्तर पश्चिमी अथवा पश्चिमी भारत में विद्यमान थे, 3. *मुरुंड*–एक कुषाण-जाति।

जहाँ तक सिंहल और अन्य द्वीपों के निवासियों का प्रश्न है यह पहले भी कहा जा चुका है, कि सिंहल के राजा ने समुद्रगुप्त की राज्यसभा में उपहार सहित एक दूतमंडल भेजकर बोधगया में चीनी यात्रियों के ठहरने के लिए एक विहार बनवाने की अनुमति माँगी थी। चीनी यात्री फा-ह्यान ने जावा-जैसे द्वीप में एक संपन्न हिंदू-उपनिवेश का साक्षात्कार किया था। इस प्रकार समुद्रगुप्त को एक शक्तिशाली नौ-सेना रखने का श्रेय दिया जाना चाहिए जिससे वह समुद्रपार के द्वीपों और देशों से अपना संबंध रख सका। इस प्रकार उसके काल में बृहत्तर भारत का श्रीगणेश हुआ।

अश्वमेध : समुद्रगुप्त के सिक्कों और उनके लेखों से ज्ञात होता है कि उसने

अपनी विजय के उपलक्ष्य में अश्वमेध यज्ञ किया, जिससे प्रकट होता है कि वह वास्तव में अजेय शक्ति रखता था (*अप्रतिवार्यवीर्यः*)। इन सिक्कों पर उसने *अश्वमेधपराक्रम* विरुद का प्रयोग किया। किंतु प्रयाग-अभिलेख में इस महत्त्वपूर्ण घटना का उल्लेख नहीं है। इससे बुलर ने यह अनुमान लगाया है कि यह अभिलेख अश्वमेधयज्ञ से पहले खुदवाया जा चुका था। अन्य विद्वानों का यह विचार ठीक नहीं है कि शिलालेख अश्वमेधयज्ञ के बाद का है। प्रभावतीगुप्ता ने अपने अभिलेखों में उसे अनेक अश्वमेधयज्ञों का कर्त्ता बताया है।

सिक्के : समुद्रगुप्त ने विभिन्न प्रकार के सिक्के चलाए जिनसे उसके गुण और पराक्रम प्रकट होते हैं। ध्वज-प्रकार के सिक्कों से उसकी प्रभुशक्ति प्रकट होती है, धनुर्धर और युद्ध-परशु प्रकारों से उसकी सामरिक शक्ति का आभास मिलता है, वीणावादक प्रकार से उसके संगीतप्रेम का और अश्वमेध प्रकार से उसकी विजय का परिचय प्राप्त होता है। व्याघ्रहंता प्रकार के सिक्कों से उत्तरप्रदेश की वनभूमियों पर उसकी विजय परिलक्षित होती है, क्योंकि इस प्रदेश में बड़ा बंगाल का व्याघ्र पाया जाता है। गुप्तकालीन कुछ ऐसे सिक्के मिलते हैं जिन पर राजा का नाम काच और उसका विरुद *सर्वराजोच्छेत्ता* (सब राजाओं का उच्छेद करनेवाला) अंकित है। यह विरुद समुद्रगुप्त पर ही लागू हो सकता है, क्योंकि गुप्त-सम्राटों में वही दिग्विजयी था। इस दृष्टि से काच समुद्रगुप्त का ही अपर या असली नाम प्रतीत होता है। समुद्रगुप्त संभवतः उसका राजकीय अभिधान था, जिससे समुद्र द्वारा सुरक्षित (गुप्त) उसके साम्राज्य का संकेत मिलता है।

बयानासंग्रह से प्राप्त काच प्रकार के सिक्कों के उलटी तरफ देवी को पाश (फंदा) लिए दिखाया गया है।

यद्यपि गुप्त-सिक्के सामान्यतः विदेशी कुषाण-सिक्के के नमूनों पर बनाए गए थे, तथापि उनमें से कुछ पर भारतीय तत्त्व और प्रतीक मिलते हैं; जैसे राजा की वेश-भूषा, दुर्गा, लक्ष्मी और कार्तिकेय आदि भारतीय देवी-देवताओं की आकृतियों, व्याघ्र, सिंह, गैंडा, हाथी आदि भारतीय पशुओं के चित्र तथा गरुड़ध्वज का अंकन।

सिक्कों और अभिलेखों में समुद्रगुप्त के लिए अनेक विशेषण व्यवहृत हुए हैं : अजेय शक्तिवाला—*अप्रतिवार्यवीर्यः*, अजित राजाओं पर विजय प्राप्त करनेवाला अजेय विजेता—*अजितराजजेताजितः*, व्याघ्र के समान बलवान और भयंकर—*व्याघ्रपराक्रमः*, 'अपनी सैनिक शक्ति से देश का एकीकरण करनेवाला (*धरणीबंधस्य*) तथापि कोमल हृदयवाला' (*मृदुहृदय*), 'दलित लोगों पर दया (*अनुकंपा*) करनेवाला', 'परोपकार (*लोकानुग्रह*) की जाज्वल्य (*समिद्ध*) मूर्ति (*विग्रहवान*)', 'लोकोत्तर प्राणी (*अमनुज*) और कवियों का राजा (*कविराज*)'।

समुद्रगुप्त की विजययात्राओं से प्रकट होता है कि उसका साम्राज्य पूर्व में ब्रह्मपुत्र से पश्चिम में यमुना और चंबल तक फैला था।

चंद्रगुप्त द्वितीय विक्रमादित्य (375-414 ई.)

कालक्रम : चंद्रगुप्त द्वितीय के अभिलेखों से उसके साम्राज्य के विस्तार का पता चलता है । इन अभिलेखों में सबसे पहला 61 = 380 ई. का है । यह तिथि उसके राज्य के पाँचवें वर्ष को सूचित करती है जैसा कि ऊपर कहा जा चुका है । उसका अंतिम शिलालेख 93 = 412 ई. का है । उसके सिक्कों पर भी कुछ तिथियाँ मिलती हैं जिनका केवल प्रथम चिह्न ठीक तरह से पढ़ा जा सकता है । यह तिथि 9 (0) = 409 ई. है ।

राज्यारोहण : प्रचलित पद्धति के अनुसार उसके पिता ने योग्यतम (*सत्पुत्र*) समझकर राज्य-सिंहासन के लिए चुना । अभिलेखों से ज्ञात होता है कि उसकी माता का नाम दत्तदेवी था ।

विजय : चंद्रगुप्त ने पश्चिमी मालवा और सौराष्ट्र के शक राज्यों पर विजय प्राप्त की । उसके उदयगिरि की गुहा से प्राप्त अभिलेखों से प्रकट होता है कि वह स्वयं अपने मंत्री पाटलिपुत्र-निवासी शाब के साथ पश्चिमी भारत के अभियान के अवसर पर इस प्रदेश में आया था । साथ ही उसने अपनी पुत्री प्रभावतीगुप्ता (जो कुबेरनागा के गर्भ से उत्पन्न हुई थी) का विवाह बरार के वाकाटकवंशीय राजा रुद्रसेन द्वितीय के साथ करके अपनी शक्ति को सुदृढ़ किया । उसके सिक्के पश्चिमी क्षत्रप राज्य पर उसकी विजय का साक्ष्य प्रस्तुत करते हैं । शकनरेश रुद्रसेन तृतीय के 388 ई. के सिक्के शक-सिक्कों में सबसे अंतिम हैं । इसके अनंतर चंद्रगुप्त द्वितीय ने 90 = 409 ई. में इस प्रदेश को जीतकर अपने सिक्के जारी किए ।

रामगुप्त : *देवीचंद्रगुप्तम्* नामक नाटक में एक कथानक है कि चंद्रगुप्त द्वितीय से पहले गद्दी पर उनका डरपोक भाई रामगुप्त बैठा जो अपने राज्य की रक्षा के लिए अपनी रानी ध्रुवदेवी को शक-आक्रमणकारी को समर्पित करने के लिए तैयार हो गया, जिस पर चंद्रगुप्त द्वितीय ने रानी के वेश में उसके पास जाकर उसका वध किया और उसके दुष्टतापूर्ण षड्यंत्र का अंत किया । इस कथा की ओर बाण ने *हर्षचरित* में और राजशेखर ने *काव्यमीमांसा* में संकेत किए हैं । इसके अतिरिक्त नवीं-दसवीं शक्तियों के राष्ट्रकूट राजाओं के कुछ अभिलेखों में इसका उल्लेख मिलता है । किंतु कथा इतिहास नहीं होती : रामगुप्त का नाम किसी गुप्त-अभिलेख में नहीं मिलता, वरन् इनमें चंद्रगुप्त को समुद्रगुप्त का सीधा उत्तराधिकारी बताया गया है और साथ ही उसे राजर्षि की पदवी दी गई है जिससे ज्ञात होता है कि यह कथा एकदम असंभव है, क्योंकि यह चंद्रगुप्त को अपने भाई के हत्यारे और उसकी विधवा रानी के पति के रूप में प्रस्तुत करती है !

शासन : अभिलेखों से चंद्रगुप्त के कुछ मंत्रियों और राज्याधिकारियों का पता चलता है : अभ्रकार्दव, शाब वीरसेन, शिखरस्वामी, महाराज श्री गोविंदगुप्त

उसके मंत्री थे । इनके अतिरिक्त इनमें *बलाधिकृत* (सेनापति), *दंडपाशाधिकारी* (पुलिस विभाग का मुख्य), *महादंडनायक* (मुख्य न्यायाधीश), *उपरिक* (राज्यपाल)आदि अधिकारियों के विषय में भी सूचना मिलती है ।

राज्य के प्रशासकीय विभाग इस प्रकार थे : (1) विषय (जिला) (2) प्रदेश, और (3) देश अथवा भुक्ति, जिससे प्रांत का बोध होता था ।

राजकुमार प्रांतों के राज्यपाल होते थे, उदाहरणार्थ गोविंदगुप्त तीरभुक्ति (तिरहुत) का राज्यपाल था और घटोत्कचगुप्त ऐरिकिण-प्रदेश (एरण) का प्रशासक था ।

आर्थिक व्यवस्था : निगमों और श्रेणियों के द्वारा आर्थिक जीवन का संचालन होता था । सेठों (श्रेष्ठी), व्यापारियों (सार्थवाह) और कारीगरों (कुलिक) की श्रेणियों के कतिपय उल्लेख वैशाली से प्राप्त अनेक मुद्राओं और अभिलेखों में उपलब्ध हैं ।

साँची के काकनादबोट के महाविहार का आर्यसंघ एक बैंक का काम करता था, जहाँ अक्षय निधियाँ न्यास के रूप में रखी जाती थीं और उनके ब्याज से उनसे संबंधित कार्य संपन्न किए जाते थे ।

धर्म : गुप्त-सम्राट् वैयक्तिक रूप से विष्णु के उपासक थे जिसका वाहन गरुड़ उनके राष्ट्रध्वज का प्रधान चिह्न था । ये सम्राट् अपने को परमभागवत् कहते थे । उदयगिरि की गुफाओं में विष्णु और लक्ष्मी से संबंधित अनेक मूर्तियाँ मिली हैं । वहाँ वाराह अवतार की एक वृहद् मूर्ति विद्यमान है जिसमें भगवान् वराह को जलमग्न पृथ्वी का उद्धार करते दिखाया गया है । संभवत: यह मूर्ति हूण आधिपत्य से भारत के उद्धार की प्रतीक है । निकट ही एक गुफा भगवान् शंभु को समर्पित है । मथुरा से प्राप्त 300 ई. के एक अभिलेख से माहेश्वर नामक एक शैव संप्रदाय का पता चलता है जिनके गुरु उदिताचार्य ने अपने गुरुओं का एक मंदिर (*गुरु आयतन*) बनवाया और उसमें उनकी प्रतिमाएँ प्रतिष्ठित कराईं ।

सिक्के : चंद्रगुप्त के सिक्कों के कई 'प्रकार' मिले हैं : 1. धनुर्धर प्रकार, 2. पीठिकारूढ़ प्रकार, 3. छत्र प्रकार, 4. सिंह-हंता प्रकार, 5. अश्वारोही प्रकार, 6. चक्रविक्रम प्रकार । बयाना संग्रह से प्राप्त धनुर्धर शैली के एक सिक्के पर राजा को हाथ में कशा (कोड़ा) लिए दिखाया गया है । इन सिक्कों से चंद्रगुप्त की नवीन उपाधियों का पता चलता है, जैसे 1. में *देवश्री* 2. में *देवश्री विक्रमादित्य* 4. में *सिंहविक्रम*, 6. में *चक्रविक्रम* । छत्र-प्रकार के सिक्कों पर परंपरा के अनुसार एक वामन को छत्र उठाए दिखाया गया है । सिंह-हंता प्रकार के सिक्कों के पिछली ओर सिंहवाहिनी दुर्गा अंकित हैं । चंद्रगुप्त ने शक के चाँदी के सिक्कों को *विक्रमांक* के विरुद से पुनराहत किया ।

फा-ह्यान द्वारा वर्णित भारत (399-414 ई.) : चीनी विद्वान् फा-ह्यान ने बौद्धग्रंथों की खोज के लिए भारत की तीर्थयात्रा की । उसने बौद्धधर्म के प्रमुख केंद्रों

और विहारों के संबंध में टिप्पणियाँ छोड़ी हैं। शान-शान प्रदेश में उसने 4000 हीनयानी बौद्ध भिक्षुओं का उल्लेख किया है। कारशहर में भी उसने बौद्ध भिक्षुओं की यही संख्या लिखी।

खोतान : खोतान महायान बौद्धधर्म का केंद्र था। वहाँ सहस्रों भिक्षु थे। अकेले गोमती विहार में 3000 भिक्षु रहते थे। खोतान में ऐसे 14 विहार थे। संभवत: कनिष्क की छत्रछाया में इस प्रदेश में महायान बौद्धधर्म के प्रचार और प्रसार को इतनी प्रेरणा मिली। पास ही काशगर के इलाके में 1000 हीनयानी बौद्ध भिक्षु रहते थे।

इसके बाद यात्री ने सिंधु को पार किया और उद्यान में एक अन्य बौद्धकेंद्र के दर्शन किए जहाँ संस्कृत का प्रचार था।

तदनंतर उसने गंधार, तक्षशिला और पेशावर के बौद्ध-प्रदेशों का निरीक्षण किया। पेशावर में उसने कनिष्क के स्तूप का वर्णन किया है।

नगरहार में उसने बुद्ध के अवशेषों पर बने मंदिर देखे।

अफगानिस्तान में महायान और हीनयान, दोनों संप्रदायों के 3,000 भिक्षु थे।

पंजाब बौद्ध-भिक्षुओं से भरा था जिनकी संख्या इस यात्री ने 10,000 लिखी है।

मथुरा यद्यपि हिंदू-धर्म का गढ़ था, तथापि वहाँ 20 बौद्ध विहार थे जिनमें लगभग 3,000 भिक्षु रहते थे।

तदनंतर वह मध्यदेश में आया जहाँ भारतीय सभ्यता अपने उत्कृष्ट रूप में व्याप्त थी। उस समय चंद्रगुप्त द्वितीय के राज्य में "कोई व्यक्ति किसी प्राणी की हत्या नहीं करता था, न मद्यपान करता था और न प्याज-लशुन का प्रयोग करता था।" लोगों को घूमने-फिरने और बसने की पूरी स्वतंत्रता थी और वे "पूर्णत: समृद्ध और प्रसन्न थे। अपराधों का दंड जुर्माने के रूप में दिया जाता था। किसान अपनी उपज का एक भाग कर के रूप में राज्य को देते थे।" लोग सुअर और मुर्गियाँ नहीं पालते थे और न पशुओं का व्यापार करते थे। मद्यशालाओं और बूचड़खानों का अभाव था। धनपति और जमींदार मंदिर बनाते थे और दान देकर उनके प्रबंध की व्यवस्था करते थे। भूमि, गृह, उद्यान, बैल इत्यादि कृषि के सामान की व्यवस्था के लिए दान दिए जाते थे और उन्हें ताम्रपट्टों के द्वारा स्थायित्व प्रदान किया जाता था। दानी परोपकारी यात्रियों के लिए धर्मशालाएँ बनवाते थे जहाँ यात्रियों को पलँग-चटाई और खाना-कपड़ा मिलता था।

सारिपुत्र, मोग्गल्लान, आनंद आदि भिक्षुओं एवं अभिधम्म, विनय और सुत्तों आदि धर्म-ग्रंथों के भी सम्मान में मंदिर बनवाए गए थे।

धर्मपरायण परिवार भिक्षुओं को भोजन-वसन आदि वस्तुएँ प्रदान करने के लिए चंदा जुटाते थे।

फा-हयान को संकिसा और श्रावस्ती (जहाँ जेतवन था) के बौद्ध-भवनों से

भरपूर उपहार मिले।

हिंदू-धर्म अनेक संप्रदायों में विभक्त था जिनकी संख्या इस यात्री ने 96 लिखी है।

फा-ह्यान ने उन स्थानों का भी उल्लेख किया है जहाँ सिद्धार्थ से पहले के बुद्धों की पूजा होती थी। इन बुद्धों में काश्यप, क्रकुच्छंद और कनकमुनि प्रमुख हैं। फा-ह्यान ने लुंबिनी और वैशाली की भी यात्रा की।

वहाँ से गंगा पार करके वह पाटलिपुत्र पहुँचा जहाँ कभी अशोक की राजधानी थी। वहाँ उसने अनेक मंडपों से सुसज्जित अशोक के राजभवन को देखा जो देवताओं द्वारा बनाया गया प्रतीत होता था। इसके विशाल शिलापट्ट, द्वार और भित्ति, खुदाई और भराई के काम की पच्चीकारी ऐसी अद्भुत थी कि इसे मनुष्य के हाथों द्वारा निर्मित नहीं कहा जा सकता था।

मगध बहुत समृद्ध और संपन्न था। वहाँ के लोग पड़ोसियों के प्रति हार्दिक और नैतिक उदारता प्रकट करने में एक-दूसरे से होड़ लगाते थे। बड़े-बड़े धनपतियों ने अपने नगरों में निःशुल्क चिकित्सालय खुलवा रखे थे जहाँ निर्धन और असहाय रोगियों, अनाथ बच्चों, विधवाओं और लँगड़े-लूलों को शरण मिलती थी। उनकी काफी देख-रेख होती थी। चिकित्सक उन्हें ध्यान से देखते थे। उन्हें आवश्यकता के अनुसार भोजन और दवा मिलती थी। हर तरह से आराम पहुँचाया जाता था। स्वस्थ होकर वे सुख से विदा होते थे।

फा-ह्यान ने पाटलिपुत्र में अशोक का विहार देखा जिसमें एक स्तंभ पर अभिलेख खुदा था। एक अन्य स्तंभ का शीर्ष सिंहाकृति से सुसज्जित था। वहाँ उसने ब्राह्मणों की रथयात्रा भी देखी जिसमें देव-प्रतिमाओं को चार पहियों की पाँच तल्लेवाली गाड़ियों में रखकर नगर में निकाला जाता था।

उसके बाद वह नालंदा आया। वहाँ उसने प्राचीन विहार के दर्शन किए और फिर वह राजगृह चला गया। वहाँ गृध्रकूट पर्वत पर उसे याद आया कि भगवान् बुद्ध वहाँ रहे थे और उपदेश किया करते थे, और वह फूट-फूटकर रो पड़ा।

इसके बाद फा-ह्यान ने गया, बोध-गया और फिर सारनाथ के इसिपतन मृगदाब की यात्रा की।

अब उसने अपनी वापसी की यात्रा प्रारंभ की। वह गंगा के रास्ते तामलुक पहुँचा जो 24 विहारों से युक्त एक महान् बौद्ध-केंद्र था। वहाँ दो वर्ष तक रहकर उसने बौद्ध-सूत्रों की प्रतिलिपि की और बुद्ध-प्रतिमाओं के चित्र बनाए।

तामलुक से वह एक बड़े व्यापारी जहाज पर बैठकर 14 दिन की समुद्रयात्रा के बाद सिंहल पहुँचा। वहाँ वह दो वर्ष तक रहा। सिंहल में उसने अनेक बौद्ध संस्कृत-ग्रंथों की प्रतिलिपि तैयार की।

उसके बाद वह "एक व्यापारिक जहाज पर बैठा। उसके साथ उसी जहाज पर 200 अन्य प्राणी भी थे। उसी से बँधा एक छोटा जहाज भी था। यदि दैवात् कोई

दुर्घटना हो जाए तो यह जहाज उस समय प्रयोग में लाया जा सकता था।"

90 दिन की समुद्री यात्रा के उपरांत वह जावा पहुँचा। यहाँ ब्राह्मण और अब्राह्मण धर्म फल-फूल रहे थे। बौद्धधर्म की अवस्था शोचनीय थी।

जावा में 5 महीने रहकर वह जहाज पर चढ़कर अपने घर की ओर चला। जिस जहाज पर वह था, उस पर 200 और यात्री थे और 50 दिनों की रसद थी। 82 दिन में वे चीन पहुँचे।

कुल मिलाकर फा-ह्यान ने 30 देशों की यात्रा की थी। यात्रा में ही कुल छः वर्ष लगे थे। छः वर्ष वह भारत में रहा। यहाँ की सारी कठिनाइयों का सामना करता हुआ वह अपने उद्देश्य की सिद्धि में जुटा रहा।

कुमारगुप्त प्रथम महेंद्रादित्य (414-455 ई.) : इसके काल का ज्ञान दो अभिलेखों से होता है। एक अभिलेख 415 ई. का है और दूसरे पर 129 = 442 ई. की तिथि अंकित है। उसके एक चाँदी के सिक्के पर 136 = 455 ई. की तिथि अंकित है।

उसके अभिलेखों में उसे दिग्विजय का श्रेय दिया गया है। इनमें चारों समुद्रों (*चतुरुदधि*) तक उसके यश के फैलने का वर्णन है। लिखा है कि उसका साम्राज्य उत्तर में कैलास पर्वत से दक्षिण में उस वन तक था जिसके दोनों ओर दो समुद्र हैं। जैसा कि उसके सिक्कों से विदित होता है, उसने अश्वमेधयज्ञ भी किया था। उसे 'अश्वमेधमहेंद्र' कहा गया है।

कुमारगुप्त के राज्यकाल के सूचक दो अभिलेख 415 ई. और 448 ई. के हैं और उसके एक चाँदी के सिक्के से 136 = 455 ई. तिथि का ज्ञान होता है।

अभिलेखों में उसके 'निरंतर वर्धमान राज्य और विजयों' का उल्लेख है जिनके कारण उसका यश चारों समुद्रों तक पहुँच गया (*चतुरुदधि सलिला-स्वादित यशसः*) और उसका साम्राज्य उत्तर में कैलास के शिखरों से विंध्याटवी को होता हुआ दक्षिण में दोनों समुद्रों के तटों तक फैल गया। उसके सिक्कों पर अंकित *अश्वमेधमहेंद्रः* विरुद से ज्ञात होता है कि उसने अश्वमेधयज्ञ किया।

किंतु अपने राज्य के अंतिम दिनों में उसे 'पुष्यमित्र आदि जातियों' के विद्रोह के कारण मुसीबतों का सामना करना पड़ा। ये जातियाँ नर्मदा के आसपास रहती थीं। युवराज स्कंदगुप्त ने इन्हें अंत में एक भीषण युद्ध के पश्चात् परास्त कर दिया। इस युद्ध में युवराज को "एक रात जमीन पर सोकर बितानी पड़ी।"

किंतु कुमारगुप्त का राज्य शांतिकालीन क्रियाकलापों के लिए प्रसिद्ध है। इस काल में अनेक मंदिरों के निर्माण हुए और उनमें खूब दान दिए गए। मालव-संवत् 493 (436 ई.) के अभिलेख में रेशम बुनने वालों की श्रेणी (*पट्टवायश्रेणी*) द्वारा दशपुर (मंदसोर) में सूर्य के एक विशाल मंदिर के निर्माण का उल्लेख है। अन्य शिलालेखों में विष्णु, षोडषमातृकाओं और उनकी डाकिनियों, स्वामी महासेन, पृथिवीश्वर महादेव, बुद्ध भगवान्, सम्यग्संबुद्ध और जिनवर पार्श्व के मंदिरों के

निर्माण का वर्णन है।

दान द्वारा दानशालाएँ (सत्र) खुलवाई गईं, कुएँ बनवाए गए, ब्राह्मणों और उनके यज्ञों के लिए दान दिए गए, पंचमहायज्ञ और अन्य श्रौत कर्मकांडों के लिए व्यवस्था की गई।

दान के न्यासों को अक्षयनीवी कहते थे। ये स्थाई धन-न्यास होते थे जिनके ब्याज से श्रेणियाँ उनके उद्देश्यों की पूर्ति करती थीं। यह बैंक-जैसा काम था। काकनादबोट (साँची) के श्रीमहाविहार के आर्यसंघ के पास ऐसी ही एक अक्षयनीवी धरोहर के रूप में रखी गई थी।

शासन : साम्राज्य को पृथिवी कहते थे। 1. राज्य (*देश*), 2. प्रांत (*भुक्ति*), 3. जिले (*विषय*), तहसील (*वीथी*) इसके विभागोपविभाग थे। विषय में गैर-सरकारी चार सदस्यों की एक परामर्शसमिति कार्य करती थी। इसमें 1. *नगरश्रेष्ठी*, 2. *सार्थवाह*, 3. *प्रथम कुलिक* और 4. *प्रथम कायस्थ* होते थे जो क्रमशः नगर, व्यापार, उद्योग और शासन का प्रतिनिधित्व करते थे। वीथी-सभा में दो प्रकार के सदस्य होते थे : 1. *महत्तर*, स्थानीय बड़े आदमी, 2. *कुटुंबी* अर्थात् पारिवारिक गृहस्थ। कार्यालयों में *पुस्तपाल* (प्रलेखपाल), *कायस्थ* (क्लर्क) और *कुलिक* (कारीगर) काम करते थे।

अभिलेखों से, विशेषतः उत्तरी बंगाल के दामोदरपुर नामक ग्राम से प्राप्त ताम्रपट्टों की शृंखला से, उस युग में भूमि के आदान-प्रदान से संबंधित बहुत-सी सूक्ष्म बातों का पता चलता है। जो भूमि दान में दी जाती थी वह बेची नहीं जा सकती थी वरन् जैसी-की-तैसी सुरक्षित रखी जाती थी जिससे उसकी उपज से दान का उद्देश्य पूरा होता चले। यह भूमि *कृष्ट* नहीं होती थी, जिसे क्षेत्र कहते हैं, वरन् *खिल* (बंजर), *अप्रहत* (जो तोड़ी न गई हो) और अप्रतिकर (जिसका कर नियत न हुआ हो) होती थी। कभी-कभी ऐसी भूमि मिलनी कठिन हो जाती थी जिसमें खेती न हुई हो। दूर-दूर के बहुत-से खेतों में से मिला-जुलाकर ऐसी भूमि निश्चित की जाती थी। इस प्रकार की भूमि के दान का प्रस्ताव ग्राम की प्रतिनिधि भूमि-समिति द्वारा अनुमोदित किया जाता था। इस समिति में 1. *ग्राम-महत्तर*, 2. *अष्टकुलाधिकरण* (आठ सदस्यों की कार्यकारिणी), 3. *ग्रामिक* (गाँव का मुखिया) और 4. *कुटुंबी* (गाँव के परिवारों के अध्यक्ष) सम्मिलित होते थे। यह समिति पुस्तपाल द्वारा लिखित बंदोबस्त की मिसिलों के अनुसार और स्वयं मौके का मुआयना करने के बाद दान के प्रस्ताव का अनुमोदन करती थी।

सिक्के : कुमारगुप्त प्रथम ने कई प्रकार के सिक्के जारी किए, जैसे : 1. धनुर्धारी प्रकार, 2. खड्गधारी प्रकार, 3. अश्वारोही प्रकार, 4. सिंहनिहंता प्रकार, 5. गैंडाहंता प्रकार, 6. व्याघ्र-हंता प्रकार, 7. गजारोही प्रकार, 8. मयूर प्रकार, 9. अश्वमेध प्रकार, 10. प्रताप प्रकार, 11. छत्र प्रकार, 12. वीणावादक प्रकार, 13. अप्रतिघ प्रकार, 14. राजदंपति प्रकार। अश्वारोही प्रकार के सिक्कों

की उलटी तरफ एक देवी मोर को धान्य खिलाती हुई अंकित की गई है। यह देवी श्रीचंडी में वर्णित अंबिका मयूरवर-वाहना होनी चाहिए। मयूर प्रकार की मुद्राओं पर कार्तिकेय अपने वाहन मयूर पर आसीन हैं। गैंडाहंता प्रकार की मुद्राओं पर अश्वारोही सम्राट् तलवार से एक गैंडे को मारता हुआ दिखाया गया है। इस पर *भर्ताखड्गत्राता* लेख उत्कीर्ण है। गैंडे को संस्कृत में खड्ग कहते हैं। गजारोही प्रकार पर *क्षतरिपु गोप्ता राजा* (शत्रुओं का वध करनेवाला और प्रजा का रक्षक राजा) लेख मिलता है। कुछ अन्य सिक्कों पर *सिंहनिहंता* (शेर को मारनेवाला) लेख उपलब्ध है। उसके चाँदी के सिक्के उसके पिता द्वारा विजित पुराने शक-क्षेत्रों में चालू थे। ये कई 'प्रकार' के हैं।

स्कंदगुप्त विक्रमादित्य (455-467 ई.) : उसका राज्य उसके दो अभिलेखों की तिथियों 455 ई. तथा 467 ई. के बीच में रहा। उसके चाँदी के सिक्के भी 467 ई. तक के मिलते हैं। वह अपने पिता के पश्चात् राजगद्दी पर बैठा। उसने युवराज की स्थिति में अपने पिता की ओर से युद्धों में भाग लिया था।

राजा बनकर उसने इनका उपसंहार किया था। ये युद्ध उसके अभिलेखों में वर्णित हैं। उसने अपनी माता देवकी को अपनी विजयों की सूचना दी। उसने नई विजयें भी प्राप्त कीं। उसने भयंकर युद्धों में, जिनसे 'भूमि हिल उठी,' हूणों को परास्त किया। उसने म्लेच्छ राजाओं का दर्प दलन किया, जिन्होंने मिलकर उसके विरुद्ध सिर उठाया था (*समुदितबलकोशान्*)। उसने स्थानीय विद्रोही राजाओं के विरुद्ध अपने प्रांतीय राज्यपालों (*गोप्ताओं*) को नियुक्त किया जिन्होंने गरुड़ों की तरह फन उठाए सर्पों को खा लिया।

काहौम के स्तंभ-लेख में उसके पराक्रम का इन शब्दों में गुणगान किया गया है : ''सैकड़ों राजाओं के सिर दरबार (*उपस्थान*) में नमस्कार करते समय उसके चरणों में नत हुए। वह सैकड़ों नरपतियों का सम्राट् (*क्षितिपशतपति*), इंद्र का समकक्ष (*शक्रोपम*) और अपने साम्राज्य में शांति का संस्थापक था।'' उसका पिता यह देखने के लिए जीवित नहीं रहा कि उसके योग्य पुत्र ने, जिसकी आत्मा पवित्र थी (*अमलात्मा*), किस प्रकार अपने बाहुबल से उसके जीवनकाल में आक्रांता शत्रुओं द्वारा विप्लुत और *विचलित* (गुप्त) *कुल-लक्ष्मी* को पुनः संस्थापित किया और शांति तथा स्थायित्व प्रदान किया।

शासन : जूनागढ़ के अभिलेख से शासन-संबंधी कुछ रोचक तथ्यों का पता चलता है। सम्राट् ने पर्णदत्त को सौराष्ट्र-प्रदेश का गोप्ता (राज्यपाल) नियुक्त किया। यह एक कठिन कार्य था। राजा ने उसे कठिनता से इसके लिए तैयार किया। वह स्वयं उसकी राजधानी गिरिनगर के नगराध्यक्ष (मेयर) के पद के लिए एक योग्य व्यक्ति की खोज में था। उसे अपने योग्य पुत्र को उस दायित्वपूर्ण पद पर नियुक्त करना पड़ा।

नए नगराध्यक्ष को एक आकस्मिक आपत्ति का सामना करना पड़ा। उर्ज्जयंत

और रैवतक पर्वतों की ढालों से निकलती पलाशिनी, सुवर्णसिकता आदि नदियों के जल को बाँधकर जो सुदर्शन झील (तटाक) बनाई गई थी उसके पुश्ते में दरार (*विभेद*) पड़ने से नगर की जलव्यवस्था संकट में पड़ गई । झील के जल को, जो समुद्र के समान गहरी थी (निधितुल्य), निकालकर उसे खाली किया गया । इससे झील भद्दी (*दुर्दर्शन*) लगने लगी और नागरिकों का मन विषाद से भर गया । किंतु चक्रपालित ने समयानुकूल व्यय की चिंता न करके, 100 हाथ लंबे, 68 हाथ चौड़े, और 7 पोरसे ऊँचे बाँध की मरम्मत करा दी । जैसा कि ऊपर कहा जा चुका है, सुदर्शन झील चंद्रगुप्त मौर्य और अशोक जितनी पुरानी थी और शताब्दियों तक अपने सौंदर्य के साथ गुप्तयुग तक विद्यमान रही ।

धर्म : अभिलेखों से विभिन्न धर्मों के मंदिरों की स्थिति का पता चलता है । गिरिनगर के नगराध्यक्ष ने नगर को भगवान् चक्रभृत् के मंदिर से सुसज्जित किया । विहार के स्तंभलेख में भगवान् स्कंद और देवमातृकाओं के मंदिरों के मंडल और एक यूप का वर्णन मिलता है । एक अन्य अभिलेख में सूर्य के मंदिर का उल्लेख है । आकाश जैसे ऊँचे एक स्तंभ के कोनों में जैन-आदिकर्त्ताओं की मूर्तियाँ उत्कीर्ण थीं ।

आर्थिक जीवन : उद्योगों का संचालन श्रेणियों द्वारा होता था । हमें एक तेलियों की श्रेणी (*तैलिक श्रेणी*) का उल्लेख मिलता है जिसे एक ब्राह्मण ने एक स्थायी (*आजस्रिक*) कोश जमा करने के लिए उपयुक्त समझा । बैंकों की तरह की ये श्रेणियाँ कोश के ब्याज को दान के निर्दिष्ट उद्देश्य के लिए व्यय करती थीं । यह दान-पत्र लिखित होता था (*दायमिमं निबद्धम्*) । इस प्रकार के स्थायी कोष को *अक्षयनीवी* कहते थे ।

सिक्के : स्कंदगुप्त ने तीन प्रकार के सिक्के चलाए : 1. धनुर्धर, 2. राजा और लक्ष्मी प्रकार और 3. अश्वारोही प्रकार । उसने पश्चिमी और मध्य भारत के लिए चाँदी के सिक्के भी जारी किए । पश्चिमी सिक्कों में वृषभ शैली के सिक्के विशेषतः उल्लेखनीय हैं । इनको बाद में वलभी के मैत्रक सम्राटों ने अपना लिया था ।

वलभी : वलभी स्कंदगुप्त के साम्राज्य का अंग थी और सेनापति भटार्क के अधीन थी । उसका उत्तराधिकारी उसका पुत्र धरसेन प्रथम था । उसके बाद उसका पौत्र द्रौणसिंह सिंहासन पर बैठा । गुप्त-सम्राट् ने 502 ई. में स्वयं एक स्वतंत्र राजा के रूप में उसका अभिषेक किया । यह राजा संभवतः बुधगुप्त था ।

पुरुगुप्त विक्रम प्रकाशादित्य (467-69 ई.) : स्कंदगुप्त के बाद उसका भाई पुरुगुप्त गद्दी पर बैठा । यह महादेवी अनंतदेवी का पुत्र था । उसके समय में राज्य बहुत संकुचित हो गया जैसा कि सिक्कों से प्रकट होता है । चाँदी के सिक्कों के अभाव से प्रकट होता है कि सौराष्ट्र से उसका अधिकार उठ गया था । सोने के सिक्के केवल एक धनुर्धारी प्रकार के ही मिलते हैं जिनसे उसके नाम पुरु तथा

विरुद *श्रीविक्रम* का पता चलता है। कुछ सिक्कों पर *प्रकाशादित्य* नाम भी मिलता है जिसकी पहचान एलन ने पुरुगुप्त से की है।

पुरुगुप्त के उत्तराधिकारी : नालंदा से प्राप्त मुद्राओं पर जो लेख उत्कीर्ण हैं उनसे उत्तराधिकारियों की ये तालिकाएँ मिलती हैं—कुमारगुप्त द्वितीय (473 ई.), बुधगुप्त (476-495 ई.), नरसिंहगुप्त, कुमारगुप्त तृतीय, विष्णुगुप्त।

कुमारगुप्त द्वितीय क्रमादित्य (473-476 ई.) : सारनाथ से प्राप्त एक बुद्ध-प्रतिमा पर उत्कीर्ण अभिलेख से ज्ञात होता है कि गुप्त-संवत् 154 = 473 ई. में कुमारगुप्त पृथ्वी पर राज्य कर रहा था—*कुमारगुप्त पृथ्वीम् प्रशासति*। एक स्थानीय राजा हस्ति के एक लेख से पता चलता है कि गुप्त-संवत् 156 = 475 ई. में उसका राज्य गुप्त-साम्राज्य का अंग था। उपर्युक्त बुद्ध-प्रतिमा को भिक्षु अभयमित्र ने स्थापित कराया था। इसे *प्रतिमा-अप्रतिमस्य* (अप्रतिम की मूर्ति) बताया गया है।

मालव-संवत् 529 = 472 ई. के मंदसोर से प्राप्त एक अभिलेख से ज्ञात होता है कि कुमारगुप्त "पृथ्वी पर शासन कर रहा था"।

कुमारगुप्त द्वितीय ने धनुर्धारी प्रकार के सिक्के जारी किए जिनके सीधी ओर *'कु'* शब्द अंकित है और उलटी ओर *क्रमादित्य* लिखा है। घटिया बनावट के कुछ सिक्कों पर *महाराजाधिराज श्री कुमारगुप्त-क्रमादित्य* लेख मिलता है, जिससे उसके सम्राट्-पद का आभास होता है।

बुधगुप्त (476-495 ई.) : उसकी कुछ तिथियाँ अभिलेखों में मिलती हैं। यति अभयमित्र ने सारनाथ में दो और बुद्ध-प्रतिमाएँ स्थापित कराईं जिन पर इस आशय के लेख उत्कीर्ण हैं कि गुप्त-संवत् 157 = 476 ई. में बुधगुप्त राज्य कर रहा था। दामोदरपुर ताम्रपट्ट (द्वितीय) पर गुप्त-संवत् 163 = 482 ई. में बुधगुप्त के राज्य का उल्लेख है। यह तिथि दामोदरपुर ताम्रपट्ट (तृतीय) पर भी अंकित मिलती है। एरण के एक अभिलेख में गुप्त-संवत् 165 = 484 ई. में बुधगुप्त के शासन की चर्चा है। एक चाँदी के सिक्के पर गुप्त-संवत् 175 = 494 ई. अंकित है जो उसके राज्यकाल की अंतिम वर्णित तिथि है।

भूमि के सौदे : दामोदरपुर ताम्रपट्टों (नंबर 2-4) में भूमि के सौदे परंपरागत रीति से सूक्ष्मता के साथ वर्णित हैं। पहाड़पुर (पूर्वी पुंड्रवर्धन) से प्राप्त 159 = 479 ई. के एक ताम्रपट्ट में ब्राह्मणों द्वारा एक जैन विहार को दिए गए भूमि के दान का उल्लेख है। मुंगेर के एक ताम्रपट्ट-लेख में, जिसकी तिथि 169 = 488 ई. है, एक ब्राह्मण को दिए गए दान (*अक्षयनीवी*) का उल्लेख है जिससे वह बलि, चरु, वैश्वदेव, अग्निहोत्र और अतिथि नामक पंचमहायज्ञ नित्यप्रति करता रहे। रीति के अनुकूल प्रस्ताव पुस्तपाल के स्थानीय बोर्ड के पास भेज दिया गया जिसने यह आदेश दिया : "ऐसी पट्टी में अवस्थित भूमि दान दी जा सकती है जिससे पहले से बसे किसानों की खेती में कोई बाधा न पड़े" (*कुटुंबीनां कर्षणाविरोधीस्थाने*)।

सामंत और प्रांतीय राज्यपाल : अभिलेखों से निम्नांकित अधिकारियों का पता चलता है : 1. सुरश्मिचंद्र, जो कालिंदी और नर्मदा के मध्यवर्ती प्रदेश में शासन करता था, 2. परिव्राजक महाराज हस्ति, जो स्वयं स्थानीय राजाओं का स्वामी था और जिसके प्रति वे आदरसत्कार प्रकट करते थे (*पादपिंडोपजीविनः*), 3. पुंड्रवर्धन भुक्ति का उपरिक महाराज जयदत्त, 4. उपरिक महाराज ब्रह्मदत्त। उपर्युक्त पहाड़पुर के अभिलेख में निम्नांकित प्रशासकीय इकाइयों का उल्लेख है : 1. *ग्राम,* 2. पार्श्व, 3. मंडल, और 4. *वीथी।*

नरसिंहगुप्त बालादित्य (495 ई. से लगभग 510 ई.) : इसका नाम सोने के सिक्कों पर अंकित है। अभिलेखों से गुप्त-साम्राज्य पर हूणों के क्रमिक आक्रमणों का पता चलता है। 484 ई. तक मालवा पर, जो गुप्त-साम्राज्य का भाग था, मातृविष्णु और बाद में उसका भाई धन्यविष्णु शासन कर रहे थे। किंतु 510 ई. में धन्यविष्णु ने हूण नरपति तोरमाण का प्रभुत्व स्वीकार कर लिया, जैसा कि 510 ई. के एरण के अभिलेख से ज्ञात होता है।

धन्यविष्णु ने वराह अवतार का मंदिर बनवाया जिसमें विष्णु को पृथ्वी (भारतमाता ?) का प्रलय (हूण-आक्रमण ?) से उद्धार करते दिखाया गया है।

भानुगुप्त : 510 ई. के एरण से प्राप्त एक अभिलेख में उसका वर्णन एक वीर राजा (*प्रवीर*) के रूप में किया गया है। उसका आज्ञाकारी सेनानी गोपराज हूण तोरमाण के साथ लड़ता हुआ वीरगति को प्राप्त हुआ और उसकी पत्नी उसके साथ सती हो गई। इस विजय से तोरमाण ने मगध तक का प्रदेश आक्रांत कर दिया। बालादित्य हटता हुआ मगध चला गया था और तोरमाण ने उसके पुत्र प्रकटादित्य को वाराणसी में राजसिंहासन पर बैठाया था। वहीं उसकी मृत्यु हो गई थी।

चीनी यात्री श्वान- चाङ् ने एक परंपरा का उल्लेख किया है, जिससे गुप्त-हूण-संघर्ष के अस्पष्ट कथानक पर प्रकाश पड़ता है। हूण नरपति तोरमाण के बाद मिहिरकुल को, जो शिव का भक्त था और जिसने बौद्धों पर अत्याचार किए थे, मगध के बालादित्य और मालवा के जनेंद्र यशोधर्मा ने मिलकर परास्त किया। मिहिरकुल को बालादित्य ने बंदी बनाया और बाद में मुक्त कर दिया। कश्मीर जाकर उसका निधन हुआ।

यशोधर्मा : इसी बीच जनेंद्र विष्णुवर्धन यशोधर्मा ने अपनी विजयों के फलस्वरूप एक विशाल साम्राज्य का निर्माण किया जो ब्रह्मपुत्र से पश्चिमी समुद्र तक और हिमालय से महेंद्रगिरि तक फैला था। यशोधर्मा ने मिहिरकुल को अपने चरणों में प्रणाम करने पर विवश किया। मंदसोर में उसके दो लेख (जिनमें से दूसरा मालव-सवंत् 589 = 533 ई. का है) उसके इन पराक्रमों का गुणगान करते हैं जिनके फलस्वरूप उसने प्राची (पूर्वी भारत) और उत्तरी प्रदेश पर अपना साम्राज्य स्थापित किया।

स्थानीय राजा : बुद्धगुप्त और हूण-संघर्ष के बाद गुप्त-साम्राज्य का पतन

प्रारंभ हो गया। इसके बाद स्थानीय राजाओं का अभ्युदय हुआ। इनमें एक वैन्यगुप्त था जिसका पता कुमिल्ला से प्राप्त एक ताम्रपट्ट-लेख से चलता है। इसमें समतट की उत्तरमंडल-भुक्ति और उसके बहुत-से विषयों के राज्यपाल विजयसेन का उल्लेख है। इसमें उसे शैव बताया गया है, किंतु उसने महायान बौद्ध-संघ को एक अग्रहार दान किया।

कुमारगुप्त तृतीय : दामोदरपुर ताम्रपट्ट (सं 5) में, जिसकी तिथि 214 (533 ई.) अथवा 224 (543 ई.) है और जिस पर अक्षर 'कु' खुदा है, राजा को *परमदैवत-परमभट्टारक-महाराजाधिराज पृथ्वीपति* कहा गया है और उसे सम्राट्-पद से अलंकृत किया गया है। किंतु उसके विषय में तथ्यों का पता नहीं चलता।

प्रांत का प्रशासन : अभिलेखों से पुंड्रवर्धन-भुक्ति नामक महत्त्वपूर्ण प्रांत के प्रशासन-तंत्र का वर्णन मिलता है। यह एक सम्राट् द्वारा नियुक्त राज्यपाल (*उपरिक*)के अधीन था और उसके पास गज, अश्व और पदाति-रूपी तीनों अंगों से सुसज्जित सेना थी। इसमें कोटिवर्ष नामक महत्त्वपूर्ण विषय था जिसका अधिकारी स्वयंभूदेव था और जो उपर्युक्त चार सदस्यों की सामान्य गैर-सरकारी समिति की सहायता से कार्य करता था। इसमें भगवान् श्वेतवराह स्वामी का मंदिर था। इसके नाम दान की हुई भूमि थी जिससे इसकी टूट-फूट (*खंड-फुट्ट*) की मरम्मत की जा सके और इसमें धूप-दीप, पुष्पोपहार आदि पूजा के उपादान प्रस्तुत किए जा सकें। यह भूमि का अनुदान पाँच ग्रामों से ली गई भूमि की पट्टियों को मिलाकर बना था। इन पट्टियों में कुछ बंजर भूमि (*खिल*) थी और कुछ आबादी की (*वास्तु*) थी। यह प्रचलित मूल्य पर *अप्रदाधर्मेण* (सदा के लिए) दान की गई थी।

गोपचंद्र : बर्दवान के ग्राम गालसी, मल्लसारूल और फरीदपुर से प्राप्त दो ताम्रपट्ट लेखों से गोपचंद्र का पता चलता है। इससे उसके राज्य की सीमाओं का भी ज्ञान होता है। पहले लेख में राजा को *महाराजाधिराज-अप्रतिरथभट्टारक* बताया गया है। इसमें उसके एक प्रांत नव्यावकाशिक का जिक्र है जो नागदेव नामक राज्यपाल (*उपरिक*) के अधीन था। इसका एक *विषय* (जिला) वारकमंडल था।

मल्लसारूल अभिलेख में वर्धमान-भुक्ति नामक एक दूसरे प्रांत का जिक्र है। इसका प्रशासन *उपरिक कुमारामात्य, चौरोद्धरणिक* (पुलिस के सिपाही), *तदायुक्तक* (खजाने के अधिकारी), *हिरण्यसामुदायिक* (स्वर्णमुद्रा-कोश के अधिकारी), *और्णस्थानिक* (ऊन के उद्योगों के अधिकारी) और *आवसथिक* (धर्मशालाओं के अधिकारी) चलाते थे। इस अभिलेख में अन्य छोटे और स्थानीय प्रशासकीय विभागों का उल्लेख है जो अपने-अपने अध्यक्षों के अधीन थे, जैसा कि *भोगपति* (डिविजन के कमिश्नर), *विषयपति* (जिले के कलक्टर), (3) *पट्टलक* (नगर के अधिकारी अथवा सिटी मैजिस्ट्रेट) आदि शब्दों से ज्ञात होता है। ***वीथी***

नामक एक उपविभाग (तहसील) या परगना आदि का भी इसमें उल्लेख है।

विजयसेन : मल्लसारूल अभिलेख से ज्ञात होता है कि महाराज विजयसेन वर्धमान-भुक्ति का एक स्वतंत्र नरपति था। उसने एक ब्राह्मण को दैनिक पंचमहायज्ञ करने के निमित्त भूमि दान की थी। विजयसेन शैव था, किंतु बौद्ध भिक्षुओं का आदर करता था। उसके सिक्कों पर चक्रधारी विष्णु का आकार अंकित है।

धर्मादित्य : फरीदपुर से प्राप्त दो अभिलेखों में धर्मादित्य को *महाराजाधिराज परमभट्टारक-अप्रतिरथ* कहा गया है। उसने नागदेव को नव्यावकाशिक भुक्ति का *उपरिक* (राज्यपाल) नियुक्त किया। इस भुक्ति में वराकमंडल (गोआलंदा और गोपालगंज) गोपालस्वामी विषयपति के अधीन एक जिला था। इस जिले का राज्यपाल स्थाणुदत्त द्वारा नियुक्त विषयपति जजाव भी कार्य करता था। इन अभिलेखों में साधनिक नामक अधिकारी का उल्लेख है जो संभवतः *साधनों* (उपायों) का प्रबंध करता था। यह अभिलेख समुद्रतट पर प्रचलित मूल्य के अनुसार भूमि के विक्रय की सूचना देता है। यह भूमि कृष्ट (*वाप*) थी, बंजर (*खिल*) या बिना टूटी (*अप्रहत*) नहीं थी।

समाचारदेव : घुग्रहटी (फरीदपुर) के एक अभिलेख में समाचारदेव को महाराजाधिराज कहा गया है। उसके सिक्कों पर सीधी ओर *समाचार* लेख मिलता है और उलटी ओर *नरेंद्रविनत* विरुद उपलब्ध है। मनोरंजक बात यह है कि उसने अपने सिक्कों के लिए वृषभ प्रतीक अपनाया जो बाद में गौड़ के शैव राजा शशांक के प्रतीक के रूप में प्रसिद्ध हुआ।

गुप्तकालीन भारत

राजनीतिक स्वरूप : गुप्त-साम्राज्य ने उत्तरी भारत की एकता स्थापित की, और राष्ट्रीयता का भाव जाग्रत किया जो सिंहल और अन्य द्वीपों जैसे सुदूर देशों में समुद्री यात्राओं और औपनिवेशिक प्रसार में परिणत हुआ, जैसा कि समुद्रगुप्त ने स्वयं कहा है। गुप्त-राजाओं के समुद्र-पार के देशों से संबंधों की चर्चा की जा चुकी है। हमने बौद्धधर्म के अनेक केंद्रों का भी उल्लेख किया है जिन्हें खोतान, काशगर और उत्तर-पश्चिमी प्रदेशों में भारत के बाहर फा-ह्यान ने देखा था।

धर्म : ब्राह्मण-धर्म वैदिक, वैष्णव, शैव, शाक्त आदि अपने सभी रूपों में पल्लवित था। इस उदार धार्मिक दृष्टिकोण के युग में बौद्ध और जैनधर्म भी विकसित हो रहे थे। इन सब धर्मों को उनके भक्त दान और अग्रहारों से

उदारतापूर्वक प्रोत्साहन देते थे।

वैदिक धर्म अश्वमेध, वाजपेय अथवा पंचमहायज्ञ आदि प्रमुख यज्ञों के संपादन द्वारा सुरक्षित था।

वैष्णवधर्म गुप्त-सम्राटों का राजकीय धर्म था। उनके सिक्कों पर गरुड़ और लक्ष्मी की आकृतियाँ अंकित थीं और वे अपने-अपको *परमभागवत* कहते थे। विष्णु के अनेक मंदिर थे जिनमें वे अपने विविध रूपों—चक्रभृत् वराहावतार अथवा अनंतशायी—में प्रतिष्ठित थे। दिल्ली का लोहस्तंभ विष्णुध्वज है। 401 ई. की उदयगिरि की गुहा में चतुर्भुज विष्णु और द्वादशभुजा लक्ष्मी की मूर्तियाँ मिलती हैं।

शैवों के अपने मंदिर थे जिनमें शिव अपने विविध नामों—पशुपति, शंभु और अर्धनारीश्वर—मे पूजे जाते थे। एक लोकप्रिय शैव-संप्रदाय माहेश्वर कहलाता था।

शक्ति की उपासना का साक्ष्य उसके विभिन्न नामों और रूपों—भवानी, गौरी, कात्यायनी, पार्वती—से संबंधित मंदिरों से मिलता है। सप्तदेव-मातृकाओं और उनसे संबंधित डाकिनियों के भी मंदिर थे। महिषासुरमर्दिनी और देवी भद्रार्या के मंदिर भी विद्यमान थे। उदयगिरि की एक गुहा में गंगा और यमुना और उनके वाहन मकर और कूर्म की मूर्तियाँ मिलती हैं।

दो गुप्त-सम्राट् कुमारगुप्त और स्कंदगुप्त स्वामी कार्त्तिकेय के नाम पर अभिहित थे। यह युद्ध का देवता था जो विजयों की प्राप्ति कराता था। एक मंदिर में स्वामी महासेन और ब्राह्मण के नाम से उसकी पूजा होती थीं।

जैसा कि दशपुर और अंतर्वेदी के मंदिरों से पता चलता है, सूर्य की पूजा भी प्रचलित थी।

शिलालेखों से कुबेर, वरुण, यम और इंद्र जैसे गौण देवताओं की उपासना का साक्ष्य भी मिलता है।

बौद्धधर्म का प्रमुख केंद्र साँची का काकनादबोट विहार था जिसे काफी अनुदान मिले थे। जैसा कि ऊपर कहा जा चुका है, कुमारगुप्त द्वितीय के राज्यकाल में सारनाथ में तीन कलापूर्ण बुद्ध प्रतिमाएँ स्थापित की गई थीं।

जहाँ तक जैनधर्म का प्रश्न है, कुमारगुप्त प्रथम के काल में उदयगिरि की एक गुहा में पार्श्व की एक मूर्ति स्थापित की गई थी। स्कंदगुप्त के काल में एक स्तंभ के कोनों में पाँच तीर्थंकरों की मूर्तियाँ प्रतिष्ठित की गई थीं और उनके निमित्त अनुदान दिए गए थे। गुरुओं की प्रतिमाएँ गुर्वायतनों में स्थापित की जाती थीं और धर्मग्रंथ भी उपासना के लिए मंदिर में प्रतिष्ठित किए जाते थे।

जन-कल्याण : वैयक्तिक परोपकारभावना से अनुप्रेरित विविध प्रकार की संस्थाओं के माध्यम से लोक-मंगल का कार्य होता था। इनका आँखों-देखा हाल चीनी यात्री फा-हयान के यात्रा-विवरण में मिलता है। उसने धर्मशालाएँ देखी थीं जहाँ यात्रियों को निःशुल्क भोजन, वसन और पान मिलता था। उसने

चिकित्सालयों का भी उल्लेख किया है जहाँ चिकित्सक, रोगियों की औषधि और उनके खान-पान का प्रबंध होता था।

शिक्षा : अभिलेखों में शिक्षकों को *आचार्य* और *उपाध्याय* और विद्यार्थियों को *शिष्य* और *ब्रहमचारी* कहा गया है। विद्यार्थी वेदों की विभिन्न शाखाओं के अनुसार शाखाओं और चरणों में वर्गीकृत होते थे। अध्ययन के विषयों में चार वेद, छः वेदांग, पुराण, मीमांसा, न्याय, धर्म (कानून) और शालातुरीय नामक पाणिनि के व्याकरण के उल्लेख मिलते हैं। *महाभारत,* जिसे *शतसाहस्री* संहिता भी कहते थे, युधिष्ठिर, विदुर, उद्धव आदि अपने प्रधान पात्रों सहित लोकविश्रुत था।

मौखिक शिक्षा : मौखिक शिक्षण की पद्धति पर आधारित शिक्षा की व्यवस्था शताब्दियों तक चलती रही। फा-ह्यान ने लिखा है : "विद्यार्थियों को अध्यापक के शब्द सुनने, समझने और सोचने पड़ते थे। ये पद्धतियाँ उपनिषदों में वर्णित श्रवण, मनन और निदिध्यासन के अनुरूप थीं।" फा-हयान भारत में बौद्धधर्म के ग्रंथों का संग्रह करने आया था, किंतु यहाँ आकर उसने देखा कि वे एक से दूसरे अध्यापक के पास मौखिक शिक्षण द्वारा संक्रांत होते रहते थे। फलतः उसे शायद ही कोई लिखित ग्रंथ मिला हो जिसकी वह नकल कर सकता हो। केवल एक स्थान पाटलिपुत्र के एक विहार में उसे विनय, दो सूत्रों और अभिधम्म के अंशों की पांडुलिपियाँ मिलीं और उसे पहले संस्कृत बोलने और लिखने के लिए तीन वर्ष ठहरना पड़ा, तब वह उनकी नकल कर सका।

संस्कृत अभिलेखों की भाषा थी और उस युग में दैनिक व्यवहार का माध्यम भी रही थी। राजा स्वयं उसे पढ़ते थे और उसे आश्रय और प्रोत्साहन प्रदान करते थे। समुद्रगुप्त को *कविराज* की उपाधि प्राप्त थी। वह वेद और शास्त्रों में पारंगत था। मंत्री और सामंतों में शब्दार्थ-न्याय और लोकनीति के पंडित शाब वीरसेन और विप्रर्षि नाम से प्रसिद्ध मातृविष्णु जैसे संस्कृतज्ञ थे।

कला और वास्तु-शिल्प : कला धर्म की पूरक थी। धर्म इसके रूप, भाषा और विकास का नियंत्रक था। शिवपूजा तत्संबंधी मंदिरों द्वारा व्यक्त होती है। झाँसी के निकट देवगढ़ का मंदिर, जहाँ शिव को योगी के रूप में प्रस्तुत किया गया है, एक अद्भुत कलाकृति है। कोसम में 458 ई. का एक मूर्तिफलक है जिस पर शिव और पार्वती अंकित हैं। अजमेर में कमन नामक स्थान पर अच्छी शैवमूर्ति है और खोह तथा भूमरा के एकमुखलिंग प्रसिद्ध ही हैं। कानपुर के भीतरगाँव में छठी शती के मंदिर में पकी मिट्टी के सुंदर फलकों पर शैव आकृतियाँ और विषय अंकित हैं।

जहाँ तक कला में वैष्णव प्रभाव का प्रश्न है, हम निम्नांकित उदाहरण दे सकते हैं : 1. उदयगिरि के मंदिर में विष्णु का वराह-रूप में चित्रण जो प्राकृतिक शक्ति का निदर्शन है, 2. पथरी के मंदिर में बालकृष्ण और उनकी माता का कलापूर्ण अंकन, 3. झाँसी में ललितपुर के मंदिर में ध्यान-मुद्रा में अनंत पर स्थित कृष्ण का

प्रदर्शन, 4. मंडोर में चौथी शती ई. की मूर्तियों और शिल्प में कृष्ण-संबंधी दृश्यों का चित्रण।

भूमरा के मंदिर में सूर्य की एक मूर्ति मिलती है।

बौद्धधर्म ने बुद्ध और मैत्रेय और अवलोकितेश्वर जैसे बोधिसत्त्वों की कलापूर्ण प्रतिमाओं के निर्माण को प्रेरणा दी और बुद्ध के जीवन की घटनाओं के प्रदर्शन और वैश्रवण, वसुधारा, तारा और मारीचि आदि अबौद्ध देवी-देवताओं के अंकन तथा चित्रण को प्रोत्साहित किया।

तत्कालीन कला में (1) मथुरा, (2) वाराणसी और (3) पाटलिपुत्र की तीन शैलियाँ मिलती हैं। मथुरा-शैली में करीं के लाल पत्थर का उपयोग हुआ है। यहाँ विविध रूपों में बुद्ध और बोधिसत्त्व की प्रतिमाओं में यूनानी-बौद्ध कला के विदेशी तत्त्व पाए जाते हैं। वाराणसी की शैली अधिक विशुद्ध थी, यद्यपि यहाँ भी फलकों पर अंकित बुद्ध के जीवन की घटनाओं के चित्रण में गंधार-कला का प्रभाव दिखाई देता है। पाटलिपुत्र-शैली ने धातु की प्रतिमाओं के निर्माण में विशेषता प्राप्त की थी। नालंदा और कुर्किहार में काँसे की बुद्धप्रतिमाएँ पूर्णता के आदर्श को छू चुकी थीं, जैसा कि पटना के संग्रहालय में दिखाई देता है।

मंदिर-स्थापत्य का विकास : इसके अनेक चरण हैं। यह पहले पत्र-कुंज अथवा नरसलों की झोंपड़ी की तरह मूलरहित था, जैसा कि भरहुत और साँची की कला से प्रतीत होता है। फिर शांति में मनन की आवश्यकता प्रतीत हुई। ईंट और लकड़ी की कोठी या गर्भगृह में, जहाँ एक झरोखे से हीं रोशनी आती थी और उपासकों के मनन में बाधा नहीं डालती थी, शांति का स्थान बनाया जाने लगा। इसकी दीवारें कलाकृतियों से अलंकृत नहीं थीं। किंतु यह बंधन बाहरी दीवारों पर लागू नहीं होता था। मंदिर का बाह्य भाग, द्वार-तोरण, दहलीज और स्तंभ मंदिर-स्थापत्य की आवश्यकताएँ बन गई थीं। स्तंभ के भाग—*तल, दंड, ऊर्ध्व* और *शीर्ष*— कलाकारों को आकृष्ट करने लगे थे। द्वार का बाहरी भाग गंगा और यमुना-जैसी देवियों की आकृतियों से सुसज्जित होता था, जैसा कि तिगवा के मंदिर से प्रतीत होता है। बाद में मंदिर में परिक्रमापथ जोड़ा जाने लगा, जैसा कि भूमरा और नचना के मंदिरों में मिलता है। इसमें अलंकृत छतें, चैत्यगवाक्ष और पदक मिलते हैं जिन पर वृषभारोही शिव, गणेश अथवा कार्तिकेय की आकृतियाँ अंकित हैं। देवगढ़ में मंदिर पूर्ण विकसित रूप में मिलता है। इसके चारों तरफ चार बरामदे हैं जो चार-चार खंभों की पंक्तियों पर स्थित हैं। मंदिर के गर्भगृह के ऊपर एक शिखर है जो क्रमशः पतला होता हुआ एक चोटी में परिणत हो जाता है।

गुप्त-स्थापत्य में पृथक् स्तंभ भी मिलते हैं, जैसे एकांत में स्थित दिल्ली का लोहस्तंभ अथवा 484 ई. का एरण का पाषाणस्तंभ।

समाज : समाज वर्णाश्रमधर्म से नियंत्रित था, जिसकी झाँकियाँ अभिलेखों में मिलती हैं। अंतर्जातीय विवाहों द्वारा जातीय सम्मिश्रण वर्णसंकर के नाम से गर्हित

था। ब्राह्मण तप, स्वाध्याय (वैदिक अध्ययन) और मंत्र, सूत्र, भाष्य और प्रवचनों के अध्ययन में रत रहते थे और जीवन और चिंतन के उच्चतम आदर्शों के प्रतीक थे। उन्हें योगी कहते थे और वे सिद्धि और मोक्ष की प्राप्ति के लिए एकाग्र चिंतन में निमग्न (*ध्यान-एकाग्र-पर*) रहते थे। बहुत-से मुनि होते थे जो तीव्र तपस्या द्वारा तपोधन का संचय करते थे। यही उनका कोश था। अभिलेखों में ब्राह्मणों के धार्मिक कृत्यों के संपादन के निमित्त दिए गए भूमि के अनुदानों और अग्रहारों की भरमार है।

आर्थिक जीवन : तत्कालीन कृषि का लक्षण घनी खेती था जिससे कोई भूमि बिना टूटी (*अप्रहत*) नहीं बची थी। अभिलेखों से पता चलता है कि अनुदान के लिए एक ही स्थान पर पर्याप्त भूमि मिलना कठिन था। विभिन्न क्षेत्रों और ग्रामों से भूमि के टुकड़े जोड़-जाड़कर अनुदान को पूरा किया जाता था।

श्रेणी-निगम : आर्थिक जीवन श्रेणी अथवा निगमों द्वारा संचालित था। श्रेष्ठी-साहूकारों की अपनी श्रेणियाँ थीं। इसी प्रकार *कुलिकों* (कारीगरों) और *सार्थवाहों* (व्यापारियों) की श्रेणियाँ थीं। श्रेणियों के संघ भी होते थे, जैसा कि *श्रेष्ठीकुलिकनिगम अथवा श्रेष्ठीसार्थवाह कुलिकनिगम* आदि से प्रतीत होता था जो वैशाली से प्राप्त सिक्कों पर लिखे मिलते हैं। जैसा कि जूल ब्लॉख ने लिखा है, ये संस्थाएँ आधुनिक व्यापार-मंडल (चेंबर ऑफ कामर्स) का कार्य करती थीं।

बैंक : हम देख चुके हैं कि ये निगम बैंकों का कार्य करते थे। इनमें दान और नावी जमा कर दी जाती थी जिन्हें वे न्यास के रूप में सुरक्षित रखते थे और वैयक्तिक परोपकार-वृत्ति को प्रोत्साहन देते थे।

जन-हित-कार्य : अभिलेखों में *वापी* (कुएँ), *तटाक* (तालाब), मन्दिर (*सुरसद्म-सभा*), जलाशय (*उदयान*), उपवन, झील (*दीर्घिका*), देवप्रासाद (*देवकुल*), मंदिरों के प्रकोष्ठ (*देवसभा*), विहार और *विमानमाला* (कई तल्लों की प्रासाद-मालाओं) जैसे सार्वजनिक स्थानों का वर्णन मिलता है।

प्रशासन : नृपति राज्य का प्रधान राजा होता था। अभिलेखों में सम्राट् को *महाराजाधिराज, एकाधिराज* अथवा *चक्रवर्ती* कहा गया है।

राज-प्रासाद के कर्मचारी महाप्रतीहार के अधीन थे।

इकाइयाँ : राष्ट्र, देश, पृथ्वी अथवा अवनि से राज्य का बोध होता था। प्रांत *भुक्ति* अथवा *प्रदेश* कहलाते थे। *भुक्ति* से नीचे 1. *भोग* (डिवीजन), 2. *विषय* (जिले), 3. *वीथी* (तहसील परगना), और इनके नीचे 4. *मंडल* (ग्राम-समूह), 5. *पेठक,* 6. *पार्श्व,* 7. *ग्राम,* 8. *पत्त,* और 9. *अग्रहार* होते थे।

राज्यपाल *गोप्ता,* उपरिक *महाराज* अथवा *राजस्थानीय* कहलाता था। अन्य उच्चाधिकारी *महादंडनायक* (चीफ जस्टिस), *बलाधिकरणिक* (सेनापति); *विनयस्थितिस्थापक* (शांति और व्यवस्था का मंत्री), *दंडपाशाधिकरणिक* (पुलिस का मुख्य), *चौरोद्धरणिक* (गुप्तचर विभाग का अध्यक्ष) और *महाक्षपटलिक*

(प्रधान आय-व्यय-निरीक्षक) होते थे।

जिले का अध्यक्ष *विषयपति* होता था। उसके कर्मचारियों में 1. *शौल्किक* (कर वसूल करनेवाला), 2. *गौल्मिक* (स्थानीय फौज अथवा जंगलों का अधिकारी), और 3. *पुस्तपाल, 4. करणिक* (दस्तावेजों का संरक्षक), और 5. *लेखक* (कातिब) प्रमुख होते थे। एक चार सदस्यों की गैरसरकारी समिति विषयपति की सहायता करती थी, जैसा कि ऊपर कहा जा चुका है।

नगर का मेयर या मैजिस्ट्रेट *पुरपाल* अथवा *नगराध्यक्ष* कहलाता था। नगरपालिकाओं का मंत्री *पुरपाल-उपरिक* होता था।

कर और आय के साधन : इनका उल्लेख अभिलेखों में भूमि के अनुदान और उनसे संबंधित माफियों के वर्णन में मिलता है। ग्राम्य करों में निम्नांकित देयों की गणना इस प्रकार है : 1. *कर* (टैक्स), 2. *प्रणय* (ग्रामवासियों पर लगाया गया अनिवार्य या स्वेच्छ चंदा), 3. *विष्टि* (बेगार), 4. *पुष्प* (फूल) और *क्षीर* (दूध) से आय, 5. दूध के लिए गौ और यातायात के लिए बैल (*बलीवर्द*) देना, 6. *चर्मांगारक* (चमड़ा और कोयला), 7. *चारासन* (चरागाहों का शुल्क), 8. *लवण* (नमक), *क्लिन्न* (तेल)-*किण्व* (औषध)-*खातक* (खान) की आय, 9. *वाहन* (मुफ्त भार का लाना-ले जाना), 10. *भट* (पुलिस), *चाट* (लुटेरों) द्वारा अप्रवेश्य (पीड़न से मुक्ति) का कर, 11. दस प्रकार के अपराधों (*दशापराध*) पर किए गए जुर्माने, 12. *भोग* (आयकर), और 13. *भाग* (उपज का राजकीय अंश)।

वाकाटक-वंश (लगभग 250-500 ई.) : यह एक शक्तिशाली स्थानीय वंश था जिसका गुप्त-साम्राज्य से संबंध और संघर्ष था। समुद्रगुप्त की प्रयाग-प्रशस्ति से पता चलता है कि समुद्रगुप्त ने आर्यावर्त के राजा रुद्रदेव को परास्त किया था जिसकी पहचान वाकाटकनरेश रुद्रसेन प्रथम (344-348 ई.) से की जाती है। इस अभिलेख में व्याघ्रराज का भी उल्लेख है जो वाकाटक नरपति पृथ्वीषेण प्रथम (348-375 ई.) का सामंत व्याघ्र प्रतीत होता है। पृथ्वीषेण प्रथम ने अपने पुत्र रुद्रसेन द्वितीय का विवाह सम्राट् चंद्रगुप्त द्वितीय की पुत्री प्रभावतीगुप्त से किया था। वह बुंदेलखंड से कुंतल तक के प्रदेश पर राज्य करता था। और अभिलेखों में कुंतलेश्वर नाम से प्रसिद्ध था। मिराशी के मतानुसार कुंतलेश्वर से अभिप्राय मानपुर के राष्ट्रकूट-वंश के संस्थापक मानांक के पुत्र देवराज से है।

यह वंश संभवत: दो शाखाओं में विभक्त था—उत्तरी शाखा, जिसका संबंध पृथ्वीषेण प्रथम और रुद्रसेन द्वितीय से था और वत्सगुल्म शाखा, जिसके अंतिम राजा हरिषेण ने 500 ई. के लगभग एक विस्तृत प्रदेश पर विजय प्राप्त की।

रुद्रसेन द्वितीय का उत्तराधिकारी प्रवरसेन द्वितीय था जिसके राज्य में अमरावती, वर्धा, नागपुर आदि प्रदेश सम्मिलित थे, जहाँ उसने भूमि के अनुदान दिए। दूसरी शाखा के हरिषेण ने विस्तृत प्रदेश को जीता जिसमें 1. कुंतल (कन्नड़-देश, जिसकी राजधानी प्रतिष्ठान थी), 2. अवंति, 3. कलिंग, 4. दक्षिण-

कोसल, 5. चित्रकूट (अपरांत अथवा नासिक के पश्चिम का उत्तरी कोंकण), 6. लाट (मध्य और दक्षिणी गुजरात), और 7. आंध्र (गोदावरी के दक्षिण का भाग) शामिल थे (अंजता-गुहा 16 का अभिलेख)।

स्थानीय राज्य : गुप्त-साम्राज्य के पतन के उपरांत तीन प्रमुख स्थानीय राज्यों का अभ्युदय हुआ : 1. मालवा के गुप्त, 2. कान्यकुब्ज के मौखरी, और 3. वलभी के मैत्रक।

मालवे के गुप्त-राजाओं का पता अनेक अभिलेखों से चलता है जिनमें मौखरियों के साथ उनके संघर्ष की चर्चा है जो सार्वभौम प्रभुत्व के लिए प्रयत्न कर रहे थे। मौखरी राजा ईश्वरवर्मा को धारा, विंध्य और रैवतक (गिरनार) तक के प्रदेश की विजय का श्रेय दिया जाता है। उनके पुत्र ईशानवर्मा ने आंध्र, शूलिक (कलिंग के निकट), गौड और मालव-राजा कुमारगुप्त को परास्त किया। उसके पुत्र शर्ववर्मा ने मालवे के एक अन्य राजा दामोदर गुप्त को पराजित किया। किंतु मालवा राजा महासेनगुप्त ने मौखरी नरपति सुस्थितवर्मा को हराकर बदला लिया।

इसके बाद गुप्त और मौखरी हर्ष के संपर्क में आए और उसके साम्राज्य में विलीन हो गए।

वलभी में सेनापति भटार्क द्वारा संस्थापित एक तीसरा स्थानीय राज्य था। भटार्क के बाद धरसेन प्रथम, द्रोणसिंह (उसका भाई), ध्रुवसेन प्रथम और धारपट्ट गद्दी पर आए। इस वंश का एक प्रसिद्ध राजा ध्रुवभट द्वितीय था, जिसके साथ वलभी के आक्रमण के पश्चात् हर्ष ने अपनी कन्या का विवाह किया था। वह संभवतः मो-ला-पो (मालव) का राजा था जिसे श्वान-चाङ् ने कान्यकुब्ज के राजा शीलादित्य का दामाद बताया है। ऐसी दशा में उसने मालवा पर विजय प्राप्त की थी। 649 ई. के एक अभिलेख में उसके पुत्र धरसेन चतुर्थ ने अपने-आपको चक्रवर्ती बताया है जिसका सभाकवि भट्टि था। वलभी का अंतिम राजा 766 ई. का शीलादित्य सप्तम था।

ग्यारहवाँ अध्याय

हर्ष का साम्राज्य

साधन : हर्ष का इतिहास अंशतः बाण के *हर्षचरित* और अंशतः चीनी विद्वान् श्वान-चाङ् के *यात्रा-विवरण* में मिलता है। अभिलेख और सिक्के भी इस पर कुछ प्रकाश डालते हैं।

हर्ष के पूर्वज : हर्ष के वंश का संस्थापक पुष्यभूति शैव और तांत्रिक था। उसके पिता का नाम प्रभाकर था।

प्रभाकर ने अपनी विजयों से प्रतापशील की उपाधि प्राप्त की थी। बाण के अनुसार वह हूणों के लिए आतंक (*हूण-हिरण-केसरी*) था और उसकी शक्ति और प्रभाव गुजरात, मालवा, लाट और सुदूर गंधार तक फैल गया था। अतः मधुवन-ताम्रपट्टलेख में उसे *महाराजाधिराज* कहा गया है।

प्रभाकर के राज्य और हर्ष दो पुत्र और राज्यश्री नाम की एक पुत्री थी। मालवा के दो राजकुमार कुमारगुप्त और माधवगुप्त राज्यसभा में दोनों राजकुमारों के सहचरों के रूप में रहते थे। राज्यश्री का विवाह मौखरी-राजकुमार गृहवर्मा से हुआ।

इस समय हूणों ने राज्य की शांति को भंग कर दिया और उसके उत्तरी भाग पर छा गए। इस संकट का सामना करने के लिए राज्य को, जो केवल 18 वर्ष का नवयुवक था, सेवा और सामंतों के साथ भेजा गया। हर्ष भी, जो केवल 15 वर्ष की उम्र का था, एक अश्वसेना लेकर पहाड़ की तलहटी में शिकार खेलने के लिए उसके पीछे-पीछे चल पड़ा।

राजा की मृत्यु : जब दोनों लड़के दूर थे, राजा को भयंकर रोग लग गया जिसकी सूचना शिकार में रत हर्ष को कुंजरक नामक पत्रवाहक ने दी। हर्ष तुरंत घर लौटा, किंतु अपने पिता को जीवित न देख सका। उसकी माता यशोवती अपने पति के साथ सती हो गई। उसने तुरंत तेज ऊँटों के सवारों को अपने भाई को बुलाने भेज दिया।

राज्यवर्धन का अभिषेक : राज्य, जिसके शरीर पर घाव थे, राजधानी लौटा और अपने भाई को राज्य देने का विचार करने लगा, किंतु हर्ष ने यह बात अस्वीकार कर दी।

राज्यश्री का दुर्भाग्य : दुर्भाग्यवश एक पत्रवाहक यह सूचना लाया कि

मालवा के राजा देवगुप्त ने राजश्री के पति गृहवर्मा को मारकर उसे बंदी बना लिया है। राज्य तुरंत 10,000 अश्वसेना लेकर भंडि के साथ शत्रु के विरुद्ध युद्ध करने के लिए चल पड़ा।

राज्यवर्धन का वध : बहुत शीघ्र राज्य की अश्वसेना के अध्यक्ष कुंतल ने हर्ष को यह दुखद सूचना दी कि राज्य के मन में, जिसने सरलता से मालव-सेना पर विजय प्राप्त कर ली थी, गौड़ के राजा ने, जो मालवा के राजा से मिला हुआ था, मिथ्या उपचारों से विश्वास उत्पन्न कर दिया और अपने भवन में उस विश्वासी, एकाकी, शस्त्रहीन का वध कर दिया। यह गौड़ का राजा शशांक के अतिरिक्त और कोई नहीं था। एक अभिलेख से इस तथ्य की पुष्टि होती है। "राजा ने युद्ध में देवगुप्त और अन्य प्रतिद्वंद्वियों को परास्त किया और शत्रु के मकान में उसके वचनों पर विश्वास करके (*सत्यानुरोध वै*) अपने प्राण दे दिए।" इस प्रकार राज्य के काल में कन्नौज के विरुद्ध मालव और गौड़ ने मिलकर षड्यंत्र रचा।

बहन का उद्धार : हर्ष को स्वयं संकट का सामना करना पड़ा और "आपत्तियों के समुद्र के विरुद्ध शस्त्र उठाने पड़े।" मंत्रिपरिषद् ने उसे राज्यसिंहासन के लिए निमंत्रित किया और छोटे-छोटे विद्रोही राज्यों को एक-एक करके परास्त करने के स्थान पर दिग्विजय का परामर्श दिया। मुख्यमंत्री अवंति की घोषणा के अनुसार वह हस्ति-सेना के अध्यक्ष स्कंदगुप्त और सामंतों तथा राजाओं के साथ इस कार्यक्रम के लिए चल पड़ा। मार्ग में उसे कामरूप के राजा भास्करवर्मा ने सहायता का वचन दिया। इसके बाद उसे भंडि मिला, जिसने सूचना दी कि उसकी बहन राज्यश्री बंदीगृह से मुक्त होकर बिन्ध्याटवी में चली गई है। वह अपनी बहन की खोज में चल पड़ा और जब वह अग्नि द्वारा अपना प्राणांत करने को उद्यत थी, उसने ठीक समय पर पहुँचकर उसे रोक दिया और उसकी रक्षा की।

दिग्विजय : घरेलू कष्टों से मुक्त होकर हर्ष ने दिग्विजय के कार्यक्रम का श्रीगणेश किया। 5,000 हाथी; 20,000 घोड़ों और 50,000 पदातियों की सेना लेकर, जैसा कि बाण ने लिखा है, दिग्विजय के लिए चला। श्वान-चाङ् ने लिखा है कि पहले उसने पूर्व की ओर प्रस्थान किया और उन राज्यों को परास्त किया जिन्होंने उसका विरोध किया। छः वर्ष तक निरंतर युद्ध करने के पश्चात् उसने भारत के पाँचों भागों को अपने अधीन किया। ये पाँच भाग स्वराष्ट्र (पंजाब), कान्यकुब्ज, गौड़, मिथिला और उड़ीसा थे। बाण ने इस विजय-तालिका में सिंध, हिम-प्रदेश (संभवतः हिमाचल प्रदेश) और नेपाल को भी सम्मिलित किया है। वलभी का राज्य इस समय मालवा, कच्छ और सौराष्ट्र तक फैला हुआ था।

पुलकेशी द्वारा रोक : उसकी दिग्विजय का कार्यक्रम विंध्यप्रदेश में रेवा के तट पर पूर्ण रूप से रुक गया जब दक्षिण के नरपति पुलकेशी द्वितीय ने, जिसे अभिलेखों में *परमेश्वर* की सार्वभौमिक उपाधि से अलंकृत किया गया है, उसे

परास्त किया। पुलकेशी को *सकलोत्तरापथनाथ* हर्षवर्धन का विजेता कहा गया है।

सेना : हर्ष ने 30 वर्ष तक उत्तरी भारत में बिना शस्त्र उठाए शांतिपूर्वक राज्य किया, जैसा कि श्वान-चाङ् ने लिखा है। उसने अपनी समृद्ध सैनिक शक्ति के कारण शांति स्थापित की। श्वान-चाङ् ने उसकी सेना का अनुमान 60,000 हाथी और 1,00,000 घोड़े लगाया है। हाथी स्थानीय राजाओं द्वारा दान में मिले थे और कुछ उसके गजक्षेत्राधिकारियों द्वारा पकड़े गए थे, घोड़े वनायु (अरब), फारस, कंबोज, आरट्ट और सिंधु से आते थे, जैसा कि बाण ने लिखा है। उसने एक ऊँटों के दस्ते का भी उल्लेख किया है।

उत्तरी भारत पर आधिपत्य : इन सब विजयों के उपरांत हर्ष सकलोत्तरापथनाथ के रूप में उत्तरी भारत का सार्वभौम सम्राट् बन गया था। उसके सार्वभौम रूप का साक्ष्य विभिन्न राज्यों से उसके संबंधों एवं उनके प्रदेशों में उसके अनुसंयानों (यात्राओं) द्वारा प्रकट होता है। श्वान-चाङ् की जीवनी के अनुसार उसने कामोद अथवा गंजाम तक की यात्रा की और उड़ीसा में छावनी डालकर वहाँ एक महायान सभा बुलाई, जिसमें नालंदा के विद्वानों ने भाग लिया। इस सभा में स्थानीय बौद्ध विद्वान् जयसेन की विद्वत्ता का महत्त्व प्रकट हुआ जिसे हर्ष ने उड़ीसा के अस्सी बड़े नगरों की आय पारितोषिक रूप में प्रदान की।

अन्य राजाओं के साथ उसके जो संबंध रहे, उनसे ज्ञात होता है कि वे उसके प्रभुत्व-क्षेत्र के अंतर्गत थे। उसने कश्मीर के राजा को बुद्ध का एक अवशेष लौटाने पर विवश किया और असम के राजा को अपने सामंत के रूप में अभिषिक्त किया। जालंधर के राजा उदित को उसने समस्त भारत में बौद्धधर्म के कार्यकलाप के नियंत्रण के लिए नियुक्त किया। जब श्वान-चाङ् अपने देश को वापस लौट रहा था तो हर्ष ने उसे सीमाप्रदेश तक सुरक्षित रूप से ले जाने के लिए नियुक्त किया। उसने अन्य राज्यों के अध्यक्षों के नाम पत्र लिखे कि वे चीनी यात्री की यात्रा की सुरक्षा के लिए वाहन और रक्षकों का प्रबंध करें। उसके बाद उसने स्वयं अपने मित्र असमनरेश कुमार और वलभी के राजा ध्रुवभट के साथ इन रक्षकों का निरीक्षण किया। इस प्रकार उसने अपने सार्वभौम पद का प्रयोग किया।

विदेशी दूत : उसने चीन में दूतमंडल भेजे। 641 ई. में उसने चीनी सम्राट् की सभा में एक ब्राह्मण दूत भेजा। चीनी राज्य की ओर से 645 ई. में एक दूतमंडल बदले में आया। वाङ्-ह्यून-त्से के अधीन एक अन्य दूतमंडल उसके राज्य में आया। (स्मिथ : *अर्ली हिस्ट्री ऑव इंडिया,* तीसरा संस्करण, पृ. 352)।

कन्नौज की सभा : हर्ष निश्चित समय के बाद धार्मिक प्रचार के लिए बड़ी-बड़ी सभाएँ बुलाया करता था। एक ऐसी सभा कन्नौज में हुई जिसमें श्वान-चाङ् ने महायान पर प्रवचन किए। इस सभा में अनेक बौद्ध भिक्षुओं, विद्वानों और ब्राह्मणों के अतिरिक्त अठारह राजा भी सम्मिलित हुए जिनमें असम

और वलभी के राजा प्रमुख थे । सभा 23 दिन तक चलती रही, किंतु अंत में कुछ षड्यंत्रकारियों ने, जो महायान के इस एकपक्षीय प्रचार के विरुद्ध थे, मंडप में आग लगा दी । 500 ब्राह्मणों को षड्यंत्रकारी घोषित करके देश-निर्वासित किया गया ।

प्रयाग की सभा : राजा दान बाँटने के लिए प्रति पाँच वर्ष पर एक बड़ी सभा बुलाया करता था । इसे ठीक ही *मोक्षपरिषद्* कहते थे । यह पाँच वर्ष में एक बार होती थी । इसका छठा अधिवेशन 635 ई. में प्रयाग में हुआ जिसमें श्वान-चाङ् स्वयं सम्मिलित हुआ और लगभग पाँच लाख व्यक्तियों ने भी भाग लिया ।

हर्ष के अप्रतिम दान : इस सभा का कार्यक्रम बड़ा उदार था । इसमें बुद्ध, आदित्य (सूर्य) और ईश्वर (शिव) की पूजा हुई थी । वह बौद्ध, अबौद्ध, ब्राह्मण, स्थानीय और विदेशी लोगों को दान देता था । 10,000 चुने हुए बौद्धों में हरेक को 100 स्वर्णमुद्राएँ, एक मोती और एक सूती वस्त्र दिया जाता था । पाँच वर्ष तक कोश में जो कुछ संचय होता था, वह सब इस सभा में खाली कर दिया जाता था । इस प्रकार हर्ष अपने अप्रतिम दान का उदाहरण प्रस्तुत करता था । वह अपने शरीर के वस्त्र, रत्न और आभूषण तक उतारकर दान कर देता था और अपनी बहन से माँगकर वस्त्र पहनता था ।

प्रशासन : शासन राजा में केंद्रित था जो लोकमंगल का प्रतीक था । उसकी मंत्रिपरिषद् का राजा के निर्वाचन में हाथ होता था । हर्ष के विषय में इसका स्पष्ट प्रमाण मिला । परिषद् विदेशी नीति भी निर्धारित करती थी । इस परिषद् की गलती से ही राज्य को शत्रु-शिविर में भेजा गया जहाँ धोखे से उसका वध किया । जैसा कि बील (पृ. 211) ने लिखा है : "अपने मंत्रियों की भूल के कारण उसने अपना शरीर शत्रुओं के हाथ में दे दिया ।"

राजकीय यात्राएँ : राजा सदा घूमता रहता था । अन्य स्थानों के अतिरिक्त उसने इन स्थानों की यात्रा की : राजमहल, कन्नौज, प्रयाग, मणितारा (अवध), उड़ीसा, कश्मीर, वलभी, रेवा और गंजाम । इन सुदूर प्रदेशों की यात्राओं से राजा को अपनी प्रजा की वास्तविक स्थिति का पता चलता था । श्वान-चाङ् के अनुसार घर पर राजा सदैव काम करता रहता था । "वह अथक था, दिन उसके लिए बहुत छोटा था" (*वही,* पृ. 344), कर्त्तव्यपरायणता के कारण वह भोजन और शयन को भी भूल गया था ।

मुख्य अधिकारी : बाण ने उसके निम्नांकित मुख्य अधिकारियों का उल्लेख किया है : 1. विदेशी मामलों और युद्ध का मंत्री अवंति, 2. सेनापति सिंहनाद, 3. मुख्य अश्वाध्यक्ष कुंतल, 4. हस्तिसेना का मुख्य स्कंदगुप्त, 5. मधुवन-ताम्रपट्ट में वर्णित एक अन्य दूतक स्कंदगुप्त, 6. इस ताम्रपट्ट में वर्णित अक्षपटलिक ईश्वरगुप्त, 7. बाँसखेड़ा-ताम्रपट्ट में वर्णित अक्षपटलिक भानु ।

उनका वेतन : मंत्रियों और कर्मचारियों को वेतन नकद की बजाए भूमि के

अनुदान के रूप में मिलता था। श्वान-चाङ् ने लिखा है कि राजा राज्य की भूमि का एक-चौथाई भाग सरकारी कर्मचारियों के वेतन के लिए सुरक्षित रखता था और एक-चौथाई की आय से शासन और प्रजा का खर्च चलाता था। सेना को नकद वेतन मिलता था।

यदि श्रमिकों को काम करने पर विवश किया जाता था तो उन्हें पारिश्रमिक दिया जाता था।

आय : उपज का छठा हिस्सा लगान के रूप में लिया जाता था। चुंगी की चौकियों और नदियों के घाटों पर चुंगी ली जाती थी। कर और हिरण्यादि से भी राज्य की आय होती थी।

मुद्राएँ : *श्री प्रतापसल* (प्रतापशील) और *श्री शलदत्त* (शीलादित्य) के चाँदी के सिक्के मिलते हैं। ये प्रभाकर और हर्ष के सिक्के हो सकते हैं, क्योंकि उनके विरुद इनसे मिलते हैं। एक सोने का सिक्का भी मिला है जिसके सीधी ओर *हर्षदेव* लिखा है और घुड़सवार की आकृति अंकित है। हर्ष की दो मुद्राएँ भी मिली हैं। सोनपत की मुद्रा पर शिव का वाहन नंदी अंकित है, जिसका उपासक उसका वंशप्रवर्तक था। दूसरी मुद्रा के टुकड़े नालंदा में मिले हैं। इस पर श्रीहर्ष का नाम लिखा हुआ है और उसे *माहेश्वर, सार्वभौम* और *महाराजाधिराज* कहा गया है।

हर्ष के राज्यकाल में देश की भौतिक और नैतिक उन्नति का मूल्यवान विवरण बाण और श्वान-चाङ् की कृतियों में मिलता है।

श्वान्-चाङ् का भारत-वर्णन : चीनी यात्री के अनुसार विदेशी लोग भारत को ब्राह्मणों का देश समझते थे, जो बहुत पवित्र और सर्व वर्गों से अधिक समादृत थे। सभ्य वर्ग, जिसमें बौद्ध भी शामिल थे, संस्कृत भाषा का प्रयोग करते थे।

संप्रदाय और संन्यासी : ब्राह्मण-धर्म अनेक संप्रदायों में विभक्त था, जो बाह्य विशिष्ट चिह्नों—जैसे मुंडमाल, घुटे सिर, गाँठ में बँधे बाल और भस्म से रँगे शरीर—द्वारा पहचाने जाते थे।

बाण के अनुसार विभिन्न संप्रदाय कृष्ण, कपिल, कणाद, न्याय उपनिषद्, लोकायत आदि के अनुयायी थे। बाण ने संन्यासी विधवाओं, पाराशर, जैन, शैव, कापालिक आदि संप्रदायों का उल्लेख किया है।

श्वान-चाङ् के अनुसार ये संन्यासी त्याग-तपस्या का जीवन व्यतीत करते थे, धन की चिंता नहीं करते थे, अपना भोजन माँगकर खाते थे और अपरिग्रह के आदर्श का पालन करते थे। ''राजा उन्हें दरबार में आने को बाध्य नहीं कर सकते थे। ये संन्यासी देश-भर में घूमते रहते थे और उस समय के ज्ञान-विज्ञान के संबंध में लोगों में प्रवचन करने से नहीं थकते थे।''

शिक्षा के केंद्र : श्वान-चाङ् का उद्देश्य भारत के सांस्कृतिक केंद्रों और बौद्धों एवं ब्राह्मणों के तीर्थों की यात्रा करना था। बौद्धों के केंद्र विहार थे। श्वान-चाङ् के अनुसार उनकी संख्या 5,000 थी और उनमें रहनेवाले भिक्षु दो लाख थे। यह

उल्लेखनीय है कि उसे इन विहारों में अबौद्ध-भिक्षु भी मिले। कश्मीर एक प्रमुख बौद्ध-केंद्र था जहाँ के राजा और बीस कर्मचारियों ने चीनी यात्री को हस्तलिखित ग्रंथों की प्रतिलिपियाँ तैयार करने में सहायता की।

नालंदा महाविहार : उस युग का सबसे प्रमुख शिक्षा-केंद्र नालंदा का महाविहार या विश्वविद्यालय था, जहाँ श्वान-चाङ् 635 ई. से 640 ई. तक 5 वर्ष रहा। वहाँ उसने महाविहार के अध्यक्ष शीलभद्र के चरणों में बैठकर योग का अध्ययन किया। नालंदा एक स्नातकोत्तर विश्वविद्यालय था, जिसमें 8,500 विद्यार्थी 1,510 शिक्षकों से शिक्षा पाते थे। शिक्षक और विद्यार्थी का अनुपात 1 : 5 था। इस अनुपात के अनुसार शिक्षकों और विद्यार्थियों का वैयक्तिक संपर्क था जो शैक्षणिक दक्षता का आधार था।

प्रवेश : नालंदा में एक कठिन परीक्षा के बाद प्रवेश मिलता था, जिसमें केवल 20 प्रतिशत विद्यार्थी उत्तीर्ण होते थे। कोरिया, मंगोलिया, जापान, चीन, तुखार, तिब्बत, लंका आदि विदेशों से विद्यार्थी और विद्वान् यहाँ पढ़ने के लिए आया करते थे, जैसा कि श्वान-चाङ् ने लिखा है। श्वान-चाङ् को ऐसे 56 विद्यार्थी मिले। इनमें से कुछ ने भारतीय नाम रख लिए थे। ह्वान-चाओ ने अपना नाम प्रकाशमति रखा; ताओही, ताओ-चेङ्, ता-चेङ्-तेङ्, ताओ-लिन और लिङ्-युन क्रमशः श्रीदेव, चंद्रदेव, महायान प्रदीप, शीलप्रभ और प्रज्ञादेव कहलाते थे।

विचार-गोष्ठी : अध्यापन-पद्धति उच्च शिक्षा के लिए उपयुक्त थी। यह गोष्ठियों में विचारों के आदान-प्रदान पर आधारित थी। प्रतिदिन इस प्रकार की 100 विचार-गोष्ठियाँ होती थीं। श्वान-चाङ् ने लिखा है, "अध्ययन और मनन में वे इतने व्यस्त रहते थे कि उन्हें दिन बहुत छोटा प्रतीत होता था, छोटे और बड़े एक-दूसरे की पूरी सहायता करते थे जिससे सभी पूर्णता प्राप्त कर सकें।"

अध्ययन के विषय : अध्ययन के विषयों से दृष्टिकोण की उदारता प्रकट होती है। ब्राह्मणधर्म एवं बौद्धधर्म के ग्रंथ, धार्मिक और आमुष्मिक विषय, कला और विज्ञान, शिल्प और उद्योग—सबकी शिक्षा की व्यवस्था थी। हेतुविद्या (तर्क), शब्दविद्या (व्याकरण), चिकित्साविद्या (भैषज्य), सांख्य, योग, न्याय और सर्वास्तिवाद, माध्यमिक आदि विभिन्न बौद्ध-दर्शनों की शिक्षा का पूर्ण प्रबंध था। यह उल्लेखनीय है कि चिकित्सा-संबंधी शिक्षा अनिवार्य थी। ई-चिङ् ने इसे सामाजिक सेवा के लिए उपयोगी पाया था।

प्रमुख शिक्षक : नालंदा के शिक्षकों में शीलभद्र, नागार्जुन, आर्यदेव, असंग, बसुबंधु और दिङ्नाग जैसे प्रतिभाशाली व्यक्ति थे जो विभिन्न युगों में वहाँ प्रशिक्षण-कार्य करते थे। श्वान-चाङ् के अनुसार नालंदा के पिवशाल शैक्षणिक प्रांगण में सात विहार और आठ प्रकोष्ठ थे, जो विद्यार्थियों के निवास की आवश्यकताओं की पूर्ति करते थे। विहार कई नभचुंबी तल्लों के प्रासाद थे। विश्वविद्यालय के पुस्तकालय का भवन नौ तल्लों का था।

मुद्राएँ : विश्वविद्यालय की अपनी निजी मुद्रा थी जिस पर *श्री नालंदा महाविहार-आर्य-भिक्षु-संघस्य* लेख उत्कीर्ण था। विश्वविद्यालय से संबंधित पृथक् विहार या विद्यालय थे और उनकी अलग-अलग मुद्राएँ थीं। उदाहरणार्थ ऐसी एक मुद्रा गुणाकर नामक संघ अथवा विद्यालय की थी (*श्री नालंदा महाविहार-गुणाकर-बुद्ध-भिक्षुणाम्*)। स्थानीय विद्यालयों के अतिरिक्त विदेशी विद्यालय भी इस विश्वविद्यालय से संबद्ध थे। ऐसा एक विद्यालय सुवर्णद्वीप (जावा-सुमात्रा) के शैलेंद्रवंश के महाराज बलपुत्रदेव ने स्थापित किया था। यह तथ्य पाल-राजा देवपालदेव (854 ई.) के एक अभिलेख से ज्ञात होता है जिसकी सभा में इस विदेशी राजा ने अपने राजदूत (दूतक) बलवर्मा के द्वारा अनुदान भेजा था। इस अनुदान द्वारा जावा के विदेशी छात्रों को, जो नालंदा में शिक्षा प्राप्त करते थे, निःशुल्क भोजन, वसन और जीवन की आवश्यकताओं के अन्य पदार्थ मिलते थे।

विश्वविद्यालय अपने कृषिक्षेत्र और दुग्धशाला से खाद्यपदार्थ प्राप्त करता था। इनका प्रबंध सुचारु रूप से किया जाता था। जैसा कि चीनी-यात्री ने लिखा है, प्रतिदिन विश्वविद्यालय में कई सौ *पेकूल* साधारण चावल और कई सौ कोही मक्खन और दूध से लदे हुए छकड़े आते थे (एक पेकूल = 133 पौंड = 66½ सेर = 1½ मन; एक कोही = .150 पौंड = 75 सेर = लगभग 2 मन)। इस प्रकार विद्यालय अपने विशाल जनसमूह के भोजन के लिए अपने खेतों से ही चावल, दूध, मक्खन आदि खाद्यपदार्थों की प्राप्ति की व्यवस्था करता था।

नालंदा की तरह बाण द्वारा वर्णित विंध्याटवी में दिवाकरमित्र का आश्रम था, जहाँ विभिन्न संप्रदायों के अनुयायी शिक्षा के लिए एकत्र होते थे। इनमें जैन-अर्हत, मस्करी, वर्णी, भागवत, केशलुंचक, लोकायतिक (चार्वाक), कपिल, कणाद, शाब्दिक, बौद्ध आदि उल्लेखनीय हैं। इस प्रकार शिक्षा का समन्वय हो गया था जिसमें सांप्रदायिक विभेद लुप्त हो गए थे।

हर्ष केवल शिक्षा का संरक्षक ही नहीं था, स्वयं शिक्षाप्रेमी भी था। कम-से-कम उसे तीन नाटक *नागानंद, रत्नावली* और *प्रियदर्शिका* का लेखक माना जाता है। जयदेव कवि ने अपने महान् ग्रंथ *गीतगोविंद* में हर्ष की गणना भास और कालिदास जैसे महाकवियों में की है।

बारहवाँ अध्याय

स्थानीय राज्य और उनके आपसी संघर्ष

जैसा कि भारतीय इतिहास में बहुधा होता आया है, साम्राज्य के पतन के बाद और उसके एकताजनक प्रभाव के हटने के फलस्वरूप छोटे-छोटे राज्यों का उदय हो जाता है, जो आपस में राज्यशक्ति के लिए लड़ते-झगड़ते रहते हैं। हर्ष की मृत्यु के बाद भी यही हुआ।

अर्जुन : 647 ई. अथवा 648 ई. में (अथवा श्वान-चाङ् की जीवनी के अनुसार 655 ई. में) हर्ष के निधन के अनंतर उसका साम्राज्य अर्जुन नामक एक अयोग्य उत्तराधिकारी के हाथ में पड़ गया, जिसने वाङ्-ह्वान-त्से के चीनी दूत-मंडल के आरक्षक-दल को मार डालने की भूल की। चीनी नेता ने तिब्बत के राजा स्रोंग-चंग-गंपो, असम के राजा भास्करवर्मा और नेपाल के राजा की सहायता से इस कुकृत्य का बदला लिया और अर्जुन को बंदी बनाकर चीन भेज दिया।

आदित्यसेन : हर्ष के साथी माधवगुप्त के पुत्र आदित्यसेन ने बड़ी शक्ति प्राप्त की और अश्वमेधयज्ञ किया, जैसा कि उसकी मुद्राओं से प्रकट होता है जिन पर 'आदित्यसेनदेव' और उसके विरुद खुदे हुए हैं।

यशोवर्मा : उस युग का अन्य महत्त्वपूर्ण राजा यशोवर्मा (725-753 ई.) था जिसने मगध, गौड़, वंग (पूर्वी और मध्य बंगाल) के राजाओं पर विजयें प्राप्त की, जैसा कि *गौड़वहो* से ज्ञात होता है। किंतु 753 ई. में कश्मीर के राजा ललितादित्य ने उसके प्रसार को रोका। उसकी सभा *मालती-माधव, उत्तर रामचरित महावीरचरित* के लेखक भवभूति और *गौड़वहो* के लेखक वाकपति-राज के कारण प्रसिद्ध है।

आयुध : यशोवर्मा के बाद आयुधों का राज्य आया। उन्होंने कश्मीर, पालों और राष्ट्रकूटों से संघर्ष किया। अंत में गोविंद तृतीय के राज्यकाल में राष्ट्रकूट सबसे अधिक शक्तिशाली हो गए।

प्रतिहार : इसके बाद प्रतिहार रंगमंच पर आए। वे गुर्जरों की एक शाखा थे, जो हूणों के बाद भारत में प्रविष्ट हुए थे।

नागभट प्रथम : इस वंश की एक शाखा नागभट प्रथम के नेतृत्व में उज्जयिनी में बस गई।

इस परिवार का प्रसिद्ध राजा वत्सराज (775-800 ई.) था, जिसने धर्मपाल के

राज्यकाल में गौड़ों को परास्त किया ।

नागभट द्वितीय : नागभट द्वितीय उसका योग्य उत्तराधिकारी था (लगभग 800-833 ई.) । उसने मुद्गगिरि (मुंगेर) में मगध के राजा धर्मपाल को हराया । इसके अतिरिक्त उसने आनर्त (उत्तरी काठियावाड़), मालवा (मध्यभारत), मत्स्य (पूर्वी राजस्थान), किरात (हिमालय देश), तुरुष्क (अरब) और (कौशाम्बी के) वत्सों को पराजित किया (एपिग्राफिया इंडिका, भाग-18, पृ. 108, 112; भाग 5, 2) । आंध्र, सिंध, विदर्भ, कलिंग आदि सुदूर प्रदेशों ने भी उसकी बढ़ती हुई शक्ति का अनुभव किया और वहाँ के राजाओं ने उससे संधि करनी चाही ।

मिहिरभोज : अगला महत्त्वपूर्ण प्रतिहार राजा मिहिरभोज था जिसने दक्षिणी राजस्थान से उज्जैन होते हुए नर्मदा तक के विस्तीर्ण प्रदेश पर विजय प्राप्त की, किंतु 807 ई. में राष्ट्रकूट नरेश ध्रुव द्वितीय के हाथों उसे झटका लगा । किंतु राष्ट्रकूटों के आंतरिक वैमनस्य और बंगाल के प्रतापी राजा देवपाल की मृत्यु के फलस्वरूप उसने उत्तरीय भारत में अपनी सार्वभौम सत्ता स्थापित कर ली । उसके लगभग 50 वर्ष के राज्यकाल में प्रतिहार-वंश का उत्कर्ष अपनी चरमसीमा पर पहुँचा ।

राजशेखर : मिहिरभोज का उत्तराधिकारी उसका पुत्र महेंद्रपाल प्रथम (लगभग 870-908) था । उसने पूर्व में मगध तक और पश्चिम में सौराष्ट्र तक अपने राज्य का विस्तार किया । कर्पूरमंजरी, *काव्यमीमांसा* जैसे महान् ग्रंथों के प्रणेता राजशेखर उसकी सभा को सुशोभित करते थे ।

महीपाल : उससे अगला प्रसिद्ध नरपति महीपाल (912-944 ई.) था । उसे राष्ट्रकूट-राजा इंद्र तृतीय ने कष्ट दिया । इंद्र महोदय (कन्नौज) और प्रयाग तक बढ़ता चला आया और मगध के पाल राजा ने भी अपना खोया हुआ राज्य प्राप्त करने की चेष्टा की । अंत में महीपाल ने अपनी स्थिति दृढ़ कर ली और केरल, कुंतल और कलिंग तक उसकी तूती बोलने लगी । क्षेमेश्वर ने अपने नाटक *चंडकौशिक* में उसे कर्नाट का विजेता कहा है और राजशेखर ने उसे 'आर्यावर्त का नरपति' बताया है ।

देवपाल (946-60 ई.) ने चंदेल राजा यशोवर्मा को एक विष्णु की मूर्ति भेंट की, जिसे उसने खजुराहो के मंदिर में स्थापित किया । उसके भाई विजयपाल (960-991 ई.) के राज्यकाल में ग्वालियर पर कच्छपघात नरपति ने अधिकार कर लिया और गुजरात अनहिलवाड़ा के चालुक्य राजा के अधीन हो गया (961 ई.) ।

प्रतीहारों का पतन : महमूद गज़नवी के आक्रमणों ने प्रतीहारशक्ति के ह्रास की गति तेज कर दी ।

गाहडवाल (1090-1194 ई.) : *चंद्रदेव* : इस वंश का प्रवर्त्तक चंद्रदेव था जिसने चंदेल राजा कीर्तिवर्मा के सेनापति गोपाल को परास्त करके अपने राज्य की नींव रखी थी, जैसा कि एक अभिलेख से ज्ञात होता है । इसमें उसे काशी, कुशिक

(कन्नौज), इंद्रस्थान (दिल्ली) आदि हिंदू-धर्म के पवित्र स्थानों का परित्राता बताया गया है। 1100 ई. के लगभग उसकी मृत्यु हुई। इसी लेख से ज्ञात होता है कि उसने *तुरुष्कदंड* नामक एक विशेष कर लगाया था, जिससे या तो मुसलमानों के आक्रमणों को रोकने के लिए सेना का खर्च चलाया जाता था या उसको कर देने की व्यवस्था की जाती थी।

गोविंदचंद्र (1104-1155 ई.) : इस वंश का अगला प्रमुख राजा गोविंदचंद्र था जिसने पाल राजाओं से पटना और मुंगेर के कुछ प्रदेश छीन लिए थे, जैसा कि उसके अनुदानों से प्रतीत होता है। उसकी विजयपताका दशार्ण (दक्षिणी मालवा) तक फहरी। *कृत्यकल्पतरु* (*कल्पद्रुम*) का विद्वान् लेखक लक्ष्मीधर उसका मंत्री था। उसने बौद्ध जेतवन विहार को, जो उस समय उत्कल के विद्वान् भिक्षु शाक्यरक्षित और उनके चोल शिष्य वागीश्वर रक्षित के अधीन था, कुछ ग्रामों का दान दिया। उसकी पत्नी कुमारदेवी ने, जो पीठी की रहनेवाली थी, सारनाथ में एक बौद्ध विहार और मूर्ति का उद्धार किया।

विजयचंद्र : 1154 ई. में गोविंदचंद्र के स्थान पर उसका पुत्र विजयचंद्र राजा बना। *पृथ्वीराज रासो* में उसकी विजयों का उल्लेख है। उसने लाहौर से खुसरो को निकाल दिया, किंतु विग्रहराज बीसलदेव ने उससे दिल्ली छीन ली।

जयचंद्र : अगला प्रमुख राजा जयचंद्र था (लगभग 1170 ई.)। उसका राज्य बनारस और गया तक था। उसने अपनी पुत्री का स्वयंवर आयोजित किया जिसमें से पृथ्वीराज चौहान उसे उठा ले गया। वह और उसका दामाद दोनों शहाबुद्दीन गौरी के हाथों मारे गए।

नैषधीयचरित और अन्य कृतियों के लेखक श्रीहर्ष के कारण उसकी सभा प्रसिद्ध है।

इतिहास उसे देशद्रोही के रूप में याद करता है, क्योंकि उसने मुसलमान आक्रांता के विरुद्ध पृथ्वीराज का साथ नहीं दिया। इस आक्रमणकारी ने हिंदुओं की फूट का लाभ उठाकर हिंदू राजाओं को एक-एक करके परास्त कर दिया।

बंगाल के पाल : गोपाल : हर्ष के समय से लेकर पालवंश के अभ्युदय तक के इतिहास का ठीक-ठीक पता नहीं है। पंचगौड़ों का उल्लेख मिलता है जिन पर कश्मीर के जयापीड़ ने राज्य किया था। पुंड्रवर्धन के राजा जयंत की पुत्री कल्याण देवी के साथ उसके विवाह के फलस्वरूप बंगाल पर उसका प्रभुत्व हो गया। (*पंचगौड़ाधिप जित्वा श्वसुरं तदधीश्वरम्*)। उस समय गौड़ का अर्थ पश्चिमी बंगाल था और बंग का तात्पर्य पूर्वी बंगाल था। एक अभिलेख में मात्स्यन्याय (अराजकता) का जिक्र है जिसमें शक्तिशाली निर्बल को खाए जा रहा था। अंत में जनता (*प्रकृति*) ने वप्यट के पुत्र गोपाल को अपना राजा चुना (खलीमपुर-ताम्रपट्टलेख)। गोपाल ने मगध और समुद्र तक के देशों को जीता। कहा जाता है कि उसने 45 वर्ष तक राज्य किया और ओदंतपुरी (बिहार शरीफ) के विहार की

स्थापना की। किंतु बंगाल प्रतीहार और राष्ट्रकूट जैसे शत्रुओं से आतंकित हो रहा था।

धर्मपाल : 780 ई. के आसपास गोपाल का पुत्र धर्मपाल गद्दी पर बैठा। अभिलेखों के अनुसार उसने 32 वर्ष तक राज्य किया। तारानाथ ने उसके राज्य की अवधि 64 वर्ष लिखी है। उसने अपनी विजयों से सार्वभौम-पद प्राप्त किया। उसने कन्नौज के सिंहासन पर निकटवर्ती राजा भोज, मत्स्य, भद्र, कुरु, अवंति आदि के समर्थन से, एक विशेष समारोह में चक्रायुध का अभिषेक किया। तब से उसे उत्तरापथ और पंचगौड़ का स्वामी कहा जाने लगा। तारानाथ के अनुसार पूर्व में समुद्र तक, उत्तर में तिली (दिल्ली) और जालंधर तक और दक्षिण में विंध्य तक उसका राज फैल गया था। देवपाल के मुंगेर के ताम्रपट्ट-लेख से ज्ञात होता है कि उसने केदारनाथ तक के प्रदेश को जीत लिया था। 783 ई. और 819 ई. के बीच में उसकी विजयों का समय है, किंतु एक अभिलेख के अनुसार वह अब भी राष्ट्रकूट-सम्राट गोविंद तृतीय के प्रति आदर प्रकट करता था जिससे विदित होता है कि वह उसके अधीन था। वह एक विद्याप्रेमी, विद्वानों के संरक्षक, भागलपुर के निकट विक्रमशिला के बौद्ध विहार और अपने नाम से प्रसिद्ध सोमपुर (पहाड़पुर) के विहार के संस्थापक के रूप में प्रख्यात है। उसके काल में धीमान और उसके पुत्र विटपाल ने एक नए कला-संप्रदाय की नींव रखी।

देवपाल : 815 ई. के लगभग उसका पुत्र देवपाल उसका उत्तराधिकारी बना। उसने 35 वर्ष तक राज्य किया और हिमालय, विंध्य और रेवा तक के प्रदेश पर विजय प्राप्त की। बादल के अभिलेख से ज्ञात होता है कि उसने गुर्जर, राष्ट्रकूट, हूण और उत्कल (*उत्कीलितोत्कलकुलम्*) के दर्प का दलन किया। एक अन्य अभिलेख में उसकी कंबोजविजय का जिक्र है। वह विद्या का, विशेषतः नालंदा महाविहार का संरक्षक था। सीमा के पार नगरहार (जलालाबाद) के विद्वान् ब्राह्मण वीरदेव को उसने इस विहार का अध्यक्ष नियुक्त किया था।

जावा का दान : जावा के शैलेंद्र-राजा बलपुत्रदेव ने एक दूतमंडल भेजकर उसे समादृत किया था। इसका उद्देश्य नालंदा में जावा के विद्यार्थियों के लिए एक विशेष विद्यालय के निर्माण के हेतु मगध के पाँच ग्रामों के एक अनुदान की व्यवस्था करना था। देवपाल के बाद उसका भतीजा जयपाल, जो उसका सेनापति था और जिसे उसकी बहुत-सी विजयों का श्रेय प्राप्त था, गद्दी पर बैठा।

नारायणपाल : अगला प्रमुख राजा नारायणपाल (854-908 ई.) था। उसने दीर्घकाल तक राज्य किया जिसमें गुर्जर प्रतीहार राजा मिहिरभोज और उसके पुत्र महेंद्रपाल के आक्रमण हुए। उन्होंने मगध का एक भाग अपने राज्य में मिला लिया। गुर्जर प्रतीहार-आक्रमणों के बाद राष्ट्रकूट-राजा अमोघवर्ष ने बंगाल पर धावा बोल दिया और एक अभिलेख के अनुसार अंग, वंग और मगध पर अपना आधिपत्य स्थापित किया। देवली के अभिलेख के अनुसार उसके पुत्र कृष्ण द्वितीय

ने गौड़ों को विनयव्रत की दीक्षा दी (अपने अधीन किया)। अंत में उसने अपने पुत्र राज्यपाल का कृष्ण द्वितीय की पुत्री भाग्यदेवी से विवाह करके समझौता किया। इस पाल राजा को उड़ीसा के शुल्की राजा रणस्तंभ का भी सामना करना पड़ा, जिसने राढ़ को जीत लिया। कृष्णा जिले के एक और साधारण-से राजा ने वंग, मगध और गौड़ को जीतने की डींगें मारीं जिससे पता चलता है कि उसने पाल-राज्य पर आक्रमण किया।

संकट : प्रतीहार और राष्ट्रकूट आक्रमणों से पालों की शक्ति क्षीण हो गई थी। फिर उन्हें असम, उड़ीसा, गोरखपुर और कलचुरी राजा यशोवर्मा के आक्रमणों के संकटों का भी मुकाबला करना पड़ा। यशोवर्मा को *बंगाल-भंग-निपुण* (बंगाल को नष्ट करने में चतुर) कहा गया है। हरिकेल (समतट और उड़ीसा के बीच का प्रदेश) के राजा कांतिदेव और कंबोजों ने भी आंतरिक विद्रोह शुरू कर दिए।

नारायणपाल का दुर्बल उत्तराधिकारी विग्रहपाल इस संकट के पहाड़ का सामना करने में असमर्थ था। कहा जाता है कि वह राज्य छोड़कर चला गया और परिव्राजक बन गया।

महीपाल प्रथम : विग्रहपाल द्वितीय के बाद महीपाल प्रथम (992-1026 ई.) गद्दी पर बैठा। एक अभिलेख से पता चलता है कि उसने अपने पैतृक राज्य के अंश को फिर से प्राप्त कर लिया। पश्चिमी बंगाल के शूर सामंतों और पूर्वी बंगाल के चंद्र-राजाओं द्वारा स्वतंत्रता की घोषणा करने के फलस्वरूप पाल-राज्य और अधिक दुर्बल हो गया। इसी समय राजेंद्रचोल ने बंगाल पर आक्रमण किया। उसने ओड़ (ओड़ीसा/उड़ीसा), कोसल के मार्ग से अभियान किया और उसके सेनापतियों ने दक्षिणी राढ़ और बंगाल देश पर अधिकार किया, पाल-राज्य को और अधिक धक्का लगा। ऐसा लगता है कि चोल-राजा ने महीपाल को परास्त करके उत्तरराढ़ को अपने राज्य में मिला लिया और 1023 ई. में गंगा तक प्रयाण किया।

इसी समय चेदि के कलचुरी राजा गांगेयदेव ने बनारस को जीतकर वहाँ के मंदिरों की मरम्मत करवाई। उसके द्वारा बनवाए गए भवनों से प्रतीत होता है कि उसने नालंदा और बोधगया तक राज्य किया था।

महीपाल ने अनंतवर्मा चोडगंग के राज्यकाल में कलिंग पर आक्रमण किया। कलिंग का यह राजा चोल-सम्राट् के विरुद्ध उसका सहायक बन गया।

इसके बाद पाल इतिहास सामान्य राजाओं का समूह है जिन्हें चेदि और चालुक्य जैसी शक्तियों का सामना करना पड़ा। बंगाल पर इनके कई आक्रमण हुए थे।

महीपाल द्वितीय : महीपाल द्वितीय संध्याकर बंदी द्वारा लिखित *रामचरित* का नायक है। उसके अनुसार उसने अपने भाई शूरपाल और रामपाल को बंदी बना लिया। इस पर उसके सामंत, कैवर्त नेता दिव्य (दिव्वोक) ने उसके विरुद्ध

विद्रोह छेड़ दिया और उसे हराकर उसके भाइयों को मुक्त कर दिया, जो राजा बन गए। रामपाल ने अपने राज्य से भाइयों को निर्वासित करके उत्कल, कलिंग और कामरूप के विरुद्ध आक्रमण किए, किंतु सामंतसेन ने उससे पूर्वी बंगाल छीन लिया।

रामपाल का उत्तराधिकारी कुमारपाल था, जिसके योग्य मंत्री विद्यादेव ने विद्रोही तत्त्वों का दमन किया।

मदनपाल : अगला पाल राजा मदनपाल था, जिसने 1130 ई. तक 24 वर्ष मगध और उत्तरी बंगाल पर राज्य किया। किंतु उसकी सत्ता को सेन राजा विजयसेन ने चुनौती दी। उसने पूर्वी और पश्चिमी बंगाल, और वरेंद्र-भूमि का दक्षिणी भाग जीत लिया और मदनपाल तथा मिथिला के राजा के विरुद्ध अभियान किया। इसी समय पाल-राज्य को कन्नौज के गहडवाल राजा गोविंदचंद्र के आक्रमण का सामना करना पड़ा।

गोविंदपाल : अगले राजा गोविंदपाल ने 1199 ई. तक राज्य किया जब चौहान, पाल, सेन जैसे सब हिंदू-राजवंश मुस्लिम आक्रमणों के ज्वार में बह गए। इस प्रकार चार शताब्दियों के राज्य के बाद पालवंश का अंत हुआ। इस लंबे काल में उन्होंने कई महत्त्वपूर्ण सांस्कृतिक कार्य किए। पाल राजा ओदंतपुरी और विक्रमशिला जैसी शिक्षण-संस्थाओं के संस्थापक थे। विग्रहपाल तृतीय के राज्यकाल में नालंदा के प्रसिद्ध विद्वान् श्रीज्ञान अतीश दीपंकर ने तिब्बत में भारतीय दर्शन और विद्या का प्रचार किया। बाद में वे जावा भी गए। पाल राजा देवपाल की जावा के राजा से मित्रता थी, जिसके फलस्वरूप जावा के राजा ने नालंदा में जावा के विद्यार्थियों के लिए एक विशेष विद्यालय बनाने के लिए उसके पास अनुदान भेजा।

चंद्रवंश : पाल-राज्य के पतन से स्थानीय राजवंशों को उन्नति का अवसर मिल गया। इनमें से एक चंद्रवंश था, जिसके राजा अपने-आपको महाराजाधिराज कहते थे। चंद्र-राजाओं का निवासस्थान रोहितगिरि (कोमिल्ला की पहाड़ियों में लालमाटी) में था। अभिलेखों में सुवर्णचंद्र, त्रैलोक्यचंद्र और श्रीचंद्र को महाराजाधिराज और परम सौगत की उपाधियों से अभिहित किया गया है। इन अभिलेखों से यह भी पता चलता है कि श्रीचंद्र की राजधानी विक्रमपुर में थी। और उसने पुण्ड्रवर्धन-भुक्ति कुमारतालकमंडल (कुमारखाली, जिला फरीदपुर) और पद्मानदी के तट पर सतत पद्मावती विषय में भूमि के अनुदान दिए।

अगला महत्त्वपूर्ण राजा गोविंदचंद्र था जिसका राज्य सनद्वीप और पैकपारा (पूर्वी बंगाल) में था, जैसा कि अभिलेखों से ज्ञात होता है। वह बंगाल देश का नरपति था और 1023 ई. में उसे राजेंद्र चोल ने परास्त किया था।

यादव : कलचुरी राजा लक्ष्मीकर्ण (1041-70 ई.) के आक्रमण के फलस्वरूप चंद्रवंश का ह्रास हो गया। कलचुरियों की सहायता से उनके स्थान पर यादव वंश

राज्य करने लगे।

जातवर्मा : इस वंश का प्रमुख राजा जातवर्मा था, जिसने कलचुरि राजकुमारी वीरश्री, जो कर्ण की पुत्री थी, से विवाह करके अपनी स्थिति को सुदृढ़ किया। अंग, कामरूप, दिव्य और गोवर्धन के लिए वह संकट बन गया। उसने पुण्ड्रवर्धन-भुक्त पर भी आक्रमण किया। उसने उत्कल के राजा हरिवर्मा और उसके मंत्री गोवर्धन को भी पछाड़ दिया। उसके उत्तराधिकारी भोजवर्मा ने अपने सार्वभौम पद को बनाए रखा और पुण्ड्रवर्धन तक राज्य किया।

वर्मा अथवा यादव राजाओं को पहले पालों ने, फिर सेनों ने हटा दिया।

शूर : उस युग का अन्य राजवंश शूरवंश था, जिसकी स्थापना आदिश ने की थी। परंपराओं के अनुसार यह कन्नौज से बंगाल में ब्राह्मण-धर्म के विस्तार के लिए आए पाँच ब्राह्मणों का नेता था।

सेन : इस युग का अन्य प्रसिद्ध राजवंश सेनवंश था। इसके संस्थापक सामंतसेन का जन्म बंगाल में राढ़ नामक स्थान पर ब्रह्मक्षत्रिय के रूप में हुआ था।

विजयसेन : विजयसेन (1100-65 ई.) ने देवपाड़ा अभिलेख के अनुसार, जिसे धोयी कवि की रचना बताया जाता है, बहुत-से प्रदेश जीतकर सेनवंश की सत्ता का निर्माण किया। उसने अपने शक्तिशाली बेड़े (*नौवितान*) को गंगा में (*गंगाप्रवाहम्*) सफलतापूर्वक बढ़ाते हुए (*जयकेलिषु अनुधावति*) अनेक छोटे-छोटे नरपतियों तथा नेपाल, गौड़ और कामरूप के राजाओं को परास्त किया।

बल्लालसेन : उसके बाद उसका पुत्र बल्लालसेन (1165-85 ई.) गद्दी पर बैठा। उसने एक विस्तृत प्रदेश पर राज्य किया जिसमें राढ़, वरेंद्र, बागड़ी, वंग और मिथिला शामिल थे। वह लेखक भी था और उसने *स्मृति ग्रंथ दानसागर* और ज्योतिष के ग्रंथ *अद्भुतसागर* की रचना की। उसने 'कुलीन प्रथा' नामक महत्त्वपूर्ण सामाजिक आंदोलन का प्रवर्तन किया, जिसका उद्देश्य तत्कालीन हिंदूसमाज में रक्त की पवित्रता और वंश की शुद्धता को सुरक्षित रखना था।

लक्ष्मणसेन : एक साहित्यिक कृति और अभिलेख से पता चलता है कि उसने सुदूर मलयपर्वत तक विजय प्राप्त करके पुरी, काशी और प्रयाग में विजयस्तंभ खड़े किए। कामरूप पर आक्रमण किया तथा गहड़वालों से युद्ध किया। किंतु अपनी सैनिक शक्ति के होते हुए भी वह अपनी राजधानी नदिया पर केवल 18 घुड़सवारों के साथ मुहम्मद-बिन-बख़्त्यार के आक्रमण को रोकने में असमर्थ रहा और राजधानी छोड़कर विक्रमपुर भाग गया, जहाँ उसके बाद उसके दो पुत्रों ने लगभग 17 वर्ष तक राज्य किया। उसके बाद उसके वंश का अंत हो गया।

लक्ष्मण, एक दुर्बल राजा होते हुए भी, विद्या और विद्वानों के संरक्षण के लिए प्रसिद्ध था जिसके फलस्वरूप उसकी सभा की ओर *गीतगोविंद* के रचयिता जयदेव, कोशकार हलायुध, *पवनदूत* के लेखक धोयी कवि जैसी साहित्यिक

प्रतिभाएँ आकृष्ट हुईं।

कश्मीर : कश्मीर का इतिहास कल्हण की संस्कृत रचना *राजतरंगिणी* में उपलब्ध है। पहले यह मिहिरकुल आदि हूण-राजाओं के अधीन था। जैसा कि सिक्कों से ज्ञात होता है वह शैव मतावलंबी था।

मातृगुप्त : उज्जैन के राजा हर्ष विक्रमादित्य के आक्रमण के फलस्वरूप हूणों के राज्य का अंत हो गया। उसने कश्मीर की गद्दी पर कवि मातृगुप्त को बिठा दिया, किंतु प्रवरसेन द्वितीय ने उसे तुरंत निकाल दिया। प्रवरपुर (श्रीनगर) का संस्थापक यही प्रवरसेन था।

कर्कोट-वंश : उसके बाद दुर्लभवर्धन द्वारा संस्थापित कर्कोट-वंश राज्य करने लगा। उसने 36 वर्ष तक एक विशाल प्रदेश पर, जिसमें उरशा (हजारा), तक्षशिला, सिंहपुर आदि सम्मिलित थे, राज्य किया।

मुक्तापीड ललितादित्य : दुर्लभवर्धन का उत्तराधिकारी उसका पुत्र दुर्लवक था, जिसका पुत्र मुक्तापीड ललितादित्य 636 ई. और 647 ई. के बीच बहुत प्रसिद्ध हो गया था। उसने तिब्बत की सेनाओं को हराया; जालंधर, लोहारू को जीता; सिंधु के शाहियों को पराजित किया और कल्हण के अनुसार बंगाल, उड़ीसा, काठियावाड़, कंबोज, तुखार (बदख्शाँ) और दरद प्रदेश पर विजयें प्राप्त कीं। उसने प्रसिद्ध मार्तंड-मंदिर का निर्माण कराया और परिहासपुर (परसपोर) में बुद्ध की विशाल मूर्त्ति स्थापित कराई।

उसके पौत्र जयापीड़ विनयादित्य ने, जो उसके बाद गद्दी पर बैठा, उससे भी अधिक विजयें प्राप्त कीं। उसने गौड़, कन्नौज, नेपाल आदि प्रदेशों को जीता। वह भट्ट, उद्भट आदि कवियों का आश्रयदाता था। उसने 751-82 ई. के बीच में राज्य किया।

उत्पलवंश : कर्कोटवंश के बाद उत्पलवंश का राज्य प्रारंभ हुआ। इस वंश का प्रथम राजा अवंतीवर्मा (855-83 ई.) था। उसने अनेक नगरों और सिंचाई के साधनों का निर्माण कराया। उसने सूर्य्यपुर (वर्तमान सोपोर) और अवंतिपुर जैसे नगरों की स्थापना की और दलदलों को साफ कराकर और बाढ़ों को रोकने के लिए बाँध बनवाकर कृषि को प्रोत्साहन दिया। फलतः खाद्यपदार्थों के दाम गिर गए।

उसके उत्तराधिकारी शंकरवर्मा ने सुदूर देशों को जीता और उरशा में शरीर छोड़ा। इन अभियानों से खजाना खाली हो गया और उसे मंदिरों की संपत्ति लूटनी पड़ी।

यह बड़े विप्लव का काल था। मंत्रियों ने उसे हटाकर उसकी माता सुगंधा को गद्दी पर बैठाया, जिसे 2 वर्ष बाद सेना ने राज्यच्युत कर दिया और 914 ई. में मार डाला। तब मंत्री और सैनिक भ्रष्टाचार और धन-संग्रह में जुट गए, जिससे दुर्भिक्ष पड़ गया। कुछ समय के लिए चक्रवर्मा ने भ्रष्टाचार रोकने की चेष्टा की। किंतु तुरंत बाद ही उसके भ्रष्ट भाई ने गद्दी पर आकर लूट-खसोट शुरू की। 939 ई. में

उसकी मृत्यु के बाद उत्पलवंश का अंत हो गया।

रानी दिद्दा : उसके बाद बहुत-से अयोग्य शासक गद्दी पर आए। अंत में दिद्दा ने अपने 50 वर्ष के राज्यकाल में, जो मंदिरों के निर्माण से परिपूर्ण था, शांति स्थापित की। किंतु वह भी नैतिक दृष्टि से भ्रष्ट हो गई और 1003 ई. में उसका देहांत हो गया। उसके बाद उसका भतीजा संग्रामराम गद्दी पर आया, जिससे लोहर नामक नवीन राजवंश का श्रीगणेश हुआ।

लोहर : अनंत नामक शासक (1028 ई.) के राज्यकाल में स्थिति सुधरी। उसकी रानी सूर्यमती शासन और कोष को सुधारने के लिए उसके मंत्री का काम करती थी। किंतु आसपास के प्रदेशों में अनंत के आक्रमणों के फलस्वरूप उसका सारा कार्य नहीं के बराबर हो गया। उसने अपने योग्य मंत्री हलधर के परामर्श से अपने पुत्र कलश को राज्य दे दिया। किंतु कलश विद्रोही सिद्ध हुआ। अतः उसके पिता ने आत्महत्या कर ली और उसकी माता सती हो गई। इस पर कलश के चरित्र में सुधार हो गया और उसने कश्मीर का खोया हुआ सम्मान फिर से प्राप्त कर लिया।

हर्ष : अगला शासक उसका पुत्र हर्ष था, जिसने अनेक पारिवारिक कष्टों के होते हुए भी अपने शासन द्वारा स्थिति को सुधारा और विद्या और संस्कृति को प्रोत्साहन दिया। किंतु उसने सैनिक प्रसार प्रारंभ कर दिया और उसकी आवश्यकताएँ पूरी करने के लिए मंदिरों और मठों को लूटना और भारी कर लगाना प्रारंभ किया, जिससे सेनापति उच्छल और उसके भाई सुस्सल के नेतृत्त्व में विद्रोह भभक उठा। 1101 ई. में हर्ष का वध हुआ। कल्हण हर्ष के मित्र का पुत्र था और उसने *राजतरंगिणी* में उसके राज्य का संपूर्ण वृत्तांत प्रस्तुत किया है।

उच्छल : तब उच्छल कश्मीर का राजा बना और उसने अपने भाई को लोहर का राजा नियुक्त किया। रच्छ ने शीघ्र ही उसे मार डाला। तब सिंहासन पर शीघ्रतापूर्वक एक के बाद दूसरा आक्रांता आया और कश्मीर के इतिहास में अंधकार का युग आ गया। कुछ हद तक 1123 ई. में जस्सल के पुत्र जयसिंह ने शांति स्थापित की। उसने 1155 ई. तक 30 वर्ष राज्य किया। उसकी शक्ति इतनी थी कि उसने मुसलमानों की सहायता से उठे अपने सामंतों के विद्रोह को दबा दिया।

उसके बाद बहुत-से अयोग्य शासकों ने राज्य किया। इनमें से केवल एक, जगद्देव (1198-1213) ने इतिहास में सम्मान प्राप्त किया।

तिब्बती आक्रमण : मुसलमानों के आक्रमण और उसके बाद तिब्बतियों के आक्रमण से देश में अराजकता फैल गई। कुछ समय के लिए कश्मीर रिंचेन नामक तिब्बती राजा के अधीन रहा। कश्मीर की अव्यवस्थित अवस्था के फलस्वरूप अकबर ने 1586 ई. में इसे अपने साम्राज्य में मिला लिया।

सांस्कृतिक केंद्र के रूप में कश्मीर : कुमारजीव के जीवनचरित्र से प्रकट होता

है कि अशोक के समय से ही कश्मीर बौद्धधर्म का केंद्र रहा है । यह शैवधर्म के एक विशेष संप्रदाय प्रत्यभिज्ञा दर्शन का भी केंद्र रहा है, जो शंकर के अद्वैत दर्शन के निकट था । इसकी अपनी श्रुतियाँ थीं जिन्हें शैवसूत्र कहते थे और जिनके कारण इसकी निजी विशेषताएँ प्रकट हुईं । इस संप्रदाय ने वसुगुप्त (800 ई.) कल्लट, सोभानंद, उत्पल आदि महान् लेखकों के समूह को जन्म दिया ।

कश्मीर संस्कृत-साहित्य का केंद्र था । वहाँ का राजा मातृगुप्त (छठी शती ई.) स्वयं कवि था । भौमक ने पाणिनि के व्याकरण के नियमों का उदाहरण प्रस्तुत करने के लिए पद्य में *रामायण* की कथा लिखी । अवंतिवर्मा (850 ई.) की सभा में कवियों का प्रतिष्ठित वृंद था । बौद्ध-ग्रंथ *अवमानशतक* की प्रेरणा से शिवस्वामी नें *कप्फणाभ्युदय* नामक महाकाव्य लिखा । रत्नाकर ने शैव दर्शन के विषयों पर लेखनी चलाई । अभिनंदन ने सरल कविता में बाण की *कादंबरी* को अनूदित किया । ग्यारहवीं शती प्रसिद्ध साहित्यिक प्रतिभा क्षेमेंद्र के कारण प्रख्यात है । उसने गुणाढ्य की महान कृति *बृहत्कथा* को विस्मृति के गर्भ से बचाकर सरल पद्यात्मक प्रबंध के रूप में प्रस्तुत किया । उसने अपनी अवदान *कल्पलता* नामक कृति में अनेक बौद्ध-कथाओं को सरल रूप में प्रस्तुत किया । उसने विष्णु के अवतारों, रामायण-महाभारत के कथानकों और काव्यशास्त्र के विषयों को लेकर बहुत-सी रचनाएँ कीं ।

कश्मीर की अन्य साहित्यिक प्रतिभा कथासरित्सागर का रचयिता सोमदेव (1063-1081 ई.) था ।

कश्मीरी कवि बिल्हण (1064 ई.) क्रमशः चेदि, अणहिल्लपाटण और कल्याणी के दरबारों में 'राजकवि' रहा ।

अंततोगत्वा कश्मीर *राजतरंगिणी* के लेखक कल्हण के कारण प्रसिद्ध है । यह संस्कृत साहित्य का सर्वश्रेष्ठ ऐतिहासिक ग्रंथ है ।

सिंध : रायवंशी राजाओं के अधीन जिन्होंने 137 वर्ष तक राज्य किया, सिंध भी एक स्वतंत्र स्थानीय राज्य था । अंतिम राय राजा सहसी था जिसकी मृत्यु के बाद उसका ब्राह्मण मंत्री चच गद्दी पर बैठा, जैसा कि *चचनामा* से प्रकट होता है । उसका राज्य कश्मीर तक फैला था । सहसी के राज्यकाल में श्वान-चाङ् सिंध में आया और उसने उसे शूद्र और बौद्ध बताया । चच का उत्तराधिकारी दाहिर मुसलमान आक्रमणकारी कासिम से लड़ता हुआ 712 ई. में मारा गया ।

नेपाल : जैसा कि हम देख चुके हैं, अशोक और बाद में समुद्रगुप्त, जो चंद्रगुप्त और लिच्छवि राजकुमारी कुमारदेवी की संतान था, के समय में नेपाल और भारत का संपर्क बना रहा है । 111 ई. के बाद अभिलेखों से ज्ञात होता है कि नेपाल में क्रमशः किरात, सोमवंशी और सूर्यवंशी और लिच्छवि राजवंशों ने राज्य किया । ऐसा लगता है कि सातवीं शती में लिच्छवि राजा शिवदेव को उसके मंत्री अंशुवर्मा ने निकाल दिया और अपना संवत् जारी किया तथा तिब्बत का प्रभुत्व स्वीकार कर

लिया। उसके उत्तराधिकारी भी अपने-आपको लिच्छवि कहते थे। 879 ई. में नेपाल से तिब्बत का प्रभुत्व उठ गया और एक नया संवत् चालू हुआ। राजा गुणकामदेव ने अपने 60 वर्ष के लंबे राज्यकाल में देश को समृद्ध और संपन्न बनाया। इसके बाद सोमेश्वर द्वितीय चालुक्य ने नेपाल पर आक्रमण किया। उसका राज्य बारहवीं शती तक रहा जब नेपाली सैनिक शिवदेव ने दक्षिण के आधिपत्य को समाप्त कर दिया।

असम : भास्करवर्मा के राज्यकाल में असम भारत के साथ था। उसके बाद वहाँ के इतिहास में अव्यवस्था का युग आया। राजा ब्रह्मपाल और उसके पुत्र रत्नपाल के राज्यकाल में हालत सुधरी। रत्नपाल ने विस्तृत प्रदेशों पर विजय प्राप्त की और गुर्जर, केरल, गौड़, दक्षिण (चालुक्य विक्रमादित्य षष्ठ के राज्यकाल में) और वाहीक (पंजाब) तक को परास्त करने का श्रेय प्राप्त किया।

मालवा के परमार : एक और राजवंश, जिसने उस युग के इतिहास में प्रमुख भाग लिया, मालवे का परमारवंश था जिसने नवीं से ग्यारहवीं शती तक राज्य किया। इस युग का प्रसिद्ध राजा हर्षसिंह सीयक था जिसने रदूपाती नामक हूण नरपति और मान्यखेट के राष्ट्रकूट राजा खोहिग को पराजित किया, जैसा कि धनपाल की *पाहललच्छी* नामक कृति से प्रतीत होता है (972 ई.)।

वाक्पति द्वितीय : हर्षसिंह का उत्तराधिकारी उसका पुत्र वाक्पति द्वितीय था। वह विद्वानों का आश्रयदाता था। एक साहित्य के ग्रंथ में उसे केरल, चोल, कर्णाट, लाट (मध्य गुजरात) और कलचुरि–चेदि राज्यों की विजय का श्रेय दिया गया है। किंतु, एक चालुक्य अभिलेख के अनुसार, चालुक्य राजा तैलप द्वितीय (995 ई.) ने उसका वध किया।

सिंधुराज : अगला राजा उसका भाई सिंधुराज था, जिसे नवसाहसांक भी कहते थे। वह *नवसाहसांकचरित* का नायक है जिसमें कोसल, मुरलकेरल (जिससे चालुक्यों का बोध हो सकता है) आदि राज्यों पर उसकी विजयों का वर्णन है।

भोज : सिंधुराज का उत्तराधिकारी उसका पुत्र भोज था (1016-1065 ई.), जिसने 55 वर्ष राज्य किया और सुदूर प्रदेशों में विजयें प्राप्त कीं। किंतु बिल्हण ने *विक्रमांकदेवचरित* में लिखा है कि चालुक्य राजा सोमेश्वर द्वितीय ने उसकी राजधानी धारा को ध्वस्त किया। मेरुतुंग ने अपने ग्रंथों में लिखा है कि उसने अणहिलवाड़ के चालुक्य राजा भीम प्रथम को परास्त किया। उदयपुर के एक अभिलेख में चेदि, लाट और तुरुष्कों के विरुद्ध उसकी विजयों का वर्णन है।

भोज ने भोज-सागर (उसके नाम की एक झील) और धारा में संस्कृत विद्यालय की स्थापना की, जिसमें एक सरस्वती का मंदिर भी था। उसने काव्यशास्त्र, वास्तु-शिल्प और ज्योतिष पर महत्त्वपूर्ण ग्रंथ लिखे।

उसके बाद मालवा की शक्ति का ह्रास हो गया।

अणहिलवाड़ : इस राज्य का संस्थापक गुर्जर जाति (चाप अथवा चापतकट) का नेता वनराज था, जिसने लुटेरों का गिरोह इकट्ठा करके 765 ई. में इस राज्य की स्थापना की। उसके वंश ने 960 ई. तक राज्य किया। चालुक्य (सोलंकी) वंश के मूलराज ने उसे निर्वासित किया।

चालुक्य : मूलराज (974-995 ई.) ने अपने राज्य में कच्छ, काठियावाड़, लाट और अजमेर को मिलाया। उसकी सभा में विद्वान् पंडित रहते थे। उसने मंदिर भी बनवाए। किंतु 996 ई. में उसने आत्महत्या कर ली।

भीम प्रथम : इस वंश का प्रसिद्ध राजा भीमदेव प्रथम (1022-1064 ई.) था। जब वह सिंध में युद्ध कर रहा था तो परमार राजा भोज ने उसकी राजधानी अणहिलवाड़ को लूट लिया। उसी समय महमूद गजनवी ने सोमनाथ को ध्वस्त किया और भीम को खंडहाट के दुर्ग में भागने पर विवश किया। महमूद के लौट जाने के बाद उसने वापस आकर सोमनाथ के मंदिर का पुनर्निर्माण कराया।

सिद्धराज : अगला महत्त्वपूर्ण राजा सिद्धराज था, जिसने सोमनाथ की यात्रा की और इसकी पवित्रता को दृष्टि में रखते हुए यात्री-कर उड़ा दिया। उसने सामरिक विजय प्राप्त की और बीस वर्ष के युद्ध के बाद परमार राजा नरवर्मा को परास्त किया और उसके पुत्र यशोवर्मा के राज्यकाल में राजधानी को लूटकर उसे एक पिंजरे में बंदी करके अणहिलवाड़ ले गया। उसके बाद से वह अवंति का राजा कहलाने लगा। उस समय के चंदेलराजा मदनवर्मा ने भी उसकी शक्ति के दबाव का अनुभव किया। 1143 ई. में उसका निधन हो गया। सिद्धराज जैन विद्वान् हेमचंद्र का आश्रयदाता था और अकबर के समान विभिन्न धर्मावलंबियों में शास्त्रार्थ कराया करता था।

कुमारपाल : उसके बाद कुमारपाल (1143-1172 ई.) गद्दी पर बैठा। उसने सौराष्ट्र और कोंकण तक युद्ध किए और सोमनाथ के मंदिर का पुनर्निर्माण कराया। उसने विद्वानों को आश्रय दिया। उसकी प्रवृत्ति जैनधर्म की ओर थी। उसका प्रधानमंत्री प्रसिद्ध जैन विद्वान् हेमचंद्र था, जिसने *अभिधान चिंतामणि* की रचना की। वह एक पक्का जैन था और उसने अहिंसा की नीति अपनाई, पशुघात और बलिदान बंद किए, निस्संतान विधवाओं की संपत्ति के जब्त होने के कानून को रद्द किया और सोमनाथ के मंदिर को बढ़ाया।

बघेल : इस वंश का प्रवर्तक आनक पहले राजा का मंत्री था। लवणप्रसाद के राज्यकाल में उसने चालुक्यों से उनके राज्य का उत्तरी भाग छीन लिया और सिंहण के राज्यकाल में देवगिरि के यादवों को परास्त किया।

विशालदेव : उसका पौत्र विशालदेव (1243-61 ई.) यादवों का शत्रु था। उसने तीन वर्ष लंबे दुर्भिक्ष में साहसपूर्वक अपनी प्रजा की रक्षा की। उसके राज्यकाल में गुजरात में बघेलों की शक्ति चरमसीमा पर पहुँची और उसके बाद मुसलमानों के आक्रमणों के अनंतर पतन की ओर चल पड़ी।

चंदेल वंश : इस राजवंश का संस्थापक नन्नुक (831 ई.) था।

वाक्पति : नन्नुक पुत्र वाक्पति ने विंध्य तक अपने राज्य को बढ़ाया, जो खजुराहो के अभिलेख के अनुसार उसका क्रीड़ा-गिरि बन गया।

वाक्पति के बाद उसके पुत्र जयशक्ति (जिसके कारण चंदेल राज्य को जेजाक भुक्ति कहते हैं) और विजयशक्ति ने राज्य किया।

हर्ष : हर्ष एक प्रसिद्ध राजा था जिसने चाहमान राजकुमारी कंचुकी से विवाह किया, राष्ट्रकूट राजा इंद्र तृतीय के विरुद्ध उसके गुर्जर प्रतिपक्षी को गद्दी पर बैठाया, और त्रिपुरी (तेवर) के कलचुरि राजा कोक्कल के साथ, जिसने चंदेल राजकुमारी से विवाह किया था, मित्रता की।

यशोवर्मा : यशोवर्मा (लगभग 930-954 ई.) ने अपने आक्रमण और विजय के फलस्वरूप सम्राट-पद प्राप्त किया। गौड़, कोशल, मालव, चेदि, गुर्जर और कश्मीर प्रदेश में उसकी सार्वभौम सत्ता थी। उसने राष्ट्रकूटों से कालिंजर छीन लिया। एक अभिलेख में उसे *महाराजाधिराज* कहा गया है। पुप्फदेवी उसकी सम्राज्ञी थी।

खजुराहो का मंदिर : उसे खजुराहो (श्री खर्जूरवाहक) का विष्णु मंदिर बनाने का श्रेय प्राप्त है जो कला और स्थापत्य का उत्तम निदर्शन है।

धंग : उसका पुत्र सबसे प्रसिद्ध चंदेल राजा धंग (लगभग 954-1002 ई.) हुआ। उसने कालिंजर के अजेय दुर्ग का निर्माण कराया। अभिलेखों से पता चलता है कि उसके राज्य में काशी और प्रयाग शामिल थे। खजुराहो के एक अभिलेख में उसे सिंहल, काँची, आंध्र, कोशल, अंग, राढ़ और कन्नौज के गुर्जर प्रतीहार राजा पर विजय प्राप्त करने का श्रेय दिया गया है।

उसने अपने सम्राट्पद को विद्या के प्रोत्साहन से अलंकृत किया। उसका मुख्यमंत्री विद्वान् तार्किक गौतम अक्षपाद था। माधव कवि और राम कवि ने खजुराहो अभिलेख के कुछ भाग लिखे तथा गौरजहद और यशपाल ने इसका उत्खनन किया।

उसने शंभु के मंदिर जैसे कलापूर्ण मंदिरों का निर्माण कराया। उसने 100 वर्ष (*शरदंशतम्*) की आयु भोगी।

विद्याधर : धंग के बाद प्रसिद्ध राजा विद्याधर हुआ, जिसने 1090 ई. तक राज्य किया।

उसने बहुत बड़ी सेना एकत्रित की जिसमें निजामुद्दीन के अनुसार 36,000 घोड़े, 1,45,000 पैदल और 390 हाथी थे। इस सेना के साथ वह महमूद गजनवी से लड़ा, जैसा कि कच्छपघात और महोबा के अभिलेखों से ज्ञात होता है। पहले उसने कन्नौज के देशद्रोही राजा राज्यपाल से लड़कर उसका वध किया, क्योंकि उसने महमूद के समक्ष आत्मसमर्पण कर दिया था। इससे उसके और महमूद के बीच संघर्ष हुआ, किंतु उसका कुछ नतीजा नहीं निकला।

कीर्तिवर्मा : अगला प्रसिद्ध राजा कीर्तिवर्मा (1060-1100 ई.) था। उसे कलचुरी राजा कर्ण ने सिंहासन से हटा दिया था, किंतु बाद में इसने उसे हरा दिया। *प्रबोधचंद्रोदय* नामक नाटक में, जो उसके सामने अभिनीत हुआ था, इस सैनिक-विजय का उल्लेख मिलता है।

उसके प्रपौत्र मदनवर्मा ने (1128-65 ई.) कलचुरी राजा को हराया और मालवे के परमार राजा को युद्ध में मारकर अपने वंश की कीर्ति को बढ़ाया।

अंतिम प्रसिद्ध नरपति परमर्दि (1165-1200 ई.) था जो वीरतापूर्वक मुसलमान नेता कुतबुद्दीन ऐबक से लड़ा और कालिंजर की संधि की। उसके बाद दुर्ग पर मुसलमानों का अधिकार हो गया। यह हिंदू-शक्ति का अंतिम केंद्र था।

चेदि के कलचुरी : कलचुरिवंश (जिन्हें हैहय भी कहते थे) का लंबा इतिहास 249 ई. में आरंभ होता है। कलचुरिवंश की नई परंपरा कोक्कल्ल प्रथम ने जारी की, जो कन्नौज के मिहिरभोज और राष्ट्रकूट कृष्ण द्वितीय का प्रतिद्वंद्वी था।

लक्ष्मण : उसके उत्तराधिकारी लक्ष्मण (950-75 ई.) ने उड़ीसा पर आक्रमण किया। वहाँ से कालीय नाग की मूर्ति लूट में प्राप्त करके उसे सोमनाथ के मंदिर में प्रतिष्ठित किया और चालुक्य राजा विक्रमादित्य के साथ अपनी पुत्री का विवाह किया और इस प्रकार अपने वंश की कीर्ति को बढ़ाया।

पतन : राजा गांगेयदेव (1015-40 ई.) ने बंगाल के राजा महीपाल के साथ संघर्ष किया। यह संघर्ष अगले नरपति कर्ण (1040-90 ई.) तक के काल तक चलता रहा, किंतु उसकी पुत्री यौवनश्री का विवाह विग्रहपाल तृतीय के साथ हो जाने से इसका समाधान हो गया। किंतु उसे चंदेल राजा कीतिवर्मा और चालुक्य सोमेश्वर की शत्रुता का सामना करना पड़ा और फलतः उसकी शक्ति जर्जर हो गई। राज्य भी त्रिपुरा (पश्चिम) और रत्नपुर (पूर्व) की दो शाखाओं में बँट गया जिससे इसके पतन की प्रवृत्ति को बढ़ावा मिला।

चाहमान : चाहमान पहले प्रतीहारों के सामंत थे। उनकी एक शाखा शाकंभरी में थी। इसके राजा दुर्लभराज ने अपने प्रतीहार स्वामी वत्सराज के साथ गौड़ के अभियान में भाग लिया था।

प्रतीहारों के पतन के बाद चाहमान स्वतंत्र हो गए। विग्रहराज द्वितीय (973 ई.) ने नर्मदा तक युद्ध करके और चालुक्य और लाट को जीतकर अपनी शक्ति बढ़ा ली।

चाहमानों की शाखाएँ नड्डल (जोधपुर के निकट नडोल), धौलपुर (धवलपुरी) और प्रतापगढ़ में राज्य करती थीं। धवलपुरी के राजा चंडमहासेन की सभा में अरब सरदारों ने आश्रय लिया था।

शाकंभरी : शाकंभरी के चाहमानों ने अपनी विजयों के फलस्वरूप उन्नति करके सम्राट्पद प्राप्त किया। उन्होंने सुलतान महमूद और मातंगों (म्लेच्छों) के विरुद्ध युद्ध किए।

बारहवीं शती में अजयराज ने उज्जैन को लूटा और ध्वस्त किया।

विग्रहराज षष्ठ : विग्रहराज षष्ठ (1150-1163 ई.) ने बहुत-सी विजयें प्राप्त करके, जिनका उल्लेख अभिलेखों में मिलता है, चाहमान शक्ति को बढ़ावा दिया। अभिलेखों में तोमर राजा अनंगपाल से उसके धिल्लिका (दिल्ली) छीनने, हिसार जिले पर आक्रमण करने और पंजाब के गजनवी राजा को हराने का जिक्र है। फलतः उसका राज्य सिवालिका पर्वत से उदयपुर तक फैल गया। उसने *हरिकेलि* नाटक की रचना की, जिसके कुछ अंश अजमेर में पत्थरों पर खुदे हैं। अजमेर की मस्जिद में उसके सम्मान में कवि सोमदेव द्वारा लिखित *ललितविग्रहराज* नामक नाटक भी खुदा हुआ है।

पृथ्वीराज तृतीय : अगला सबसे प्रसिद्ध राजा पृथ्वीराज तृतीय था, जिसने 1178 ई. में राज्य आरंभ किया। मुसलमानों ने उसे राय पिथौरा कहा है। वही चंदबरदाई द्वारा लिखित *पृथ्वीराज रासो* का और *पृथ्वीराज विजय* (1200 ई.) नामक एक अन्य कृति का, जिसके कुछ अंश उपलब्ध हैं, नायक है।

उसने 1182 ई. में चंदेल राजा परमर्दि को परास्त किया। और 1187 में गुजरात पर आक्रमण किया, जहाँ के राजा भीम द्वितीय ने उसके साथ संधि की।

वह साहित्यिक दंत कथाओं का पात्र है। ऐसी कथा मिलती है कि उसने कन्नौज के राजा जयचंद्र की पुत्री संयोगिता को स्वयंवर से उस समय उड़ा लिया, जब उसने उसकी प्रतिमा के गले में जयमाला डाल दी थी। किंतु उसकी वास्तविक महत्ता कथाओं की बजाय मुसलमानों के विरुद्ध लड़ने में सन्निहित है। उसने तराई (तरावरी) के युद्ध में पहले गौरी को हराया, किंतु अगले वर्ष उससे स्वयं हार खाई और मारा गया।

गुहिलोत : इस वंश का संस्थापक बप्पा माना जाता है, जिसने 725 ई. के निकट चित्तौड़ पर विजय प्राप्त की थी। 977 ई. के अतपुर के अभिलेख में 20 गुहिलोत राजाओं का जिक्र है। वे प्रतीहारों के सामंत थे और भ्रातृपट्ट के राज्यकाल में 943 ई. के लगभग उन्होंने स्वतंत्रता प्राप्त की। उसके पुत्र अल्लट ने प्रतीहार-नरेश देवपाल को मार दिया।

परमार राजा मुंज के हमलों से गुहिलोत क्षीण हो गए और उनकी राजधानी आघाट, जिसे 'मेदपाट (मेवाड़) का गर्व' कहा गया है, नष्ट हो गई। उस समय उनका राजा शक्तिकुमार था।

शाही (शाहिय) : शाहियों का एक परिवार, जिसे अलबेरूनी कनिष्क का वंशज समझता था, काबुल घाटी और उत्तर-पश्चिमी सीमाप्रदेश में, नवीं शती तक राज्य करता था। इसके अंतिम राजा लघतूरमान को ब्राह्मण मंत्री कल्लर ने हटाकर ब्राह्मण शाहियों के एक नएं वंश की स्थापना की। इनकी राजधानी उद्भांडपुर (अटक के निकट ओहिंद) थी।

इस ब्राह्मण शाही राज्य का कश्मीर से गहरा संबंध था और उसके निर्वासितों

को वहाँ आश्रय मिलता रहा। कल्लर को *राजतरंगिणी* में लल्लिय शाही कहा गया है। उसका एक उत्तराधिकारी परमेश्वर शाही श्री भीमदेव था, जिसकी प्रपौत्री दिद्दा कश्मीर की सम्राज्ञी बनी।

उत्तरी स्वात घाटी के एक अभिलेख से *परमभट्टारक महाराजाधिराज* श्री जयपालदेव नामक एक राजा का पता चलता है, जो पश्चिम में पूर्वी अफगानिस्तान और लघमान से पूर्व में सरहिंद और दक्षिण में मुलतान तक फैले राज्य की उपलब्धि के लिए प्रसिद्ध था। इस प्रकार वह भारत का संतरी था और उसने सुबुक्तगिन के काल में जलालाबाद नामक स्थान पर मुसलमानों के आक्रमण का सामना किया। इस संकट की गंध पाकर उसने भारत के हिंदू राजाओं को इसके विषय में संदेश भेजे। इस चेतावनी के फलस्वरूप 991 ई. में कन्नौज, चाहमान और चंदेल राजाओं ने सुबुक्तगिन को रोकने के लिए एक संघ बनाया। किंतु उसके स्थान पर उससे ज्यादा लड़ाकू महमूद गद्दी पर बैठा और उसने जयपाल को हराकर पकड़ लिया। जयपाल ने अपने सम्मान की रक्षा के लिए अग्नि में कूदकर प्राण दे दिए। उसके पुत्र आनंदपाल ने उसके कार्य को सँभाला और 1008 ई. में कन्नौज के राजा राज्यपाल और चंदेल राजा विद्याधर के साथ एक नवीन संघ बनाया। राष्ट्रीय संकट की चेतना इतनी बढ़ी कि एक मुसलमान इतिहासकार के अनुसार सुदूर प्रांतों में हिंदू औरतों ने अपने रत्न बेच दिए और सोने के जेवर गलाकर इस धर्मयुद्ध के लिए चंदे इकट्ठे किए। बाद का इतिहास इस पुस्तक के क्षेत्र से बाहर है।

कला : इस युग में उत्तरी भारत में चंदेल, राजस्थानी और सोलंकी कला का विकास हुआ। खजुराहो की कला लगभग 30 शैव और वैष्णव मंदिरों में उपलब्ध है। ये मंदिर 950 से 1050 तक चंदेल राजाओं के आदेश से बनवाए गए थे। वे उच्चकोटि के कलात्मक उभरे हुए खुदाई के काम की मूर्तियों के लिए प्रसिद्ध हैं। खजुराहो महादेव के मंदिर में देवताओं और महापुरुषों की 650 से अधिक खुदी हुई मूर्तियाँ हैं। मंदिर में गर्भगृह के ऊपर छत, चोटी और शिखर पाए जाते हैं। 100 फुट ऊँचे शिखरवाला विश्वनाथ का मंदिर खजुराहो के भवनों में सर्वश्रेष्ठ है। इसकी छतें पर्वतों की चोटियों के समान दिखाई देती हैं। इसके खंभों के शीर्षों और छतों की खुदाई का काम अत्यंत कलात्मक है। चतुर्भुज का वैष्णव मंदिर और उसके साथ लगे पंचायतन भी ऐसे ही सुंदर हैं।

1000 ई. तक राजस्थान और मध्यभारत में भी कला की बड़ी उन्नति हुई। यह उल्लेखनीय है कि इन 26 मंदिरों की सामग्री से कुतुबमीनार का निर्माण हुआ। इसी प्रकार 50 अन्य मंदिरों की सामग्री से अजमेर की मस्जिद के खंभे बने हैं। इनमें खंभों का प्रचुर प्रयोग मिलता है जिनमें सुंदर खुदाई का काम मिलता है और संगमरमर की सुंदर छतों को धारण करते हैं। एक अन्य कला-केंद्र सागर में एरण था जहाँ पाँचवीं से ग्यारहवीं शती तक के भवन मिलते हैं, जैसे, बुधगुप्त का पाषाणस्तंभ और गुप्तों के पिछले काल के वराह, नरसिंह और विष्णु के मंदिर।

सोलंकियों ने 1000 और 1200 ई. के बीच गुजरात में कला की एक नई शैली चलाई। वस्तुपाल तेजपाल नामक दो प्रसिद्ध बंधुओं ने, इटली के मेदिचि की तरह कला को आश्रय दिया। इस कला के सर्वश्रेष्ठ निदर्शन सोलंकी राजधानी पाटन (अणहिलवाड़) के निकट सुनक और केसर के मंदिर हैं। इस संप्रदाय के सर्वश्रेष्ठ नमूने बड़ौदा और मोढेर के सूर्य-मंदिर हैं, जिनमें बहुत सुंदर खुदाई का काम है। इसी समय का आबू पर्वत पर जैन-शैली का संगमरमर का विमला-मंदिर है। ऐसा ही एक और मंदिर बारहवीं शती का सिद्धपुर का रुद्रमाल का मंदिर है। इसी समय सोमनाथ का मंदिर बना, जिसे महमूद गज़नवी ने 1025 ई. में नष्ट किया और कुमारपाल ने फिर बनवाया। लगभग 1230 ई. का आबू पर्वत पर तेजपाल का बनवाया जैन मंदिर विमला-मंदिर की प्रतिकृति है। इस काल में कीर्तिस्तंभों का भी निर्माण हुआ, जैसे, चित्तौड़ का जय-स्तंभ जिसके आठ तल्ले हैं और उसके साथ लगे नगर के द्वार, तटाक और कुएँ इत्यादि हैं।

ग्वालियर के किले पर तीन प्रसिद्ध मंदिर हैं, जिनमें सबसे बड़ा सहस्रबाहु का मंदिर (1030-93 ई.) है।

तेरहवाँ अध्याय

दक्षिणी भारत

स्थानीय राज्य : सातवाहनों के बाद दक्षिण की एकता नष्ट हो गई और यह अनेक स्थानीय राज्यों में बँट गया । इनको मध्य, पश्चिमी और पूर्वी भागों में विभक्त किया जा सकता है ।

मध्य भाग में वाकाटक, जिनका इतिहास लिखा जा चुका है, और नलों का राज्य था ।

पश्चिमी दकन में भोज, त्रैकूटक, कलचुरि और राष्ट्रकूटों का राज्य था ।

पूर्वी दकन में आंध्र, कलिंग, दक्षिण कोसल और मेकल नामक राज्य थे ।

आंध्र में आनंद, सालंकायन और विष्णुकुंडी थे ।

कलिंग में पितृभक्त, माठुर, वाशिष्ट और पूर्वी गंग थे ।

दक्षिण कोसल और मेकल में शरभपुरीय, दक्षिण कोसल के पांडुवंशी और मेकल के पांडुवंशी राज्य करते थे ।

सार्वभौम राज्य : इन स्थानीय राज्यों में से बादामी (बीजापुर) के चालुक्यों ने महत्त्व प्राप्त किया । उन्होंने दकन के बहुत बड़े भाग पर दो शताब्दियों तक (आठवीं शती के मध्य तक) राज्य किया और अपनी सार्वभौम सत्ता के अधीन इसकी एकता स्थापित की । उन्हें राष्ट्रकूटों ने हटा दिया, किंतु उनकी शाखाएँ पिष्टपुर के पूर्वी चालुक्यों, वेमलवाड़ के चालुक्यों और बाद में कल्याणी के पश्चिमी चालुक्यों के रूप में राज्य करती रहीं जिन्होंने दसवीं शती के उत्तरार्द्ध में राष्ट्रकूटों को परास्त किया । पहले हम स्थानीय राज्यों की चर्चा करेंगे ।

मध्य-दक्षिणी भारत : *नल* : अभिलेखों से तीन नल राजाओं का पता चलता है : 1. महाराज भवत्त (भवदत्त) वर्मा जिसे *नलनृपवंशप्रसूत* कहा गया है, 2. स्कंदवर्मा, जिसे कोरापुट के अभिलेखों में उसका पुत्र बताया गया है और यह कहा गया है कि उसने शत्रु द्वारा ध्वस्त पुष्करी नामक राजधानी को फिर से आबाद किया । इस शत्रु से चालुक्य राजा कीर्तिवर्मा (567-597 ई.) का बोध होता है । इन राजाओं ने सोने के सिक्के चलाए, जिनसे और उनके लेखों से यह प्रकट होता है कि उनका राज्य वस्तर-जेपुर प्रदेश में था । कुछ चालुक्य अभिलेखों से पता चलता है कि नल-राज्य बेल्लारी और कुरनूल जिले तक था, जहाँ नलवाड़ी नामक बस्ती का पता चलता है ।

पश्चिमी-दक्षिणी भारत : *भोज* : एक वाकाटक अभिलेख से ज्ञात होता है कि बरार में भोजों (भोजकों) का राज्य था। वे अशोक और खारवेल के अभिलेखों में वर्णित भोजक हो सकते हैं। कोंकण में गोवा में भी भोज जा बसे। उनकी राजधानी चंद्रपुरी (चंदोर) थी। गोवा से प्राप्त अभिलेखों में कुछ भोज राजाओं के नाम इस प्रकार मिलते हैं : देवराज (पंचम शती ई.), चंद्रवर्मा, जिसने गोवा में महाविहार की स्थापना के लिए भूमि का अनुदान दिया, पृथ्वीमलवर्मा; कापालि वर्मा और अशंकित।

त्रैकूटक : ये अपरांत (उत्तरी कोंकण) के त्रिकूट पर्वत के निकट रहने के कारण त्रैकूटक कहलाते थे। इनके अभिलेखों से ज्ञात होता है कि कण्हेरी से सूरत तक उनका राज्य था। उनके सिक्के गुजरात, कोंकण और निकटवर्ती विस्तृत मराठा प्रदेश में, जहाँ पहले आभीरों का राज्य था, पाए जाते हैं। त्रैकूटक सिक्के पश्चिमी क्षत्रपों के नमूने के थे और उन्हीं के प्रदेश में चलने के लिए जारी किए गए थे। पहले वे आभीरों के अधीन रहे, किंतु बाद में उनको हटाकर स्वयं राजा बन गए और उनका 248 ई. का संवत् प्रयुक्त करने लगे। एक अभिलेख से पता चलता है कि उन्होंने चौथी शती में अपने शत्रु कदंब राजा मयूर शर्मा से युद्ध किया। सिक्कों और अभिलेखों से उनके दहरसेन आदि राजाओं का पता चलता है। दहरसेन ने अश्वमेधयज्ञ किया था। उसके पुत्र व्याघ्रसेन को 'अपरांत का राजा' कहा जाता है, जिसने 245 (493 ई.) में कृष्णगिरि में एक महाविहार बनवाया। गुर्जर और कलचुरियों के आक्रमण के फलस्वरूप त्रैकूटक राज्य का अंत हो गया।

कलचुरि : *कटचुरि* या कलचुर्य नामक एक दूसरा राजवंश भी था जिसने छठी शती ई. में उत्तरी महाराष्ट्र, गुजरात और मालवे के भागों में राज्य किया। अभिलेखों के अनुसार उन्होंने माहिष्मती के राजा सुबंधु (486 ई.), अनूप के राजा स्वामिदास (386 ई.), भुलुंड (426 ई.) और रुद्रदास (436 ई.) को परास्त किया। दक्षिण से बादामी के चालुक्य और भंड़ौच के गुर्जरों का जोर पड़ने से वे मालवा की ओर बढ़े और मैत्रकों के दबाव के फलस्वरूप जबलपुर प्रदेश में बस गए, जहाँ उन्होंने नवीं शती में अपनी शक्ति को बढ़ाया। उनमें कृष्णराज, उसका पुत्र शंकरगण और उसका पुत्र बुद्धराज (595 ई.) जैसे महान् राजा हुए, जो शैव-धर्मावलंबी थे। कृष्णराज ने *कृष्णराज रूपक* नामक चाँदी का सिक्का चलाया था, जिस पर उसे *परममाहेश्वर* कहा गया है, और शिवनंदी की आकृति अंकित है। उसके बाद भी वह बहुत दिनों तक नासिक, बंबई, सालसट और उत्तरी चालुक्य-राज्य में चलता रहा। शंकरगण बड़ा शक्तिशाली राजा था। उसने नासिक जिले, उत्तर में मालवा और संभवतः गुजरात और काठियावाड़ के कुछ भागों पर राज्य किया। उसने उज्जयिनी में अपने स्कंधावार से दानपत्र जारी किए और भोजवर्धन विषय (गोवर्धन अथवा नासिक) में भूमि दान की। बुद्धराज (595 ई.) ने वैदिक (विदिशा) से 360 (608 ई.) में दानपत्र जारी किया। उसने पूर्वी

मालवे को शशांक के सहचर देवगुप्त से जीता होगा, जिसने मौखरी और पुष्यभूति राजाओं का विरोध किया था। उसने 361 (609 ई.) में भरूकच्छ विषय में एक और भूमि का अनुदान दिया। 602 के एक अभिलेख से ज्ञात होता है कि चालुक्य राजा मंगलेश (597-611 ई.) ने उससे युद्ध किया।

बड़ोदा में मंकरी के अभिलेख से पता चलता है कि जब शंकरगण अपनी शक्ति की सीमा पर था तो महाराज नन्न, जिसे *कटचुरीकुलवेश्मप्रदीप* कहा गया है, उसका सामंत था। उसकी पत्नी का नाम दद्दा और उसका पुत्र तरलस्वामी (594 ई.) था।

कलचुरियों को हैहय भी कहते थे। चालुक्य विनयादित्य (681-96 ई.) ने उनको हराने का दावा किया है और उसके पौत्र विक्रमादित्य द्वितीय (733-46 ई.) ने हैहय राजकुमारियों से विवाह किया था।

प्रारंभिक राष्ट्रकूट : राष्ट्रकूट नाम की व्युत्पत्ति प्रशासनिक है। इससे राष्ट्र अथवा सेना के अध्यक्ष का बोध होता है। बहुत-से चालुक्य और राष्ट्रकूट अभिलेखों में यह शब्द प्रशासनिक अर्थ में प्रयुक्त हुआ है।

राष्ट्रकूट-वंश की शाखाएँ दक्षिणी भारत के विभिन्न भागों में राज्य करती थीं। ये बादामी के चालुक्यों के पतन तक छोटे-छोटे टुकड़ों में विभक्त रहीं। चालुक्य विक्रमादित्य द्वितीय (733-46 ई.) के अधीन सतारा-रत्नागिरि प्रदेश के राष्ट्रकूट थे। इनके अतिरिक्त सातवीं-आठवीं शती में मध्यप्रदेश में बेतूल और इलिचपुर जिलों में भी राष्ट्रकूट-वंश राज्य करता था।

चालुक्य उपराजाओं के अधीन उत्तर-दक्षिणी भारत के कुछ भागों में एक बहुत शक्तिशाली राष्ट्रकूट-वंश की शाखा विद्यमान थी, जिसने अंत में अपने स्वामी बादामी के चालुक्यों को निकाल दिया।

दो स्थानीय राष्ट्रकूट-वंश बहुत प्रसिद्ध हुए : 1. मानपुर के राष्ट्रकूट, और 2. बरार के राष्ट्रकूट। मीराशी के अनुसार मानपुर सतारा जिले का मान नामक स्थान है। वे मराठा देश के दक्षिणी भाग में राज्य करते थे। एक अभिलेख में इस वंश के प्रतिष्ठापक मानांक को विदर्भ और अश्मक का विजेता कहा गया है और कुंतल, कदंब और कन्नड़ देश का प्रशासनिक (दंड देनेवाला) बताया गया है। बाद में मौर्य या नलों ने इन मानपुर के राजाओं को परास्त किया, जो स्वयं चालुक्यों द्वारा पराजित हुए।

बरार में दुर्गराज द्वारा स्थापित एक अन्य राष्ट्रकूट-वंश भी था, जिसे चालुक्य पुलकेशी द्वितीय ने राष्ट्रकूट अथवा 'प्रांत का राज्यपाल' नियुक्त किया था। उसने उसकी मृत्यु के उपरांत अपने-आपको स्वतंत्र घोषित किया था। उसके उत्तराधिकारियों की राजधानी अचलपुर (इलिचपुर) थी। एक अभिलेख में उनके बाद के राजा नन्न (690-735 ई.) का जिक्र है। लगभग इसी समय दंतिवर्मा प्रथम ने, जो बाद में राष्ट्रकूटों की सम्राट्-परंपरा का प्रतिष्ठापक सिद्ध हुआ, अचलपुर के

राष्ट्रकूट-वंश को हटाकर एक नए राजवंश का श्रीगणेश किया।

पूर्वी-दक्षिणी भारत : आंध्र

आनंद-वंश : अभिलेखों से आनंद ऋषि से उत्पन्न तीन आनंदवंशी राजाओं का पता चलता है। वे 375-500 ई. के कंदर, अत्तिवर्मा और दामोदरवर्मा हैं। उन्होंने पल्लव राज्य से गुंटूर प्रदेश को स्वतंत्र किया। एक शिलालेख में कंदर को पृथ्वी-युवराट् और आंध्रपथ की पल्लव-राजधानी धान्यकटक (अमरावती) का विजेता कहा गया है। अत्तिवर्मा (हस्तिवर्मा) ने हिरण्यगर्भ-महादान नामक यज्ञ किया। अगले राजा दामोदरवर्मा ने कुछ संस्कृत और कुछ प्राकृत में मत्तेपद का दानपत्र लिखाया है। इससे प्रकट होता है कि यह चौथी शती के उत्तरार्ध के बाद का नहीं हो सकता, जब दक्षिणी अभिलेखों से प्राकृत ने संस्कृत को बहिष्कृत कर दिया। इस लेख में राजा को सम्यक्-संबुद्ध (बुद्ध) का उपासक बताया गया है। पल्लवों से उनके संघर्ष के फलस्वरूप उनका पतन हो गया।

सालंकायन : टालेमी ने उनको सलकेनोई और उनकी राजधानी को 'बेनागूरू' (वेंगीपुर) बताया है, जो कृष्णा और गोदावरी के मध्य में स्थित था। वेंगी से उनके शासन-पत्र (चार्टर) जारी हुए। प्रयाग-प्रशस्ति के अनुसार समुद्रगुप्त ने वेंगी के राजा हस्तिवर्मा को परास्त किया। प्राकृत भाषा के एहोल से प्राप्त एक अभिलेख में देववर्मा नामक एक राजा का जिक्र है, जिसने समुद्रगुप्त से पहले अश्वमेधयज्ञ किया। उसने पल्लवों से लोहा लिया और अपनी शक्ति को बढ़ाया, पर अंत में पल्लवों ने उसे कमजोर कर दिया। ताम्रपत्रों से इस वंश के इन राजाओं का पता चलता है : हस्तिवर्मा प्रथम, नंदिवर्मा प्रथम, हस्तिवर्मा द्वितीय और स्कंदवर्मा।

1. विष्णुकुंडीवंश : अभिलेखों से इस वंश के प्रथम सम्राट् विक्रममहेंद्र (विक्रमेंद्रवर्मा प्रथम) का पता चलता है। उसके बाद इस वंश की शक्ति और महानता का निर्माता माधववर्मा प्रथम जनाश्रय (535-85 ई.) गद्दी पर आया। उसने 11 अश्वमेध, 1000 अग्निष्टोम और हिरण्यगर्भ-महादान नामक यज्ञ किए। वह एक विद्वान् राजा था और उसे *जनाश्रयी छंदोविचिति* नामक छंद-ग्रंथ की रचना का श्रेय प्राप्त है। ऐसा लगता है कि उसके और मौखरी राजा ईशानवर्मा के मध्य एक संघर्ष हुआ, जिसमें ईशानवर्मा ने 553 ई. में आंध्र राजा को परास्त करने का दावा किया है। उसने वाकाटक राजकुमारी से विवाह किया। उसके उत्तराधिकारी इंद्रवर्मा ने (590-620 ई.) विशाखापट्टनम् तक, जहाँ उसने एक गाँव दान किया, के विस्तृत प्रदेश को जीत लिया। वह अपने दान, विद्या के प्रसार

और विद्यालयों की स्थापना के लिए प्रसिद्ध था । इंद्राधिराज के नेतृत्व में बने पूर्वी राजाओं के एक संघ ने उसे परास्त किया और उसकी विजय की प्रगति को रोक दिया । उसके उत्तराधिकार विक्रमेंद्रवर्मा तृतीय ने उसकी आक्रामक विदेश-नीति को जारी रखा । फलतः चालुक्य पुलकेशी द्वितीय ने उस पर भारी आक्रमण किया और कुनाल झील (कोल्लेर) के पास उसके दुर्ग को जीत लिया, साथ ही पिष्टपुर के राज्य और विशाखापट्टनम् से नेल्लूर तक के समुद्रतट की पट्टी को अपने राज्य में मिला लिया, जैसा कि 664 ई. के एहोल अभिलेख से ज्ञात होता है । इस प्रकार विष्णुकुंडी राजाओं को वेंगी का प्रदेश चालुक्यों के हवाले कर देना पड़ा । अपनी शक्ति के शिखर पर पहुँचकर उसने विशाखापट्टनम्, गोदावरी, कृष्णा और गुंटूर तक के विशाल प्रदेश पर राज्य किया ।

1. कलिंग : खारवेल और उसके चेदि राज्य के बाद कलिंग, जिसमें कृष्णा और गोदावरी का मध्यवर्ती प्रदेश शामिल था, बहुत-से छोटे-छोटे राज्यों में बँट गया, जिनके शासकों को समुद्रगुप्त ने परास्त किया । उसकी प्रयाग-प्रशस्ति में कोट्टूर, पिष्टपुर, एरंडपल्ल और देवराष्ट्र का उल्लेख मिलता है । बाद के कुछ अभिलेखों में पिष्टपुर की पहचान पीठापुरम् और देवराष्ट्र की पहचान विशाखापट्टनम् जिले के येल्लमचिली तालुका से की गई है ।

कलिंग का बाद का इतिहास पितृभक्त, माठर, वासिष्ट और पूर्वी गंग नामक राजवंशों का वृत्तांत है ।

(क) पितृभक्त : इस वंश के प्रतिष्ठापक उमावर्मा ने अपने एक अभिलेख में अपने-आपको कलिंगाधिपति बताया है । यह उसकी राजधानी सिंहपुर से जारी हुआ था । उसके एक उत्तराधिकारी महाराज नंदप्रभंजनवर्मा ने एक लेख में अपने वंशानुगत नाम पितृभक्त और उपाधि 'कलिंगाधिपति' का उल्लेख किया है । नंद नाम से संभवतः पुरातन नंदवंश से, जो खारवेल के हाथीगुंफा अभिलेख के अनुसार कलिंग से संबंधित था, उसके संबंध का पता चलता है ।

(ख) माठर : ये पितृभक्तों के प्रतिद्वंद्वी थे । इनकी राजधानी पिष्टपुर थी । इनके एक राजा शक्तिवर्मा ने कलिंगाधिपति की उपाधि ग्रहण की । एक अन्य राजा अनंतशक्तिवर्मा ने पितृभक्तों की राजधानी सिंहपुर से कलिंग के राजा की हैसियत से एक दानपत्र जारी किया, जिससे पता लगता है कि इन राजाओं ने मध्यकलिंग में पितृभक्तों के केंद्र पर विजय प्राप्त कर ली थी । अभिलेखों से इस वंश के इन राजाओं का उल्लेख मिलता है : 1. शंकरवर्मा, 2. शक्तिवर्मा (आर्यक), 3. प्रभंजनवर्मा, 4. अनंतशक्तिवर्मा । अनंत ने अपने-आपको *परममाहेश्वर* कहा है । उसकी राजधानी अधिष्ठान (पिष्टपुर) में थी ।

(ग) वासिष्ट : वासिष्टों का वासिष्टीपुत्र और माठरीपुत्र नामधारी बहुत-से राजवंशों से वैवाहिक संबंध था । उदाहरणार्थ, एक अभिलेख में प्रभंजन को *वासिष्ट कुलचंद्र* कहा गया है ।

(घ) पूर्वी गंग : ये गंगराजा संभवतः मैसूर के गंगवंश की किसी शाखा से संबंधित थे। उनकी राजधानी कलिंगनगर (गंजाम जिले में आधुनिक मुखलिंगम्) थी। इस वंश का प्रतिष्ठापक इंद्रवर्मा प्रथम था, जो अपने-आपको *त्रिकलिंगाधिपति* कहता था। यह शब्द शायद पूर्वी चालुक्यों की राजधानी वेंगी और दक्षिणी कोसल के दक्षिण में अवस्थित कलिंगनगर के मध्यवर्ती आटविक प्रदेश के लिए प्रयुक्त होता था। इंद्रवर्मा ने 496 ई. में अपना एक अलग संवत् चलाया। उसने 535 ई. तक राज्य किया। बाद के एक राजा इंद्रवर्मा द्वितीय ने अपने-आपको 'समस्त कलिंग का अधिपति' बताया है।

उसके उत्तराधिकारी इंद्रवर्मा तृतीय और इंद्रवर्मा चतुर्थ थे। इन्द्रवर्मा ने अपने-आपको *दानार्णव* बताया है। संभवतः इंद्रवर्मा चतुर्थ ने इंद्रवर्मा तृतीय को राज्य से च्युत कर 650 ई. तक राज्य किया। देवेंद्रवर्मा नामक एक राजा ने अपने-आपको गुणार्णव का पुत्र बताया है और स्वयं अपने को स्वविजित समस्त कलिंग का अधिपति घोषित किया है।

प्रारंभिक गंगवंश की एक शाखा श्वेतक में राज्य करती थी।

प्रारंभिक गंगवंश के बाद का इतिहास चालुक्यों और चोलों द्वारा इसकी पराजय का इतिवृत्त है।

1038 ई. में वज्रहस्त अनंतवर्मा ने, जिसने *त्रिकलिंगाधिपति* की उपाधि का पुनरुद्धार किया, उत्तरकालीन पूर्वी गंगवंश की स्थापना की। अनंतवर्मा के नेतृत्व में ये गंग इतने शक्तिशाली हुए कि पश्चिमी चालुक्य विक्रमादित्य षष्ट ने कुलोत्तुंग चोल के विरुद्ध उसकी सहायता माँगी, किंतु कुलोत्तुंग ने उसे परास्त किया। तथापि उसने शीघ्र ही अपनी खोई हुई शक्ति को संचित किया और 1090 ई. से पहले विशाखापट्टनम् जिले में अपने नवविजित राज्य को सुदृढ़ किया। 1118 ई. से पहले कलिंग के एक गृहयुद्ध का लाभ उठाकर अनंतवर्मा ने इसे अपने राज्य में मिला लिया। इस सफलता के बाद गंगराजाओं ने उत्कल और कलिंग के दोनों राज्यों के अधिपति की उपाधियाँ ग्रहण कीं। उसने पाल राजाओं के राज्यकाल में बंगाल पर आक्रमण किया और कलचुरी और परमार राजाओं से युद्ध किए। अनंतवर्मा 1150 ई. तक जीवित रहा और उसने पुरी में जगन्नाथ के प्रसिद्ध मंदिर का निर्माण कराकर अमर ख्याति प्राप्ति की। गंगों ने सेन राजाओं के राज्यकाल में बंगाल पर आक्रमण किए। बंगाल के राजा लक्ष्मणसेन के कार्य के विपरीत, अनंतवर्मा के पौत्र राजराज तृतीय ने उड़ीसा से बख्त्यार के हमले को रोककर उसे वापस धकेल दिया। उसके पुत्र अनंगभीम तृतीय (1216-1235 ई.) ने गयासुद्दीन खिलजी को भी पीछे हटा दिया और कलचुरी तुम्माण को परास्त किया, किंतु काकतीय गणपति के हाथों स्वयं हार खाई। उसके पुत्र नरसिंह प्रथम ने सुदूर लखनौती के मुसलमान शासक के विरुद्ध आक्रमण करने की वीरतापूर्ण नीति को अपनाया। उसने मुसलमानों के विरुद्ध चार और युद्ध किए, किंतु अंत में उन्होंने

उड़ीसा के एक भाग पर अधिकार कर लिया। तथापि उड़ीसा के ये हिंदू राजा इतने लंबे समय तक मुसलमान आक्रमणकारियों के बढ़ते हुए ज्वार को रोकने में अपनी पैतृक वीरता का प्रदर्शन करने के लिए प्रशंसा के पात्र हैं। नृसिंह प्रथम कोणार्क के प्रसिद्ध सूर्यमंदिर के निर्माण के लिए भी प्रसिद्ध है।

3. दक्षिण कोसल और मेकल : दक्षिण कोसल (वर्तमान रायपुर, बिलासपुर और संभलपुर जिलों का प्रदेश) अयोध्या के राजा दशरथ की रानी कौशल्या और श्रीराम से संबंधित एक आर्य-बस्ती थी। श्वान-चाङ् ने इस किंवदंती का उल्लेख किया है कि महान् महायानी विद्वान् नागार्जुन दक्षिण कोसल में आंध्र सातवाहन राजा के राज्यकाल में, जिसे गौतमीपुत्र यज्ञश्री शातकर्णी माना जाता है, दूसरी शती ई. में एक विहार में रहता था। चौथी शती ई. में कोसल के राजा महेंद्र को समुद्रगुप्त ने परास्त किया। इसके बाद इन राजाओं ने गुप्त-संवत् का प्रयोग किया और गुप्त-राजाओं के सिक्कों का अनुकरण किया, और इस प्रकार गुप्त-सम्राटों के मित्रों जैसा व्यवहार किया। 283 (601 ई.) के एक दानपत्र से भीमसेन द्वितीय नामक एक राजा का पता चलता है।

गुप्त-साम्राज्य के पतन के बाद शूर नामक राजा ने एक नए राजवंश की प्रतिष्ठा की। यह वंश कोसल, मेकल के शरभपुत्रीय पांडुवंश आदि का समकक्ष था।

शरभपुत्रीय : 'शरभपुत्रीयों' की राजधानी रायपुर जिले में संभलपुर अथवा सिरपुर (श्रीपुर) नामक नगरी मानी जाती है। राजा शरभ संभवतः गोपराज से संबंधित था, जो अपने गुप्त-स्वामी भानुगुप्त के साथ 510 ई. में एरण में हूणों से लड़ता हुआ मारा गया था। अभिलेखों से उनके कई राजाओं का पता चलता है : प्रसन्नमात्र, मानमात्र, दुर्गराज, अथवा प्रवरराज, जिसे पांडुवंश के राजा तीवर ने, जिसने अपने-आपको अपने सिक्कों पर *कोसलाधिपति* और *परमवैष्णव* कहा है तथा जो विष्णुकुंडी माधववर्मा प्रथम (535-85 ई.) और मौखरी सूर्यवर्मा (553 ई.) का समकालीन माना जाता है, निकाल बाहर किया। उसका कोई पुरखा उदयन था। उसके उत्तराधिकारियों में एक हर्षगुप्त था, जिसने मौखरी ईशानवर्मा के पुत्र और राज्यपाल सूर्यवर्मा की पुत्री वासटा से विवाह किया था। उसके पुत्र बालार्जुन का राज्यकाल लंबा रहा और उसने अपने सत्तावनवें वर्ष में एक अभिलेख जारी करवाया। शक्तिशाली चालुक्य पुलकेशी द्वितीय के समकालीन होने के कारण उसे उसके आक्रमण का आघात सहना पड़ा। बालार्जुन के बाद नलों ने और बाद में सोमवंशियों ने इस परिवार का अंत किया।

पांडुवंशीय : पांडुवंशियों की एक शाखा मेकल (अमरकंटक) में विद्यमान थी। बघेलखंड से प्राप्त एक ताम्रपट्ट में इस वंश के बहुत-से राजाओं, जैसे नागबल और भरतबल आदि, का उल्लेख है। जिन्होंने *परम माहेश्वर, परमब्रह्मण्य, परमगुरुदेवताधिदैवत्* आदि विशेष बड़ी-बड़ी उपाधियों का प्रयोग किया। शुरू

में वे गुप्त-सम्राटों के अधीन थे, किंतु बाद में स्वतंत्र हो गए। फिर वे वाकाटक राजाओं के मातहत हो गए और ईसा की पाँचवीं शती में नरेंद्रसेन ने कोसल, मेकल और मालव पर अपने प्रभुत्व की घोषणा की।

सार्वभौम शक्तियाँ : अब हम उन वंशों के इतिहास का वर्णन करेंगे, जिन्होंने अपनी विजयों से सम्राट्पद प्राप्त किए। इनमें 1. बादामी के प्रारंभिक पश्चिमी चालुक्य, जिन्होंने दो शताब्दियों (छठी से आठवीं शती) तक राज्य किया; 2. राष्ट्रकूट, जिन्हें दो शताब्दियों के राज्य के उपरांत दसवीं शती में चालुक्यवंश की एक अन्य शाखा ने हटा दिया, और 3. कल्याणी के उत्तरकालीन पश्चिमी चालुक्य प्रसिद्ध हैं। इसी बीच एक तीसरे चालुक्य-वंश ने भी, जिसे पिष्टपुर के पूर्वी चालुक्य कहते हैं, सातवीं शती में दक्षिणी भारत के अन्य भागों पर राज्य किया।

पश्चिमी चालुक्य : पुलकेशी द्वितीय : पश्चिमी चालुक्य-वंश का इतिहास पुलकेशी प्रथम *सत्याश्रय रणविक्रम* (535-66 ई.) से प्रारंभ होता है, जिसने अश्वमेध और अन्य यज्ञ किए और वातापी (बादामी) के दुर्ग की स्थापना की। इसके बाद उसका पुत्र कीर्तिवर्मा (566-597 ई.) गद्दी पर आया, जिसे एहोल के तथा अन्य अभिलेखों में नलों, बनवासी के कदंबों और कोंकण के मौर्यों जैसी प्रतिपक्षी शक्तियों की *कालरात्रि* कहा गया है। उसका उत्तराधिकारी उसका भाई मंगलेश (597-610 ई.) था, जिसने करचुरी (कलचुरी) को परास्त किया और रेवतीद्वीप (गोवा-द्वीप) पर अधिकार करके अपने पुत्र इंद्रवर्मा को वहाँ का प्रशासक नियुक्त किया। उसके बाद मंगलेश और कीर्तिवर्मा प्रथम के पुत्र पुलकेशी में गृहयुद्ध छिड़ गया, जिसमें मंगलेश मारा गया। पुलकेशी ने 610 ई. और 642 ई. के बीच राज्य किया। गृहयुद्ध ने स्थानीय विद्रोहों को प्रोत्साहन दिया, जिन्हें पुलकेशी ने दबा दिया और दिग्विजय आरंभ कर दी। उसने 1. कदंब और उनकी राजधानी बनवासी, 2. मैसूर के गंग और आलूप, और 3. कोंकण के मौर्यों और उनकी राजधानी पुरी (एलीफेंटा)—जिसे अपनी नौसेना से परास्त किया, और 4. लाट, 5. मालव, और 6. गुर्जरों को पराजित किया, जैसा कि उसकी एहोल-प्रशस्ति में लिखा हुआ है। यह उसका इतिहास जानने का प्रमुख स्रोत है और इसे अपने को भारवि और कालिदास के समान समझनेवाले कवि रविकीर्ति ने पद्यबद्ध किया था। उसके बाद, उत्तरापथ और दक्षिणापथ के दो शक्तिशाली अधिपतियों और परमेश्वरों—हर्ष और पुलकेशी द्वितीय—में विंध्य और रेवा के बीच युद्ध हुआ जिसमें हर्ष हार गया *भयविगलित हर्षो येन चाकारि हर्षः*। कुछ विद्वान् मानते हैं कि इस संघर्ष का कारण पुलकेशी की हर्ष के शत्रु गुर्जर नरपति दद्द द्वितीय के साथ संधि करना था, जिसने वलभी के राजा ध्रुवसेन द्वितीय के आक्रमण के विरुद्ध अपनी सुरक्षा का उपाय सोचा। चूँकि दद्द का काल लगभग 629 ई. है, इसलिए इस संघर्ष की तिथि इसके बाद की होनी चाहिए। 634 ई. की

एहोल-प्रशस्ति में इस युद्ध का जिक्र है, किंतु 630 ई. के लोहनेर के दानपत्र में इसका उल्लेख नहीं मिलता । इसलिए इसे 630 ई. और 634 ई. के बीच में रखना उचित है ।

तब पुलकेशी ने पूर्वी दक्षिणी भारत की ओर ध्यान दिया और कोसल (पांडुवंशी), कलिंग (गंग), पिष्टपुर के नरपति और इसके दक्षिण में विष्णुकुंडी विक्रमेंद्रवर्मा तृतीय और पल्लव राजा महेंद्रवर्मा को परास्त किया और उसके विरुद्ध चोल, पांड्य, और केरलों से मित्रता की । अतः लोहनेर के दानपत्र में उसे 'पूर्वी और पश्चिमी समुद्रों का स्वामी' कहा गया है । उसने अपने भाई कुब्ज विष्णुवर्धन को पूर्वी-दक्षिणी भारत का राज्यपाल नियुक्त किया, जहाँ उसके पूर्वी चालुक्य नामक वंश ने 1070 ई. तक तीन शताब्दी-पर्यंत राज्य किया । इस प्रकार पुलकेशी एक बड़े साम्राज्य का अधिपति बन गया जिसमें महाराष्ट्र, कोंकण और कर्णाटक के प्रदेश शामिल थे ।

उसकी विजय-प्रगति आपत्ति में परिणत हुई जब उसके पल्लव प्रतिद्वंद्वी ने बारंबार उसे परास्त किया, उसकी राजधानी को लूटा और 642 ई. में उसे मारकर *वातापीकोंड* की उपाधि धारण की ।

उसकी ख्याति भारत के बाहर भी पहुँची । मुसलमान इतिहासकार अलतबारी ने लिखा है कि ईरान के राजा खुसरो द्वितीय ने 625 ई. में भारतीय राजा *प्रमेश-परमेश्वर,* जो अभिलेखों के अनुसार पुलकेशी द्वितीय का दूसरा नाम था (*परमेश्वर-अपर-नामधेय*), की सभा से आए हुए एक दूतमंडल का स्वागत किया । अजंता की गुफा के एक चित्र में पुलकेशी द्वितीय को ईरानी दूतमंडल का स्वागत करते चित्रित माना जाता है ।

विक्रमादित्य प्रथम : पुलकेशी के बाद बादामी और दक्षिणी प्रदेशों पर पल्लवों का अधिकार हो जाने, उसके पुत्रों में गृहयुद्ध छिड़ने और उसके राज्यपालों के विद्रोहों से राज्य में अशांति मच गई । अभिलेखों से ज्ञात होता है कि उसके पुत्र आदित्यवर्मा और चंद्रादित्य कुछ क्षेत्रों में स्वतंत्र राजा की हैसियत से राज्य करने लगे । अंत में 665 ई. में उसका पुत्र विक्रमादित्य प्रथम सफल हुआ । उसने अपने प्रतिद्वंद्वियों, विशेषतः पल्लवों को सुदीर्घ संघर्ष के बाद परास्त करके, उनकी राजधानी काँची को लूटकर, और चोल, पांड्य और केरल में अपनी शक्ति का सिक्का बैठाकर अरबसागर, हिंदसागर और बंगाल की खाड़ी के तीन समुद्रों से आवेष्टित प्रदेश का आधिपत्य प्राप्त किया । इन सब विजययात्राओं में उसके वीर पुत्र और पौत्र विनयादित्य और विजयादित्य ने बराबर उसका साथ दिया । बाद में उसे पल्लवराजा परमेश्वरवर्मा प्रथम के प्रचंड आक्रमण का सामना करना पड़ा जिसने उसे हराकर वातापी पर अधिकार कर लिया । किंतु यह आपत्ति क्षणिक सिद्ध हुई । एक अभिलेख के अनुसार उसने 671-74 ई. के बीच में फिर आक्रमण प्रारंभ किया, काँची के निकट डेरा डाला और कावेरी और चोल राजधानी तक

बढ़ता चला गया। उसी समय उसके भाई धराश्रय जयसिंहवर्मा ने, जो लाट (गुजरात) का राज्यपाल था और जिसकी राजधानी नवसारिका (नवसारी) थी, माही और नर्मदा के बीच के प्रदेश पर राज्य करनेवाले राजा वज्जड को हराया जिसे मैत्रक नरपति शीलादित्य (662-84 ई.) माना जाता है।

विनयादित्य (681-692 ई.) : अगला राजा उसका प्रिय पुत्र विनयादित्य था जिसे, उसके अभिलेख दक्षिण में पल्लव, चोल, पांड्य, केरल और अन्य सिंहल तक के राज्यों पर विजय प्राप्त करने का श्रेय देते हैं। इसने अपने पुत्र विजयादित्य के साथ उत्तरापथ में अभियान किया और वहाँ मर गया।

विजयादित्य (696-733 ई.) : उसके 730 ई. के उच्छल के अभिलेख से ज्ञात होता है कि उसने काँची पर आक्रमण करके वहाँ के राजा परमेश्वरवर्मा द्वितीय से कर प्राप्त किया।

विक्रमादित्य द्वितीय (733-45 ई.) : विजयादित्य के बाद उसका 'प्रियपुत्र' विक्रमादित्य द्वितीय गद्दी पर बैठा जिसने पल्लवों के विरुद्ध अपने वंशानुगत संघर्ष को जारी रखा और उनकी राजधानी काँची पर सहसा आक्रमण किया। वहाँ से राजा नंदि-पोतवर्मा (नंदिवर्मा द्वितीय) भाग गया। शबरराज उदयन, निषादराज पृथ्वीव्याघ्र और गंगराज श्रीपुरुष उसके सहायक थे। उसने चोल, पांड्य, केरल, कलभ्र आदि दक्षिण भारतीय राज्यों पर भी आक्रमण किया। उसके उत्तरी राज्यपाल *अवनिजनाश्रय* पुलकेशी ने अरबों के आक्रमण को विफल किया और *अनिवर्तक-निवर्तयितृ* की उपाधि धारण की, किंतु लाट पर राष्ट्रकूट दंतिदुर्ग ने अधिकार करके चालुक्य राज्य को वहाँ से समाप्त कर दिया।

कीर्तिवर्मा द्वितीय (746-757 ई.) : वह अपने पिता का 'प्रिय पुत्र' था। उसे शक्तिशाली राष्ट्रकूटवंशीय राजा दंतिदुर्ग ने हरा दिया। दंतिदुर्ग ने 742 ई. के अपने एलोरा के दानपत्र में अपने चालुक्य स्वामी का उल्लेख नहीं किया है। 754 ई. के उसके सामनगढ़ के दानपत्र में इस बात का स्पष्टतः उल्लेख है कि उसने अपने चालुक्य स्वामी और उसकी कर्णाटक सेना को हराया और पल्लव राजा नंदिवर्मा द्वितीय को भी परास्त किया। कृष्ण प्रथम ने राष्ट्रकूट आधिपत्य को पूरा किया और राहप (कीर्तिवर्मा द्वितीय) को हराकर 'चालुक्य वंश के ध्वज और सौभाग्य का अपहरण किया'।

चालुक्य-वंश के पतन का कारण पल्लवों के साथ उनका सुदीर्घ संघर्ष था, जिससे उनके साधन क्षीण हो गए थे।

पूर्वी चालुक्य : विष्णुवर्धन प्रथम : विष्णुवर्धन 617 ई. में सतारा और नासिक के बीच के प्रदेश में और बड़े भाई पुलकेशी द्वितीय का राज्यपाल था, जैसा कि सतारा के दानपत्र और *अवंति सुंदरी कथासार* नामक कृति से प्रकट होता है। तब 631 ई. में पुलकेशी ने उसे विशाखापट्टनम् और नेल्लूर के बीच के नवविजित तटवर्ती प्रदेश का राज्यपाल नियुक्त कर दिया। इसके बाद वह स्वतंत्र हो गया और

उसने पूर्वी चालुक्यों के पृथक् राजवंश की स्थापना की। उसके दानपत्रों से प्रतीत होता है कि पिष्टपुर और विशाखापट्टनम् के बीच में उसका राज्य था। उसके उत्तराधिकारियों के अभिलेखों से ज्ञात होता है कि उसने युवराज की हैसियत से 18 वर्ष राज्य किया और 615 ई. से 633 ई. तक वह राजा-पद पर रहा।

उसके उत्तराधिकारी: विष्णुवर्धन प्रथम के बाद उसका पुत्र जयसिंह (प्रथम) पृथ्वीवल्लभ गद्दी पर बैठा और उसने 663 ई. तक 30 वर्ष राज्य किया। उसके बाद अनेक प्रमुख राजाओं ने राज्य किया। विष्णुवर्धन द्वितीय के राज्यकाल में पृथ्वीव्याघ्र नामक एक निषाद राजा ने नेल्लूर के निकटवर्ती दक्षिणी प्रदेश पर अधिकार कर लिया, किंतु काँची के नंदिवर्मा द्वितीय नामक पल्लव नरपति ने उसे वहाँ से निकाल दिया। इस वंश का अगला राजा विजयादित्य प्रथम (746-64 ई.) था, जिसके राज्यकाल में इस पर राष्ट्रकूटों का संकट छाया, जिन्होंने पहले ही पश्चिमी चालुक्यों का अंत कर दिया था। किंतु भाग्य ने उसके उत्तराधिकारी विजयादित्य द्वितीय नरेंद्रमृगराज (799-843 ई.) का साथ दिया और उसने अपने पड़ोसी शत्रुओं को परास्त कर राष्ट्रकूटवंशीय गोविंद तृतीय की सहायता की याचना की। उसके उत्तराधिकारी विजयादित्य तृतीय (844-88 ई.) ने राष्ट्रकूट राजा कृष्ण द्वितीय को हराकर उसकी राजधानी मान्यखेट (मालखेड़) को लूट लिया। वह एक राजा से लड़ता हुआ मारा गया, जिसे चोलवंशीय मंगी माना जाता है। अगले राष्ट्रकूट राजा अमोघवर्ष (814-77 ई.) ने उसे समर्पण करने पर विवश किया, किंतु भीम प्रथम (888-918 ई.) ने फिर वंश की प्रतिष्ठा को समुन्नत किया।

उसका उत्तराधिकारी अम्भ विष्णुवर्धन षष्ठ था, जिसके संबंधियों और सामंतों ने राष्ट्रकूट कृष्ण तृतीय से मिलकर उसके विरुद्ध षड्यंत्र रचा और सिंहासन के लिए बहुत-से बनावटी दावेदार खड़े किए। एक ऐसे ही दावेदार युद्धमल्ल ने सिंहासन पर अधिकार किया। भीम तृतीय (934-45 ई.) ने स्थिति को सँभाला, सिंहासन पर अधिकार करनेवाले का वध किया, विद्रोही पड़ोसियों को परास्त किया और राष्ट्रकूट गोविंद पंचम को हराया। किंतु उसके तुरंत बाद अवनति आने लगी। 973 ई. से 1003 ई. तक अशांति का युग था और चोलों के आक्रमण से गड़बड़ी फैल गई। किंतु शक्तिवर्मा (1003-15 ई.) के राज्यकाल में, जिसने अपने सिक्के जारी किए, स्थिति अच्छी रही। उसका भतीजा विष्णुवर्धन सप्तम, जिसने 1022 ई. से 1063 ई. तक राज्य किया, चोलराजा का पौत्र था। वह बाद में राजराज प्रथम कहलाया। उसके बाद उसका पुत्र गद्दी पर आया जो चालुक्य की अपेक्षा चोल अधिक था, क्योंकि तीन पीढ़ियों तक दोनों राजवंशों के वैवाहिक संबंध बहुत घनिष्ठ हो चले थे। इस सामाजिक परिवर्तन का प्रतीक उसका नाम कुलोत्तुंग चोलदेव (1063-1118 ई.) है। वस्तुतः *विक्रमांकदेवचरित* नामक साहित्यग्रंथ में पूर्वी चालुक्य राजा को स्पष्टतः चोलराजा कहा गया है। किंतु

पश्चिमी चालुक्यों और चोलों के संबंध युद्धमय बने रहे। पश्चिमी चालुक्य राजा विक्रमादित्य षष्ठ ने चोल-राजधानी पर आक्रमण किया। इस शत्रुता का अंत परंपरागत पद्धति के अनुसार विक्रमादित्य और वीर राजेंद्र चोल की पुत्री के विवाह, द्वारा हुआ। किंतु यह शांति क्षणिक रही, यद्यपि विक्रमादित्य अपने साले परकेसरी अधिराजेंद्र को चोल-राजसिंहासन पर बैठाकर इसे सुदृढ़ करना चाहता था। इससे चोल-चालुक्य-संबंधों के इतिहास में एक रोचक घटना घटी। पूर्वी चालुक्य राजा राजीग (राजेंद्र चोल-कुलोत्तुंग चोलदेव) ने विक्रमादित्य के भाई सोमेश्वर द्वितीय से षड्यंत्र करके, उसके बैठाए हुए परकेसरी को चोल राजसिंहासन से उतार दिया, जिसके फलस्वरूप विक्रमादित्य षष्ठ को इस मामले में हस्तक्षेप करने के लिए फिर दोनों, पूर्वी और पश्चिमी चालुक्यों, के संघर्ष को शुरू करना पड़ा। चोल-चालुक्यों का यह मिलाजुला वंश 150 वर्ष तक चलता रहा।

राष्ट्रकूट : इन पूर्वी और पश्चिमी चालुक्य-वंशों के अतिरिक्त राष्ट्रकूटों ने भी दक्षिणी भारत की राजनीति पर अपना प्रभुत्व जमाया। हम ऊपर लिख चुके हैं कि उनके राजा दंतिदुर्ग और उसके चाचा कृष्ण प्रथम ने कीर्तिवर्मा द्वितीय के राज्यकाल में चालुक्यों को पूरी तरह से परास्त किया। दंतिदुर्ग ने साम्राज्य की कल्पना को लेकर दक्षिण की ओर अपनी सैनिक कार्यवाहियाँ आरंभ कीं। उसने श्रीशैल (कर्नूल) प्रदेश के चोलों को हराया। 750 ई. के निकट काँची पर आक्रमण किया और अपनी पुत्री रेवा को पल्लवमल्ल से ब्याह कर इस कांड का उपसंहार किया। इस सैनिक सफलता के बाद उसने उत्तर की ओर जाकर कीर्तिवर्मा को 753 ई. में गद्दी से उतारा। दंतिदुर्ग के बाद कृष्ण ने कोंकण को जीतकर और वहाँ शीलाहारवंश के सामंतों को नियुक्त करके तथा 768 ई. में गंगराजा श्रीपुरुष को अपने अधीन करके अपनी शक्ति को और अधिक बढ़ाया। उसके पुत्र गोविंद द्वितीय ने वेंगी पर आक्रमण कर वहाँ के राजा विजयादित्य प्रथम (769 ई.) को समर्पण के लिए बाध्य किया। जैसा कि ऊपर कहा जा चुका है, कृष्ण एलोरा के प्रख्यात कैलास-मंदिर के निर्माता के रूप में प्रसिद्ध है। उसका उत्तराधिकारी गोविंद द्वितीय (773 ई.) एक दुर्बल शासक था। उसने नंदिवर्मा पल्लवमल्ल और उसके मित्र गंगराजा शिवमार द्वितीय की, उसके भाई को गंगवंश की राजगद्दी से उतारने में सहायता की और इस प्रकार दक्षिणी राजनीति में हाथ डाला। किंतु घर पर उसके भाई ध्रुव के मुकाबले में उसकी शक्ति क्षीण होती जा रही थी। ध्रुव ने पल्लव, गंग, पूर्वी चालुक्य और मालवे के राजाओं के एक शक्तिशाली संघ को परास्त किया। ध्रुव एक शक्तिशाली राजा था। उसने अपने सब प्रतिपक्षियों से बदला लिया। उसने गंगराजा को बंदी किया, पल्लव राजा से हाथियों के रूप में कर लिया, मालव राजा गुर्जर वत्सराज को मरुभूमि में धकेल दिया। उसने बंगाल के राजा धर्मपाल को हराकर अपने कार्य को पूरा किया और पूर्वी चालुक्य राजा विष्णुवर्धन चतुर्थ को उसे अपने राज्य का कुछ भाग देने तथा उसके साथ अपनी

पुत्री शील महादेवी का विवाह करने के लिए विवश किया।

ध्रुव ने अपने पुत्र गोविंद तृतीय के लिए गद्दी छोड़ दी। गोविंद के बड़े भाई स्तंभ (खंब) ने उसका विरोध किया और उसके विरुद्ध 12 राजाओं का, जिनमें गंगराजा शिवमार द्वितीय भी शामिल था,.एक संघ बनाया। गोविंद ने इस संघ को परास्त किया और खंब को उदारतापूर्वक गंगवाड़ी का राज्यपाल नियुक्त किया। उसने अपने छोटे भाई इंद्र को लाट का राज्यपाल बनाया। उसके बाद उसने गुर्जर राजा नागभट को हराकर मालवा को लाट में मिला लिया, जैसा कि ऊपर लिखा जा चुका है। इससे उत्तर में कन्नौज के राजा चक्रायुध और उसके संरक्षक धर्मपाल ने उसके सामने समर्पण किया। उत्तरी विजय से प्रोत्साहित होकर उसने दक्षिण की ओर आक्रमण किए और दंतिवर्मा को 803 ई. में परास्त किया, और लंका से अपने प्रभुत्व के प्रतीक के रूप में एक दूतमंडल बुलवाया। उसने वेंगी के राजा विजयादित्य द्वितीय नरेंद्रमृगराज के प्रतिपक्षी भीम की सहायता करके वहाँ अपना सिक्का जमाया। इस प्रकार अभिलेखों के अनुसार वह अपने समय का महान् नरपति सिद्ध हुआ।

814 ई. में गोविंद तृतीय के बाद उसका पुत्र अमोघवर्ष प्रथम नृपतुंग गद्दी पर बैठा। वह अभी युवा था। इस कारण दक्षिण के कर्मचारियों ने चालुक्य विजयादित्य और गंग राजमल्ल प्रथम की सहायता से उसके विरुद्ध विद्रोह किया। किंतु 821 ई. में अपने आज्ञाकारी चचेरे भाई लाट के राज्यपाल कर्क की सहायता से उसने उन सबको परास्त किया। उसने 66 वर्ष तक राज्य किया। किंतु उसके राज्यकाल में अधिक शांति नहीं रही। पूर्वी चालुक्य गुणग विजयादित्य तृतीय ने उसके विरुद्ध विद्रोह किया, किंतु हार खाई। गंग राजमल्ल प्रथम के पुत्र ने भी और विद्रोही राजाओं के साथ मिलकर विद्रोह किया, इधर घर पर युवराज कृष्ण और ध्रुव के बीच में गृह-युद्ध छिड़ गया, जो लाट के राजा कर्क का पुत्र था। राष्ट्रकूट सेनापति बंकेश ने इन सब संकटों का सामना किया। बाद में गुणग विजयादित्य ने गंग-विद्रोह का दमन किया। बंकेश ने ध्रुव को युद्ध में मार दिय., किंतु उसके पुत्र अकालवर्ष और पौत्र ध्रुव द्वितीय ने जब तक कि 860 ई. में गुर्जर मिहिर भोज के आतंक ने उन्हें संधि करने पर विवश नहीं किया, संघर्ष जारी रखा। उसने मान्यखेट नामक राजधानी की स्थापना की। उसकी प्रवृत्ति जैनधर्म की ओर थी। अमोघवर्ष प्रथम का उत्तराधिकारी कृष्ण द्वितीय उसके बाद 880 ई. में गद्दी पर बैठा। उसने गुर्जर भोज प्रथम के आक्रमण को रोका और स्वयं गुणग विजयादित्य के राज्यकाल में वेंगी को जीतने की चेष्टा की, किंतु उसे उसके सामने समर्पण करना पड़ा। 892 ई. में उसकी मृत्यु के बाद उसने फिर आक्रमण किया और चालुक्य भीम को बंदी बनाया, किंतु भीम भाग निकला और उसने अपने राज्य से राष्ट्रकूटों को निकाल दिया। उसने वेंगी को जीतने की एक तीसरी चेष्टा भी की, किंतु दो युद्धों में हार खाई। अपने पौत्र कन्नरदेव को हटाकर जब चोल राजा

परांतक स्वयं गद्दी पर बैठा तो उसने चाल-राजनीति में हाथ डाला, किंतु असफल रहा। परांतक और उसके सहचर गंग पृथ्वीपति ने उसे और उसके साथियों को 912 ई. में वल्लाल के युद्ध में परास्त किया। उस समय कृष्ण द्वितीय का देहांत हो गया और उसका पौत्र इंद्र तृतीय उसके स्थान पर गद्दी पर बैठा। जब वह युवराज था तो उसने मालवा के परमार नरेश उपेंद्र को हराकर राष्ट्रकूट प्रमुख के अधीन किया। राजा बनने पर उसने कन्नौज के राजा महीपाल प्रथम (913-43 ई.) को हराकर राजधानी पर अधिकार किया, किंतु महीपाल ने चंदेल राजा हर्षदेव की सहायता से फिर अपनी राजधानी वापस ले ली। उसने अम्म प्रथम के राज्य के बाद वेंगी को जीता और 6 वर्ष तक उस पर अधिकार रखा। उसके बाद उसका पुत्र अमोघवर्ष द्वितीय (927 ई.) गद्दी पर आया, जिसे उसके भाई गोविंद चतुर्थ (930 ई.) ने हटा दिया। बड्डेग अमोघवर्ष तृतीय ने गोविंद को गद्दी से हटाया। 939 ई. में उसके पुत्र कृष्ण तृतीय का राज्याभिषेक हुआ। उसने अपने बहनोई बुटुग द्वितीय को गंग राज्य की गद्दी प्राप्त करने में सहायता दी और उसके साथ मिलकर चोलराजा परांतक प्रथम को हराया और उसका वध किया, और उसके राज्य के एक बड़े भाग को अपने राज्य में मिलाकर 'काँची और वेंगी के विजेता' की उपाधि धारण की। उस आपत्ति से चोल-साम्राज्य बच नहीं सका।

कृष्ण तृतीय ने अपने पूर्ववर्तियों की वेंगी को जीतने तथा वहाँ के राजा अम्म द्वितीय के विपरीत अपने संबंधी दानार्णव को खड़ा करने की नीति को चालू रखा। दानार्णव ने 970 ई. में उसे मार डाला। उसने मालवा के राजा हर्ष सीयक को अपना प्रभुत्व स्वीकार करने पर विवश किया। 963 ई. में उसने तारवाडी का महत्त्वपूर्ण प्रांत अपने होनेवाले प्रतिपक्षी चालुक्य तैलप द्वितीय को बख्शीश के रूप में दे दिया और उसके परिणाम पर विचार नहीं किया। 967 ई. में उसका उत्तराधिकारी खोहिग गद्दी पर बैठा। हर्ष सीयक ने उसकी सेनाओं को परास्त किया और 972 ई. में उसकी राजधानी मान्यखेट को ध्वस्त किया। खोहिग के बाद कर्क गद्दी पर बैठा, जिसे चालुक्य तैलप द्वितीय ने तुरंत गद्दी से उतार दिया और कल्याणी के नए चालुक्य-साम्राज्य (973-997 ई.) की नींव रखी। उसने अपनी राजधानी मान्यखेट में अपनी स्थिति को सुदृढ़ किया। नर्मदा और तुंगभद्रा के समूचे प्रदेश पर अधिकार किया और परमार राजा मुंज के आक्रमण को रोककर उसे हराया और उसका वध किया। उसके बाद 997 ई. में उसका पुत्र सत्याश्रय गद्दी पर बैठा। उसने अपने पिता की प्रसारवादी नीति को अक्षुण्ण रखा। उसका प्रमुख प्रतिद्वंद्वी चोलराजा राजराज प्रथम था, जिसने वेंगी को अपने अधीन करके अपने नियुक्त किए हुए शक्तिवर्मा (1000 ई.) को वहाँ के सिंहासन पर बैठाया। सत्याश्रय ने अनुभव किया कि राजराज उसके राज्य को घेर रहा है, अतः उसने वेंगी पर आक्रमण किया। राजराज ने चालुक्य-राजधानी मान्यखेट पर आक्रमण करके बदला लिया और एक दूसरी सेना पूर्व की ओर वेंगी से चालुक्य-राज्य का अंत करने

के निमित्त भेजी। तब सत्याश्रय ने संधि का प्रस्ताव सामने रखा। चोल-सेना बहुत-सी लूट लेकर वापस गई जिससे तंजोर का राजराजेश्वर मंदिर सजाया गया।

1008 ई. में सत्याश्रय के बाद विक्रमादित्य प्रथम गद्दी पर बैठा और उसके बाद 1015 ई. में जयसिंह द्वितीय ने राज्य करना आरंभ किया। जयसिंह ने मालवा के परमार भोज के आक्रमण को रोककर उसे लाट और कोंकण से निकाल दिया। उसने वेंगी की गद्दी के लिए अपने नियुक्त किए हुए विजयादित्य सप्तम को शक्तिवर्मा और चोल-राजकुमारी के पुत्र राजराज के विरुद्ध खड़ा करके वहाँ की राजनीति में दखल दिया। उसने बेल्लारी तक अभियान किया और उसके नियुक्त किए हुए विजयादित्य ने विजयवाड़े पर अधिकार किया। किंतु, राजेंद्र के नेतृत्व में चोल-सेना ने जयसिंह को पीछे हटा दिया और वेंगी से विजयादित्य को निकाल दिया और वहाँ से कलिंग पर आक्रमण करके जयसिंह के मित्र पूर्वी गंगराजा मधुकामार्णव को 1019 ई. में दंड दिया।

जयसिंह द्वितीय के बाद उसका पुत्र सोमेश्वर प्रथम आहवमल्ल गद्दी पर बैठा (1042 ई.), जिसने चोल-आक्रमणकारी को मान्यखेट देकर कल्याणी में नई राजधानी स्थापित की। उसने उत्तर की ओर भी कदम बढ़ाए, मालवा के परमार राजाओं की राजधानी धारा पर आक्रमण किया, वहाँ से कोसल और कलिंग में प्रवेश किया और चक्रकूट के राजा धारावर्ष को अपने अधीन किया। इन आक्रमणों में काकतीय राजा प्रोल प्रथम ने उसकी बड़ी सहायता की। अंत में उसने वेंगी पर आक्रमण किया और चोल राजराज को चुनौती दी, जिसे विजयादित्य सप्तम ने 1031 ई. में जयसिंह द्वितीय की सहायता से वेंगी से निकाल दिया। तथापि वह पश्चिमी चालुक्यों की राज्यसभा में आश्रय लेने को विवश हुआ। चोलराजा राजाधिराज ने वेंगी पर आक्रमण जारी रखा और चालुक्य प्रदेश पर हमला करके कल्याणी को ध्वस्त किया। किंतु सोमेश्वर ने धैर्यपूर्वक 1050 ई. में अपने को चोल-सेनाओं के अधिकार से मुक्त किया और वेंगी के राजराज को अपनी अधीनता मानने पर विवश किया। उसके सेनापति ने कांची पर आक्रमण किया। राजाधिराज ने 1053 ई. में सोमेश्वर से कृष्णा नदी पर युद्ध किया और उसमें मारा गया। उसके भाई राजेंद्र ने तुरंत सेना का नेतृत्व सँभाला और चोलों की बिगड़ी स्थिति को सुधारकर कोल्हापुर तक बढ़ गया। 1061 ई. में सोमेश्वर ने चोलों के संकट को दबाने की योजना बनाई। उसने वेंगी के सिंहासन पर अपने आदमी को बैठाया और अपने पुत्रों के नेतृत्व में गंगवाड़ी में आक्रमण के लिए सेना भेजी। राजेंद्र द्वितीय ने दोनों मोर्चों पर चुनौती को झेला। वेंगी में चालुक्यों द्वारा नियुक्त राजा मारा गया और गंगवाड़ी का आक्रमण धकेल दिया गया। इस प्रकार सोमेश्वर की कार्यवाही पूर्णतः असफल रही।

अगले चोलराजा वीरराजेंद्र (1063) के राज्यकाल में सोमेश्वर ने अपना

प्रयत्न जारी रखा और सभी मोर्चों पर युद्ध जारी रखे। किंतु तुंगभद्रा के तट पर चोलों ने सोमेश्वर को परास्त किया और वीरराजेंद्र ने इस विजय के उपलक्ष्य में वहाँ एक विजयस्तंभ स्थापित किया। उसने विजयवाड़ा के निकट भी एक भीषण युद्ध में चालुक्यों को पराजित किया। दोनों पक्ष एक अंतिम युद्ध के लिए तैयारियाँ कर ही रहे थे, जब 1068 ई. में सोमेश्वर तुंगभद्रा में डूबकर मर गया।

सोमेश्वर प्रथम के बाद उसका पुत्र सोमेश्वर द्वितीय गद्दी पर बैठा, जिसे अपने छोटे भाई विक्रमादित्य षष्ठ के चोलराजा वीरराजेंद्र के साथ अपने विरुद्ध किए गए षड्यंत्र का सामना करना पड़ा। वह वेंगी पर पश्चिमी चालुक्यों के दावे को वीरराजेंद्र के हक में छोड़ने को तैयार हो गया और उसने उसकी पुत्री से विवाह भी किया। इस प्रकार सोमेश्वर द्वितीय को उसका आधिपत्य स्वीकार करना पड़ा और उसे चालुक्य राज्य के दक्षिणी भाग का स्वतंत्र अधिपति मानना पड़ा। इससे पूर्वी चालुक्य राजकुमार राजेंद्र ने वेंगी पर अपना दावा छोड़ दिया।

1070 ई. में चोलराजा वीर राजेंद्र की मृत्यु के पश्चात् चोल साम्राज्य में अराजकता फैल गई। विक्रमादित्य षष्ठ ने शीघ्र कांची आकर अपने साले अधिराजेंद्र को राजा बना दिया। किंतु पूर्वी चालुक्य राजा राजीगकुलोत्तुंग प्रथम ने सोमेश्वर द्वितीय की सहायता से शीघ्र अधिराजेंद्र को गद्दी से हटा दिया। इससे सामेश्वर द्वितीय और विक्रमादित्य षष्ठ में एक भ्रातृघातक गृहयुद्ध छिड़ गया। विक्रमादित्य षष्ठ की ओर यादव, कदंब और होयसल थे। किंतु कुलोत्तुंग विक्रमादित्य षष्ठ को तुंगभद्रा से खदेड़ने और गंगवाड़ी को जीतने में सफल हुआ। दूसरी ओर विक्रमादित्य षष्ठ ने सोमेश्वर द्वितीय को हराकर बंदी बनाया और उसकी जगह अपने-आपको 1076 ई. में राजा घोषित किया। उसे कई संकटों का सामना करना पड़ा। बिट्टिग विष्णुवर्धन (1111 ई.) के नेतृत्व में होयसलों ने विद्रोह किया, किंतु उन्हें हार खाकर 1123 ई. में अधीनता स्वीकार करनी पड़ी। उसके बाद विक्रमादित्य ने वेंगी और गंगवाड़ी को जीतकर और चोलों को तमिलदेश में धकेलकर और रोककर आक्रामक नीति को आरंभ किया। उसकी और उसके दुर्बल उत्तराधिकारी सोमेश्वर तृतीय (1127 ई.) की मृत्यु के बाद चोलराजा विक्रम चोल ने वेंगी पर फिर से अधिकार किया। यह तैल तृतीय (1150-63 ई.) तक दुर्बल राजाओं की परंपरा के राज्यकाल में चालुक्य राज्य के क्रमिक विघटन का श्रीगणेश था। चालुक्यों के सामंतों, उदाहरणार्थ विष्णुवर्धन के नेतृत्व में होयसलों, वारंगल के काकतियों, तरदवाडी के कलचुरियों और देवगिरि के यादवों के विद्रोह भभक उठे। 1157 ई. में कलचुरी राजा बिज्जल ने होयसलों को पीछे धकेलकर और अपने आपको राजा घोषित करके कल्याणी पर अधिकार कर लिया। 1183 में तैल तृतीय के पुत्र सोमेश्वर चतुर्थ ने कलचुरियों को पीछे हटा दिया, किंतु भिल्लन (1187-91 ई.) के राज्यकाल में चालुक्य राज्य के उत्तरी भाग और कल्याणी को यादवों के हवाले करके वहाँ से दक्षिण में बनवासी की

ओर प्रस्थान किया । उसी समय बल्लाल द्वितीय के नेतृत्व में होयसलों ने अनेक युद्धों में चालुक्यों की शक्ति का सफाया किया और भिल्लम को युद्धभूमि पर मौत के घाट उतारा । काकतियों ने भी कुछ प्रदेश जीतकर चालुक्यों के विघटन की प्रक्रिया में योग दिया । किंतु भिल्लम के वीर पुत्र जैतुगी ने 1196 ई. में काकतीय राजा रुद्र का वध किया और उसके योग्य पुत्र सिंहन ने होयसल राजा बल्लाल द्वितीय से वे सब प्रदेश फिर से जीत लिए जो उसने सोमेश्वर चतुर्थ और भिल्लम को हराकर प्राप्त किए थे ।

चौदहवाँ अध्याय

सुदूर दक्षिणी भारत

प्रारंभिक इतिहास: सुदूर दक्षिणी भारत तीसरी शती ई. पू. में इतिहास के आलोक में आता है जब अशोक अपने अभिलेखों में ताम्रपर्णी अथवा लंका के साथ वहाँ के चोल, पांड्य, केरलपुत्र, सत्यपुत्र आदि लोगों का उल्लेख अपने अंतों अर्थात् साम्राज्य की सीमाओं पर बसनेवाले लोगों के रूप में करता है, जिनके साथ उसने मित्रता और पड़ोस के संबंध स्थापित किए। यह स्मरणीय है कि अपनी लोकमंगल की भावना से प्रेरित होकर उसने सुदूर देश में अपने पुत्र और पुत्री को प्रचारकार्य करने और वहाँ भारतीय दर्शन, बौद्धधर्म को फैलाने के लिए नियुक्त किया।

बहुत प्राचीन काल में सुदूर दक्षिणी भारत पूर्वी देशों (सुवर्णद्वीप अथवा मलाया प्रायद्वीप) और पश्चिम (विशेषतः रोम साम्राज्य) से अपने लाभप्रद समुद्री व्यापार के फलस्वरूप आर्थिक दृष्टि से समृद्ध हो गया। मोमसन के अनुसार भारत से आई वस्तुओं के दाम चुकाने में रोम साम्राज्य का सारा स्वर्णकोष खाली हो गया। तालेमी, प्लिनी और पेरिप्लस आदि की कुछ यूनानी-लातीनी कृतियों में ईसा की प्रथम तीन शताब्दियों के इस समुद्रपार के व्यापार का वर्णन मिलता है। यों कोयंबत्तूर और मदुरै जैसे स्थानों पर रोमन सिक्कों की प्राप्ति की और कावेरीपट्टनम् आदि स्थानों पर रोमन उपनिवेशों के अवशेषों की उपलब्धि हुई है, जहाँ विदेशी माल-गोदामों के चिह्न मिले हैं। पांडिचेरी के निकट अरिकमेडु नामक स्थान पर क्लादियस के युग (41-54 ई.) की घुँघरालू शैली की मिट्टी की वस्तुएँ मिली हैं, जिन पर रोम के कुम्हारों की छाप मिलती है। इनसे रोम और भारत के संबंधों पर पर्याप्त प्रकाश पड़ता है।

रोम साम्राज्य में दक्षिणी भारत के पदार्थों की बड़ी माँग थी। वहाँ के वृक्षों-लताओं से काली मिर्च, पान, सुपारी, मसाले और सुगंधित द्रव्य मिलते थे; वहाँ के जंगलों से हाथीदाँत, खानों से महार्घ रत्न, समुद्र से मोती और कुटीर-उद्योगशालाओं से रेशम और मलमल प्राप्त होते थे। रोम की सुंदरियों में भारतीय मलमल की बड़ी माँग थी। वे इसकी सात तहों के वस्त्र पहनकर शान से रोम की सड़कों पर निकलती थीं और वहाँ के लोगों के नैतिक आदर्शों को ठेस पहुँचाया करती थीं। कानून द्वारा इस पदार्थ के प्रयोग पर पाबंदी लगाई गई। रोम

से भारत में आनेवाली वस्तुओं में शराब, पीतल, सीसा, काँच का सामान, लैंप और फूलदान और राजा के अंगरक्षक का काम करनेवाले सैनिक, जिन्हें तमिल कृतियों में 'गूँगे म्लेच्छ' कहा गया है, प्रमुख थे। मुज़िरिस (ग्रेन्ग्रेनोर) आदि नगरों में रोमन सैनिकों की बस्तियाँ थीं। पांड्य राजा ने व्यापार के लिए ई. पू. पहली शती में रोमन सम्राट् ऑगस्टस की सभा में एक दूत-मंडल भेजा था।

पांड्य : सबसे पहले पांड्य राजाओं ने प्रमुखता प्राप्त की। *महावंस* से ज्ञात होता है कि एक पांड्य राजा ने 43 और 29 ई. पू. के बीच में लंका पर विजय प्राप्त कर वहाँ शासन किया। पहली शती ई. के तमिल संगम-साहित्य में दक्षिणी भारत का प्रारंभिक इतिहास मिलता है। इस साहित्य में 30,000 पद्य मिलते हैं। एक संग्रह का नाम *दस ग्राम्यगीत* है। इनमें राजाओं के नाम तो मिलते हैं, किंतु उनका इतिहास नहीं मिलता।

मोटे रूप में प्रारंभिक पांड्य राज्य में तिन्नवेलि, रामनाड और मदुरै के प्रदेश शामिल थे।

इसका निश्चित क्रमबद्ध इतिहास आठवीं और नवीं शती ई. में प्रारंभ होता है, जब पल्लव, चोल आदि दक्षिणी सत्ताओं से इसके संबंध स्थापित हुए।

संगम-युग के बाद एक अंधकार-युग आया, जिसमें कलभ्र नामक दुष्ट लोगों का जोर हुआ। उन्होंने बहुत-से अधिराजों को निकाल दिया। कलभ्रकुल के एक राजा अच्युतविक्रांत ने चोल, चेर और पांड्य तीनों राजाओं को बंदी बना लिया। उसके अत्याचार से भीषण प्रतिक्रिया हुई और पांड्यों और पल्लवों ने मिलकर उसके अत्याचार का अंत कर दिया।

छठी शती ई. से पांड्यों का क्रमबद्ध इतिहास मिलता है। अरिकेसरी परांकुश ने वेनाड (दक्षिणी त्रावणकोर) और मोती मिलनेवाले तट के परावों को पराजित किया। उसके पुत्र रणधीर (710-730 ई.) ने मंगलूर तथा कोंगु तक के प्रदेश को जीत लिया। उसके पुत्र मारवर्मा राजसिंह प्रथम (730-65 ई.) ने पल्लव-राजनीति में हस्तक्षेप करके पल्लव राजा पल्लवमल्ल के एक प्रतिपक्षी का समर्थन किया और कुछ समय के लिए पल्लवमल्ल को एक दुर्ग में बंदी कर लिया। उसके पुत्र वरगुण प्रथम (765-815 ई.) ने पल्लव राजा नंदिवर्मा द्वितीय और उसके सब साथियों को हराकर कावेरी के दक्षिण तक और सेलम और कोयंबत्तूर जिलों तक अपने राज्य का विस्तार किया। उसके पुत्र श्रीमार (815-62 ई.) ने राजा सेन प्रथम (831-51 ई.) के राज्यकाल में लंका तक विजय प्राप्त की। राजा श्रीमार श्रीवल्लभ ने पल्लवराजा नंदिवर्मा तृतीय को 859 ई. में कुंबकोणम् के युद्ध में परास्त किया, किंतु स्वयं उसके पुत्र नृपतुंग के हाथों हार खाई। लंका के राजा सेन द्वितीय (851-55 ई.) ने इसे बदला लेने का अच्छा अवसर समझकर मदुरै को लूट लिया। बेचारा श्रीमार लड़ता हुआ मारा गया और सिंहली सेनापति ने 862 ई. में उसके पुत्र

वरगुणवर्मा द्वितीय को पांड्य राजगद्दी पर नृपतुंग के मातहत के रूप में समासीन किया।

परांतक प्रथम के बाद चोल-सत्ता के ह्रास के बाद पांड्यों ने फिर स्वतंत्रता प्राप्त की, किंतु परांतक द्वितीय सुंदर चोल (956-73 ई.) के राज्यकाल में वीर पांड्य लड़ता हुआ युद्ध में मारा गया।

चोलों के शक्तिशाली सम्राट् राजेंद्र प्रथम के राज्यकाल में पांड्य और केरल-देश मदुरै के प्रांत में विलीन हो गए जिस पर चोल-पांड्य राजकुमार का शासन था।

पांड्य-इतिहास की अगली घटना लंका के राजा पराक्रमबाहु प्रथम (1315-86) और चोलराजा कुलोत्तुंग द्वितीय के समर्थन से परांतक पांड्य और कुलशेखर के मध्य उत्तराधिकारी-युद्ध था। मदुरै के घेरे में कुलशेखर ने अपने प्रतिद्वंद्वी का वध किया। लंका के राजा ने परांतक के पुत्र वीर पांड्य को गद्दी पर बैठाने का प्रयत्न किया, किंतु कुलशेखर को चोलराजा से जो सहायता मिली, उसके सामने वह नहीं ठहर सका। अंत में कुलशेखर की कृतघ्नता के कारण चोलराजा ने वीर पांड्य को पांड्यों की गद्दी पर बैठाया।

अगला महत्त्वपूर्ण राजा मारवर्मा सुंदर पांड्य प्रथम (1216) था, जिसने कुलोत्तुंग तृतीय के राज्यकाल में चोल राज्य पर आक्रमण किया और उसे देश से निकाल दिया। किंतु उसके मित्र होयसल राजा बल्लाल तृतीय ने उसको फिर से गद्दी पर बैठने को विवश किया। अगले चोलराजा राजराज तृतीय (1216-56 ई.) के राज्यकाल में दोनों में फिर युद्ध छिड़ गया, किंतु होयसल राजा नरसिंह द्वितीय के सैनिक हस्तक्षेप के कारण, जिसने सुंदर चोल को परास्त किया, यह संघर्ष समाप्त हो गया (1231 ई.)। युवराज राजेंद्र तृतीय ने संघर्ष शुरू किया और दो पांड्य राजाओं को हराया, किंतु उनके मित्र नरसिंह द्वितीय के पुत्र होयसल सोमेश्वर से हार खाई।

इसके बाद जटावर्मा सुंदर पांड्य (1251 ई.) नामक योग्य राजा का राज्य आरंभ हुआ, जिसके साथ राजेंद्र तृतीय और सोमेश्वर ने मित्रता का संबंध रखा। उसने निम्नांकित विजयों के फलस्वरूप अपने राज्य को अधिकाधिक विस्तार दिया : 1. चेर राजा रवि उदय के राज्य को अपने राज्य में मिलाना, 2. चोलराजा से कर प्राप्त करना, 3. लंका से अनेक हाथी और मोती प्राप्त करना, 4. श्रीरंगम के पास एक होयसल दुर्ग पर अधिकार करना और वहाँ के राजा का बध करना (1262 ई.), 5. सेंदामंगलम् के राजा को अपने अधीन करना, 6. सेलम और दक्षिणी अरकाट जिले के होयसल प्रदेश को जीतना, 7. कांची पर अधिकार करना और वहाँ के राजा गंडगोपाल का वध करना, 8. काकतीय सेना को परास्त करना और वहाँ के बाण राजा को देश से निकालना। इन विजयों के उपलक्ष्य में उसने नेल्लूर में वीराभिषेक किया। 1263 ई. के लगभग उसके प्रतिनिधि जटावर्मा वीर पांड्य ने

लंका पर आक्रमण करके विजय प्राप्त की। इन युद्धों की विशाल लूट से सुंदर ने श्रीरंगम् और चिदंबरम् के मंदिरों को सुसज्जित और सुसंपन्न किया। 1268 ई. में सुंदर का देहांत हुआ और उसके बाद मारवर्मा कुलशेखर प्रथम गद्दी पर बैठा। उसने 1279 ई. में होयसल रामनाथ और चोल राजेंद्र तृतीय के सम्मिलित दल को परास्त किया और इन प्रदेशों को पांड्य राज्य में मिला लिया। कुलशेखर ने 'सर्वदेश विजेता' की पदवी धारण की। उसने 1280 ई. में लंका को जीतकर वहाँ राज्य किया। 1303 ई. में उसकी मृत्यु के बाद लंका स्वतंत्र हुआ।

पांड्य-राज्य में उत्तराधिकार का युद्ध छिड़ गया। वीर पांड्य ने गद्दी प्राप्त की। उसके प्रतिद्वंद्वी सुंदर ने मालिक काफूर के नेतृत्व में मुसलमानों से सहायता माँगी, जिसके आक्रमण से उसके राज्य का अंत हुआ। त्रावणकोर के चेरराजा रविवर्मा के आक्रमण ने पांड्यों के पतन की प्रक्रिया को पूरा किया। उसने 1315 ई. में वीर के राज्यकाल में चोल और पांड्य प्रदेशों पर अधिकार कर लिया। मदुरै एक मुस्लिम केंद्र बन गया।

चोल : चोलों के नेतृत्व में दक्षिण भारत ने बड़ा राजनीतिक और सांस्कृतिक महत्त्व प्राप्त किया। चोलों ने (850-1200 ई.) पूर्व वर्णित राष्ट्रकूटों और चालुक्यों से संघर्ष करके सम्राट्-पद प्राप्त किया। चोल-चालुक्य संघर्ष ने दोनों की शक्तियों को क्षीण करके उत्तर में यादवों और काकतीयों और दक्षिण में होयसलों और पांड्यों के लिए मैदान साफ कर दिया।

चोल-साम्राज्य का संस्थापक विजयालय (850 ई.) था। उसने पल्लवों के सामंत के रूप में तंजोर में राज्य करना शुरू किया। उसके पुत्र आदित्य ने पल्लव युवराज अपराजित और गंग पृथ्वीपति प्रथम की सहायता से अपने देश पर पांड्य वरगुणवर्मा द्वितीय के आक्रमण को विफल किया और फिर आक्रामक नीति अपनाकर समस्त पल्लव राज्य पर धावा बोल दिया और वहाँ के राजा अपराजित को मार डाला (898 ई.)। अब चोल-राज्य उत्तर में राष्ट्रकूट राज्य की सीमा तक फैल गया और कोंगु-राजा परांतक वीरनारायण (880-900 ई.) और गंग पृथ्वीराज द्वितीय ने इसका प्रभुत्व स्वीकार कर लिया। आदित्य प्रथम ने राष्ट्रकूट और चेरराजाओं के साथ वैवाहिक संबंध स्थापित करके अपनी सत्ता को सुदृढ़ किया। उसने कावेरी के तट पर बहुत से शिव-मंदिर बनवाए और कालहस्ती के निकट शरीर छोड़ा, जहाँ उसके उत्तराधिकारी ने उसके अवशेषों पर एक मंदिर बनवाया।

परांतक प्रथम और उसके उत्तराधिकारी : परांतक ने 40 वर्ष तक (987 ई. से 955 ई.) तक राज्य किया। उसने राजसिंह द्वितीय के राज्यकाल में पांड्य राज्य पर आक्रमण किया और अपने-आपको 'मदुरै का विजेता' घोषित किया। एक और युद्ध में उसने राजसिंह को लंका और वहाँ से केरल भगा दिया। उसी समय उसे राष्ट्रकूट कृष्ण द्वितीय के आक्रमण का सामना करना पड़ा, जिसे उसने परास्त

किया (915 ई.)। किंतु राष्ट्रकूट कृष्ण तृतीय और उसके मित्र गंग बुटूग द्वितीय ने उसके विरुद्ध दूसरा आक्रमण किया और उसे 949 ई. में आरकोनम के निकट पराजित किया। कुछ और विजयें प्राप्त करके कृष्ण तृतीय ने बहुत बड़े चोल प्रदेश पर अधिकार कर लिया, और अपने आपको 'कांची और तंजोर का विजेता' घोषित किया। जबकि पांड्य राज्य ने अपनी स्वतंत्रता प्राप्त की, चोलों ने अपनी स्वतंत्रता खो दी।

परांतक प्रथम एक सैनिक नेता, प्रशासक और विद्वानों का संरक्षक था। उत्तर मल्लूर के उसके अभिलेख बहुमूल्य हैं। उनमें निर्वाचन के आधार पर स्वयं-शासित-ग्राम-समाजों की कार्य-पद्धति का वर्णन है। उसके राज्य में कावेरी के तट पर प्रसिद्ध संस्कृत विद्वान् वेंकट माधव ने ऋग्वेद का भाष्य लिखा।

30 वर्ष के ह्रास के बाद परांतक द्वितीय सुंदर (956-73) के राज्यकाल में चोलों के उद्धार के लक्षण प्रकट हुए। अपने पुत्र आदित्य द्वितीय को साथ लेकर उसने लंका पर चढ़ाई शुरू की और वीर पांड्य को युद्ध में मारा। उत्तर में उसने वे सब प्रदेश वापस लिए जिन्हें राष्ट्रकूटों ने अपने राज्य में मिला लिया था। दुर्भाग्य से आदित्य का उसके चचेरे भाई उत्तम चोल ने वध करके स्वयं राज्य हड़प लिया (973-85 ई.)। 973 ई. में कांची में भग्नहृदय सुंदर चोल ने शरीर छोड़ा और उसका पुत्र राजराज प्रथम समय की बाट जोहता रहा। वह समय शीघ्र आया। राजराज प्रथम ने दक्षिण में पांड्य, केरल, सिंहल के संघ को परास्त किया। एक नाविक आक्रमण के बाद उसने लंका के उत्तरी भाग पर अधिकार कर लिया, उसकी राजधानी अनुराधपुर को ध्वस्त किया और पोल्लोन्नारुवा में चोल-राजधानी स्थापित की। उसके बाद उसने मैसूर प्रदेश का बहुत-सा भाग जीत लिया और चोल साम्राज्य को तैल द्वितीय (973-997) के चालुक्य राज्य की सीमा तक बढ़ा दिया। इस बीच में राजराज प्रथम ने वेंगी का दमन किया और उसकी गद्दी पर अपने नियुक्त किए हुए शक्तिवर्मा को बैठाया (1000 ई.) और इस प्रकार इसे चोल-राज्य का एक प्रांत बना लिया। इससे पश्चिमी चालुक्य राजा सत्याश्रय का विरोध भभक उठा; जब उसने वेंगी पर आक्रमण किया (1006 ई.) तो राजराज नें अपने लड़के राजेंद्र को चालुक्य राज्य पर आक्रमण के लिए भेजा और उसकी राजधानी मान्यखेट को ध्वस्त कर दिया। उसी समय एक अन्य चोल सेना ने वेंगी से चालुक्य सेना को निकाल दिया। इस पराजय से सत्याश्रय संधि की बात करने को बाध्य हुआ। विजय की लूट से राजराज ने तंजोर के प्रसिद्ध राज-राजेश्वर मंदिर को अलंकृत किया। उसने एक शक्तिशाली नौसेना तैयार की और उससे मालदीव द्वीपसमूह पर विजय प्राप्त करके सुमात्रा के श्रीविजय साम्राज्य से मित्रतापूर्ण संबंध स्थापित किए, जहाँ के राजा ने नागपट्टन में एक विहार बनवाया।

राजराज के बाद 1014 ई. में उसका पुत्र राजेंद्र प्रथम गद्दी पर बैठा। उसने लंका की विजय को पूरा किया और वहाँ के राजा महेंद्र पंचम को चोल राज्य में

पकड़वा मँगाया, जहाँ उसकी मृत्यु हुई। किंतु उसके पुत्र कनक विक्रमबाहु प्रथम ने फिर से लंका का दक्षिणी भाग प्राप्त कर लिया। उस समय राजेंद्र को वेंगी में उसके प्रभाव को समाप्त करने के उद्देश्य से किए गए चालुक्य जयसिंह द्वितीय के प्रयत्नों का सामना करना पड़ा। जयसिंह बेल्लारी तक और उसका पुत्र विजयादित्य विजयवाड़ा तक बढ़ गया। राजेंद्र ने दोनों स्थानों से दोनों को निकाल दिया और अपने नियुक्त किए हुए राजराज को वेंगी में प्रतिष्ठित किया। तब वह कलिंग तक बढ़ा और उसने जयसिंह के मित्र पूर्वी गंग मधुकामार्णव (1019-38 ई.) को दंड दिया। वहाँ से वह गंगा की घाटी में घुस आया और गंगैकोंड की उपाधि धारण की तथा अपनी नई राजधानी का नाम गंगैकोंड चोलपुरम् रखा।

उसका अगला कार्य 1025 ई. में अपनी नौसेना द्वारा श्रीविजय की विजय था। वहाँ का राजा संग्राम-विजयोत्तुंग वर्मा पकड़ा गया और उसके नगर श्रीविजय और मलाया के पश्चिमी तट पर स्थित कदारम् पर चोलराजा का अधिकार हो गया। किंतु वहाँ का राज्य वहाँ के राजा को वापिस कर दिया गया।

युवराज राजाधिराज ने पांड्य और केरल के विद्रोहों का दमन किया। 1041 ई. में उसने लंका पर आक्रमण किया, जहाँ विक्रमबाहु ने तमिलों को दबाने की चेष्टा की। उसके बाद अशांति मच गई। राजेंद्र के राज्य के अंतिम दिनों में वेंगी में कल्याणी के जयसिंह द्वितीय के उत्तराधिकारी चालुक्य राजा सोमेश्वर प्रथम आहवमल्ल (1040 ई.) ने संकट खड़ा कर दिया। उसने चोलराजा के नियुक्त किए हुए राजराज को हटाने के लिए वेंगी पर आक्रमण किया। लगभग उसी समय वृद्ध राजेंद्र चोल का निधन हो गया (1044 ई.) और राजाधिराज गद्दी पर बैठा जिसने वेंगी के युद्ध को जोर-शोर से जारी रखा और धान्यकटक, कंपिलि, यदगिर आदि स्थानों पर विजयें प्राप्त कीं और कल्याणी को ध्वस्त किया। किंतु सोमेश्वर भी विचार का दृढ़ था। उसने 1050 ई. तक अपने देश से चोल-सेनाओं को निकाल दिया और चोलों द्वारा नियुक्त वेंगी के राजा राजराज को समर्पण करने को विवश किया। राजाधिराज ने कृष्णा के प्रदेश में युद्ध किया जहाँ वह 1054 ई. में बुरी तरह घायल हुआ, किंतु उसके छोटे भाई राजेंद्र द्वितीय ने स्थिति को सँभाल लिया और कोल्हापुर में विजय प्राप्त की। वहाँ से वह अपनी राजधानी 'गंगैकोंड-चोलपुरम्' वापिस आ गया। तब उसे दो मोर्चों पर चालुक्य सोमेश्वर से युद्ध करना पड़ा और उसने 1061 में पहले वेंगी में और फिर गंगवाडी में उसे परास्त किया। राजेंद्र द्वितीय की मृत्यु के बाद उसका भाई वीर राजेंद्र चोल 1063 ई. में गद्दी पर बैठा।

चालुक्यों के साथ युद्ध बढ़ गया। वीर राजेंद्र ने उन्हें सभी मोर्चों पर, तुंगभद्रा, विजयवाड़ा, गुट्टी और कंपिलि में पराजित किया। 1068 ई. में रोग के कष्ट से तंग आकर सोमेश्वर ने तुंगभद्रा में डूबकर आत्महत्या कर ली। उसके बाद उसके भाई विक्रमादित्य ने चोलराजा से संधि करके स्थिति को बदल दिया। वेंगी के राजा विक्रमादित्य सप्तम ने भी समर्पण किया, जो अपने प्रतिपक्षी राजेंद्र के मुकाबले में

सफल हुआ था। चालुक्य राजा सोमेश्वर ने विक्रमादित्य को राज्य के दक्षिणी भाग का अधिकार सौंप दिया और स्वयं वीर राजेंद्र की पुत्री से विवाह कर लिया। इसी बीच में वीर राजेंद्र ने श्रीविजय के एक राजकुमार को लंका की गद्दी पर बैठाकर वहाँ का विरोध दूर किया।

1071 ई. में उसकी मृत्यु के बाद स्थिति में अंतर आया। उपेक्षित राजेंद्र ने वेंगी पर अधिकार किया और वह कुलोत्तुंग प्रथम के नाम से अधिराजेंद्र नामक राजा का वध करके चोल-सिंहासन पर बैठ गया। छः वर्ष के सुदीर्घ युद्ध के पश्चात् कुलोत्तुंग ने अपने शत्रु विक्रमादित्य षष्ठ को भगा दिया, जिसने सोमेश्वर द्वितीय को गद्दी से उतारकर 1076 ई. में स्वयं अपने-आपको चालुक्य राजा घोषित किया।

कुलोत्तुंग की कठिनाइयों से उसके शत्रुओं ने लाभ उठाया। त्रिपुरा के हैहय राजा यशःकर्णदेव ने वेंगी को जीत लिया। लंका के विजयबाहु ने इसे चोल-राज्य से मुक्त किया। पांड्य और केरल में भी विद्रोह भड़क उठा। अंत में कुलोत्तुंग और विजयबाहु के बीच वैवाहिक संधि हो गई और इससे शांति स्थापित हुई।

कुलोत्तुंग प्रथम ने चोल-पांड्य उपराज्य को हटाकर वहाँ स्थानीय प्रशासन जारी किया। इसके बाद वह भारत के बाहर के देशों की राजनीति में भाग लेने के लिए स्वतंत्र था। 1077 ई. में 72 व्यापारियों का एक चोल-दूतमंडल चीन भेजा गया। सुमात्रा से प्राप्त 1088 ई. के एक तमिल अभिलेख से श्रीविजय के साथ चोल-राज्य के संपर्क का साक्ष्य मिलता है। इसमें एक तमिल व्यापार-श्रेणी का उल्लेख है। श्रीविजय के राजा ने भी कुलोत्तुंग की सभा में अपने पूर्वजों द्वारा नागपट्टनम् में बनवाए गए विहारों के मामलों पर बातचीत करने के लिए एक दूतमंडल भेजा।

कुलोत्तुंग ने अपने पुत्रों को वेंगी का उपराजा नियुक्त किया और वह उनकी राजनीति में उलझ गया, उदाहरणार्थ अनंतवर्मा चोड-गंग के कलिंग के आक्रमण के संबंध में। चोल-आक्रमण का वर्णन एक तमिल कविता में उपलब्ध है। कुलोत्तुंग ने कन्नौज, कंबुज (हिंदचीन) और पगन (बर्मा) जैसे सुदूर देशों के साथ राजनीतिक संबंध रखे। बुढ़ापे में उसे चालुक्य विक्रमादित्य षष्ठ के नए आक्रमण का सामना करना पड़ा, जिसके फलस्वरूप उसे वेंगी और गंगवाडी के प्रदेश छोड़ने पड़े। 1118 ई. में कुलोत्तुंग के बाद उसका पुत्र विक्रम चोल गद्दी पर बैठा। विक्रमादित्य षष्ठ की मृत्यु के बाद सोमेश्वर तृतीय आदि उसके दुर्बल उत्तराधिकारियों के आगमन पर 1127 ई. में उसने वेंगी और गंगवाडी के कुछ भागों पर फिर से अधिकार कर लिया। उसके बाद उसका पुत्र कुलोत्तुंग द्वितीय और पौत्र राजराज द्वितीय क्रम से गद्दी पर आए और उन्होंने 1173 ई. तक राज्य किया। चोल-साम्राज्य की शक्ति सामंतों में बँट गई। अगला राजा राजाधिराज पांड्य उत्तराधिकार के झगड़े में पड़ गया जिसमें लंका के राजा का भी हाथ था,

जैसा कि ऊपर लिखा जा चुका है। 1178 ई. में कुलोत्तुंग तृतीय गद्दी पर बैठा। वह चोलवंश का अंतिम महान् नरपति था। वह लंका के विरुद्ध पांड्य-राजनीति में उलझ गया। अंत में उसका मित्र विक्रम पांड्य अपने प्रतिद्वंद्वी वीर पांड्य के मुकाबले में जीत गया। किंतु उसे उसके उत्तराधिकारी जटावर्मा कुलशेखर को 1190 ई. में उसके विद्रोह के कारण दंड देना पड़ा और उसकी राजधानी मदुरै को ध्वस्त करना पड़ा। एक और आक्रमण करके उसने चेर और होयसल बल्लाल द्वितीय को परास्त किया और उनसे कोंगु और तगदुर के प्रदेश वापस लिए। उसने नेल्लूर को भी जीत लिया, जहाँ के लोगों ने उसका प्रभुत्व स्वीकार किया (1187 ई.)। कांची और वेंगी में फिर से झंझट उठे, किंतु उसने उन्हें दबा दिया। इसके थोड़े समय बाद पांड्य राजा मारवर्मा सुंदर पांड्य प्रथम (1216 ई.) ने आक्रमण करके और वृद्ध कुलोत्तुंग तृतीय और उसके पुत्र राजराज तृतीय को निर्वासित करके चोल-राज्य को धक्का पहुँचाया। कुलोत्तुंग ने निर्वासित अवस्था में होयसल बल्लाल द्वितीय से सहायता की प्रार्थना की, जिस पर सुंदर ने कुलोत्तुंग को उसका राज्य लौटा दिया और 1218 ई. में उसका निधन हो गया।

उसका उत्तराधिकारी राजराज तृतीय एक दुर्बल शासक था जिसके विरुद्ध उसके सामंतों—तेलुगु-चोड, वरंगल के काकतीय, होयसल और कादव आदि—ने मिलकर विद्रोह किया। उस समय राजराज ने मूर्खता से पांड्य राजा सुंदर के विरुद्ध आक्रमण कर दिया, जिसने उसे पराजित करके उसकी रानी को छीन लिया। होयसल राजा नरसिंह द्वितीय उसकी सहायता के लिए आया। उसने सुंदर को परास्त किया और कादव राजा पर धावा बोल दिया, जिससे दोनों ने आत्मसमर्पण किया और चोलराजा को उसका सिंहासन वापस किया (1231 ई.)। इस प्रकार 1243 ई. तक चोल, पांड्य और होयसलों में शांति रही। 1243 ई. में पांड्य और चोल के विरुद्ध होयसलों ने हमला किया। किंतु नए चोलराजा राजेंद्र तृतीय ने अपनी विजय-योजना के अनुसार पांड्य राज्य पर आक्रमण करके मारवर्मा सुंदर द्वितीय को परास्त किया। उसकी पराजय पर होयसलराज सोमेश्वर (नरसिंह द्वितीय के पुत्र) ने हस्तक्षेप किया। पराजित राजेंद्र तृतीय ने आत्म-समर्पण किया और पांड्य जटावर्मा सुंदर को 1251 ई. में वापस कर दिया। अब चोल-शक्ति का ह्रास शुरू हुआ। पांड्य मारवर्मा कुलशेखर प्रथम द्वारा राजेंद्र तृतीय और उसके होयसल मित्र की 1277 ई. की पराजय से ह्रास की यह गति और तीव्र हो गई। इसके बाद चोलराज्य प्रायः समाप्त हो गया और पांड्य साम्राज्य में विलीन हो गया, जैसा कि पहले लिखा जा चुका है।

पल्लव : अब हम दक्षिण भारत की तीसरी शक्ति पल्लवों की चर्चा करेंगे। उनके प्रथम नरपति सिंहवर्मा का पता गुंटूर से प्राप्त प्राकृत अभिलेखों से चलता है। उसके बाद स्कंदवर्मा का राज्य प्रारंभ हुआ, जिसने कांची से तीसरी शती में कृष्ण और अरबसागर के मध्यवर्ती प्रदेश पर राज्य किया। और फिर विष्णुगोप

और उसके सामंत पालक्क या उग्रसेन सामने आए, जिनका उल्लेख समुद्रगुप्त के अभिलेख में मिलता हैं। इसके बाद सिंहविष्णु (575-600 ई.) ने नए पल्लव-राजवंश की नींव रखी। कावेरी तक के समस्त प्रदेश को जीतने के कारण उसे *अवनिसिंह* की उपाधि मिली। तत्पश्चात् महेंद्रवर्मा प्रथम, जो कवि और संगीतज्ञ था, और जिसकी संगीत-रचना पुदुक्कोट्टै की शिलाओं पर उत्कीर्ण है, राजसिंहासन पर आया। जैसा कि ऊपर कहा जा चुका है, पुलकेशी द्वितीय ने उसके उत्तरी प्रदेश छीन लिए। उसके उत्तराधिकारी नरसिंहवर्मा प्रथम महामल्ल (630-68 ई.) ने इस हानि को पूरा किया। चालुक्य राज्य पर आक्रमण करके उसकी राजधानी बादामी पर अधिकार किया, जहाँ पुलकेशी लड़ता हुआ मारा गया। उसके बाद उसने अपने नियुक्त किए मानवर्मा को लंका की गद्दी पर बैठाने के लिए वहाँ दो नाविक अभियान किए। उसने मामल्लपुरम् (महाबलिपुरम्) के बंदरगाह की मरम्मत कराई। परमेश्वरवर्मा (670-80 ई.) के राज्यकाल में चालुक्य, पांड्य और गंग का मेल हो जाने से संघर्ष बढ़ गया, किंतु उसने बादामी पर आक्रमण करके उनके संघ को विफल कर दिया। 681-733 ई. तक संघर्ष बंद रहा।

नरसिंहवर्मा द्वितीय राजसिंह (680-720 ई.) के राज्यकाल में शांति रही जिससे संस्कृति को प्रोत्साहन मिला। कांची को कैलासनाथ जैसे मंदिरों से अलंकृत किया गया। मामल्लपुरम् में भी समुद्रतट पर मंदिर बने। राजसभा को काव्यशास्त्री दंडी ने विभूषित किया। चीन तक व्यापार के लिए दूतमंडल भेजे गए।

परमेश्वर वर्मा (720-33 ई.) के राज्यकाल में पल्लवों को चालुक्य आक्रमणकारी को कर देना पड़ा। उसके कोई संतान नहीं थी। मंत्रियों, नगरवासियों और वहाँ की घटिका (विद्यालय) ने 12 वर्ष के नंदिवर्मा द्वितीय को पल्लववंश की एक पास की शाखा से चुनकर उसका उत्तराधिकारी नियुक्त किया और पांड्य राजसिंह प्रथम (730-65 ई.) की सहायता मिलने पर भी चित्रमाय नामक दावेदार को गद्दी से उतारकर मार डाला। शबर, निषाद आदि स्थानीय विद्रोह दबा दिए गए। नंदिवर्मा द्वितीय ने अश्वमेधयज्ञ किया, किंतु अपने पुराने शत्रु चालुक्य विक्रमादित्य द्वितीय और गंग श्रीपुरुष के हाथों हार खाई, जिन्होंने 740 ई. में कांची पर कब्जा किया। किंतु नंदिवर्मा ने फिर से राज्य वापस ले लिया और वह अपनी गद्दी पर बैठ गया। कांची पर एक और आक्रमण करके विक्रमादित्य हाथी, सोना, रत्न आदि बहुत-सा सामान लूटकर ले गया।

राष्ट्रकूट दंतिदुर्ग ने 750 ई. में कांची पर एक और आक्रमण किया, किंतु पल्लवमल्ल के साथ उसकी पुत्री रेवा के विवाह के रूप में उसका उपसंहार हुआ।

नंदिवर्मा ने 775 ई. में गंग राजा श्रीपुरुष को परास्त किया, किंतु पांड्य राजा जटिल परांतक वरगुण प्रथम (765-815 ई.) के आक्रमण के फलस्वरूप हार खाई

और उसे अपना बहुत बड़ा प्रदेश दे दिया, जैसा कि ऊपर लिखा जा चुका है।

नंदिवर्मा द्वितीय पल्लवमल्ल ने 715 ई. तक राज्य किया। उसने कांची में वैकुंठ पेरुमाल का मंदिर बनवाया और उसे अपने अभिषेक तक के पल्लव-इतिहास को चित्रित करनेवाले फलकों से अलंकृत कराया।

उसके पुत्र दंतिवर्मा (795-845 ई.) को पांड्य आक्रांता वरगुण प्रथम को तंजोर, त्रिरुच्चिरापल्ली आदि दक्षिण के बहुत-से प्रदेश समर्पित करने पड़े। किंतु, उसके राज्य में बड़ी सांस्कृतिक उन्नति हुई। सुंदरमूर्ति और केरलराज़ा चेरमान पेरुमाल और प्रसिद्ध शैव नायनारों ने भक्ति का आंदोलन चलाया। केरल में महान् शंकराचार्य का आविर्भाव हुआ।

दंतिवर्मा के बाद उसका पुत्र नंदिवर्मा तृतीय (844-66 ई.) गद्दी पर बैठा, जिसने पांड्य राजा श्रीसार श्रीवल्लभ की शक्ति को क्षीण करने के लिए गंग, चोल, राष्ट्रकूट और लंका के राजाओं से संधि की और उत्तरी आर्काट युद्ध में परास्त किया, किंतु उसके हाथों नंदिवर्मा ने स्वयं कुंबकोणम् के युद्ध में (859 ई.) हार खाई। उसके पास नौसेना थी, जिसके द्वारा उसने मलाया प्रायद्वीप से संपर्क रखा, जैसा कि एक तालाब से प्रतीत होता है, जिसका नाम उसकी एक उपाधि पर आधारित है।

उसके बाद 860 ई. में उसका पुत्र नृपतुंग गद्दी पर बैठा, जिसने श्रीमार पांड्य को हराकर अपने पिता की पराजय का बदला चुकाया। उसी समय लंका के राजा द्वितीय ने उसकी राजधानी मदुरै को ध्वस्त किया।

पंद्रहवाँ अध्याय

बृहत्तर भारत

प्राचीन साक्ष्य : प्राचीन भारतीय इतिहास का एक रोचक पक्ष भारत की सीमाओं से परे के देशों के जीवन और संस्कृति पर उसका प्रभाव है। इन देशों में भारतीय दर्शन और विचार-पद्धति का प्रवेश हुआ, जिसके फलस्वरूप वहाँ भारतीय शैली की संस्कृति पल्लवित हुई और वह एक प्रकार का बृहत्तर भारत बन गया। इस शब्द का प्रयोग सर्वप्रथम मैंने अपनी *भारत की मौलिक एकता* (लंदन 1914) नामक पुस्तक में किया था। डॉ. एफ. डब्ल्यू. टॉमस ने इसे भारतीय औपनिवेशिक और सांस्कृतिक प्रसार के विस्तृत क्षेत्र को सूचित करने का 'अत्यंत उपयुक्त शब्द' बताया।

यह विषय बड़ा विस्तृत है और यहाँ केवल कुछ आवश्यक तथ्यों के आधार पर इसकी रूपरेखा मात्र प्रस्तुत की जाती है। कालक्रम की दृष्टि से ईसा से पूर्व भारत के सांस्कृतिक प्रसार का प्रथम तथ्य स्याम से प्राप्त 1400 ई. पू. से पहले के अभिलेखों में मिलता है जहाँ ऋग्वैदिक देवता इंद्र, वरुण, मित्र और अश्विनों की पूजा का उल्लेख है।

विदेशों से भारतीय संपर्क का इससे भी अधिक प्राचीन प्रमाण स्याम के उर नामक नगर में 2500 ई. पू. से पहले नीलगिरि की पहाड़ियों से निकले भारतीय हरे पत्थर के आयात और इसके अवशेषों में भारतीय सागौन की लकड़ी के प्रयोग से मिलता है।

इंजील की एक पुरानी परंपरा के अनुसार सुलेमान को भारत से लाए हुए बंदर, मोर और हाथीदाँत भेंट किए गए थे। मैंने इन्हें काहिरा के संग्रहालय के तुतान-खानेम संग्रह में देखा है।

बावेरू जातक में, जिसकी तिथि राइज़ डेविड्स ने छठी शती ई. पू. निश्चित की है, लिखा हैं कि भारतीय व्यापारी खुले समुद्र में यात्रा करते हुए भूमि से ओझल हो जाया करते थे और बाबुल में भारतीय मोर ले आया करते थे। ऐतिहासिक युग में आते हुए हम 254 ई. पू. (अशोक के राज्य का सोलहवाँ वर्ष) पर पहुँचते हैं जब अशोक ने तीसरी बौद्ध *संगीति* (समागम) बुलाई जहाँ यवन, सुवर्णभूमि और लंका (ताम्रपर्णी अथवा सिंहल) आदि सुदूर देशों में दूतमंडल भेजकर और विशेषतः लंका में अशोक के पुत्र और पुत्री को भारतीय धर्म-दर्शन (बौद्धधर्म) के स्थायी

प्रचारक के रूप में नियुक्त करके बृहत्तर भारत के निर्माण में एक बड़ा कदम उठाया गया। जैसा कि ऊपर लिखा जा चुका है, अशोक ने अपने तेरहवें अभिलेख में पाँच योन (यूनानी) देशों का उल्लेख किया, जहाँ उसके दूतों अथवा सांस्कृतिक प्रतिनिधियों ने भारतीय विचार-पद्धति—धर्मविजय (अहिंसा) और विश्व-शांति एवं बंधुत्व का संदेश पहुँचाया।

अशोक के बाद समुद्रगुप्त की प्रयाग-प्रशस्ति में सिंहल और सब द्वीपवासियों से उसके संबंध का उल्लेख मिलता है। इन संबंधों के फलस्वरूप लंका के राजा महामेघवर्ण ने, समुद्रगुप्त की अनुमति से, बोधगया में सिंहलवासियों के निवास की सुविधा के लिए 350 ई. में एक विहार स्थापित किया।

तब भारतीय विचार-पद्धति विदेशों में हिंदू-उपनिवेशों की स्थापना की सुनियमित प्रक्रिया के रूप में फैलने लगी। समन्वय और समझौते के सिद्धांत से इस प्रसार को बड़ी सहायता मिली। उदाहरणार्थ, *महाभारत* जैसे भारतीय ग्रंथ में एक विश्वजनीन दृष्टिकोण मिलता है। इसमें यवन, किरात, गंधार, तुषार, पल्लव आदि आर्य-राज्यों की परिधि से परे रहनेवाले विदेशी लोगों में वैदिक यज्ञ-याग का विधान किया गया है। इस प्रकार हिंदूसमाज में अन्य देशों और समुद्रपार के लोगों को आत्मसात् करने का एक सफल मार्ग खुल गया।

फा-ह्यान और श्वान-चाङ् जैसे यात्रियों को भारत और चीन के बीच के स्थलमार्गों पर बौद्ध और ब्राह्मण-संस्कृति के अनेक केंद्र मिले। इससे पहले चौथी शती ई. में समूचे पूर्वी तुर्किस्तान में काशगर से चीन की सीमाओं तक वहाँ के राजमार्गों के किनारे-किनारे मध्य तक लामकान की मरुभूमि के उत्तर और दक्षिण में बसी हुई बस्तियों में भारतीय संस्कृति के अनेक साक्ष्य विद्यमान थे। ये राजमार्ग चीनी सीमाओं पर तुन-ह्वांग और यू-मेन-क्वान नामक स्थानों में जाकर मिल जाते थे। अफगानिस्तान, सीसतान और बक्त्र में बौद्ध-मंदिरों के अवशेष मिले हैं। अफगानिस्तान में 100 ई. पू. के बाद के अभिलेख पाए गए हैं।

बामियान में गुहाओं को बौद्ध-मंदिरों का रूप दिया गया है और चट्टानों को 175 फुट और 125 फुट ऊँची विशाल बौद्ध-मूर्त्तियों का रूप दिया गया है। सुग्ध (समरकंद और बुखारा) में स्थानीय सुग्धी भाषा में बौद्ध ग्रंथ लिखे गए। स्रेनीहुन (संघभद्र) नामक सुग्धी विद्वान् ने तीसरी शती ई. में चीन जाकर कुछ बौद्ध-शास्त्रों का अनुवाद किया। इसी प्रकार मध्य-एशिया के युइगुर तुर्कों का अपना स्वतंत्र बौद्ध-साहित्य था और ओक्सियाना का अपना साहित्य था। चीन के राजमार्ग पर निम्नांकित स्थानों पर भारतीय प्रभाव प्रमुख था : 1. कूचि—वहाँ के राजा स्वर्णते (स्वर्णदेव) अथवा स्वर्णपुष्प जैसे भारतीय नाम धारण करते थे। वहाँ बहुत-से स्तूप और मंदिर थे। वहाँ पर 1889 ई. में प्रसिद्ध आयुर्वैदिक ग्रंथ 'बावर लिपि' की पांडुलिपि प्राप्त हुई। 2. खोतान—यह गोमती विहार के लिए प्रसिद्ध था जहाँ फा-ह्यान को 3,000 बौद्ध भिक्षु मिले। वहाँ खरोष्ट्री लिपि में लिखे *धम्मपद* और

सद्धर्मपुंडरीक जैसे प्रसिद्ध भारतीय ग्रंथ मिले हैं । 3. *दंदान-ओइलीक*—वहाँ सर ऑरल स्टाइन को ब्राह्मी लिपि में लिखे भित्तिचित्र मिले और बौद्ध-पूजा के सामान और गुप्तकाल की ब्राह्मी लिपि में लिखी पोथियों के पन्ने, जिनमें से एक पन्ने पर 132 अंक मिला है, प्राप्त हुए । 4. *निया*—वहाँ 500 लिखी हुई तख्तियाँ, सैकड़ों लकड़ी के फट्टे जिन पर हिसाब-किताब और सौदे-मुहादे लिखे हैं और *'महानुव महराय लिहति'='महानुभावो महाराजो लिखति'* (महानुभाव महाराजा लिखते हैं)आदि प्राकृत भाषा के खरोष्ट्री लिपि में चमड़े पर लिखे लेख मिले हैं । 5. *तुन-हवाङ्* (सहस्रबुद्धों की गुफाएँ)—वहाँ का बौद्ध पांडुलिपियों का पुस्तकालय और ब्राह्मण और बौद्ध विषयों से संबंधित गुहाचित्र, जैसे एक पक्षी को बचाने के लिए राजा शिवि द्वारा अपने मांस के दान का चित्र, प्रसिद्ध हैं । वहाँ धर्मरक्ष नामक प्रसिद्ध बौद्ध विद्वान् का निवास-स्थान था जिसने संस्कृत और चीनी जैसी 36 भाषाओं का पांडित्य प्राप्त किया था ।

वस्तुतः भारत और चीन के संबंधों का लंबा इतिहास दूसरी शती ई. पू. में आरंभ होता है । भारत के विभिन्न भागों से जाकर चीन में बसे अनेकानेक भारतीय विद्वानों ने इस संपर्क को अक्षुण्ण रखा । इन विद्वानों का उत्तम उदाहरण कुमारजीव है । उसका पिता कूचि के राजा का गुरु था और उसकी बहन जीवा से उसने विवाह किया था । कुमारजीव बौद्धधर्म का अध्ययन करने के लिए कश्मीर आया, वेदों का ज्ञान प्राप्त करने के लिए काशगर गया और नागार्जुन, आर्यदेव और अन्य विद्वानों के महायान ग्रंथों को पढ़ने के लिए यारकंद में रहा । तब वह 401 ई. में कूचि लौट गया, जहाँ से उसे चीनी राजधानी में ले जाकर संस्कृत ग्रंथों को चीनी में भाषांतरित करने के लिए एक विद्वन्मंडल का अध्यक्ष बना दिया गया । उसने 100 से अधिक ग्रंथों का अनुवाद किया और 421 ई. में शरीर छोड़ा । 526 ई. में दक्षिणी भारत से बोधिधर्म और 546 ई. में उज्जयिनी से परमार्थ चीन पहुँचा ।

एक अन्य विद्वान् बोधिरुचि 693 ई. में चालुक्य राजसभा में नियुक्त चीनी राजदूत के साथ नालंदा से चीन गया । एक अनुवादक मंडल के अध्यक्ष के रूप में उसने 53 ग्रंथों का अनुवाद किया । 727 ई. में उसका देहांत हुआ । उसके साथी अनुवादकों में पूर्वी भारत का ईश्वर और दक्षिणी भारत के प्राणगुप्त और धर्म थे । हमें धर्मदेव और उसके साथियों का भी उल्लेख करना चाहिए, जिन्होंने 982 ई. और 1011 ई. के बीच चीनी भाषा में 200 भारतीय ग्रंथों का अनुवाद करके चीनी बौद्ध-साहित्य को समृद्ध किया ।

डॉ. एफ. डब्ल्यू. टॉमस ने चीन में बौद्धधर्म की प्रगति को व्यक्त करने के लिए निम्नांकित आँकड़े दिए हैं : "तीसरी शती ई. में चीन में 180 विहार, 3,700 भिक्षु और 13 भारतीय अनुवादक थे, जिन्होंने 73 भारतीय ग्रंथों का अनुवाद किया । चौथी शती में 17,068 विहार-मंदिर थे और 27 अनुवादकों ने 263 ग्रंथों का भाषांतर किया । छठी शती में चीन में 30,000 भारतीय बसे थे । (*इंडियनिज्म एंड*

इट्स एक्सपैंशन, पृ. 93-94)।

भारतीय संस्कृति का प्रसार इसी प्रकार पूर्व में समुद्रपार चंपा, कंबुज, स्यांम, हिंद-चीन के अन्य भाग, बर्मा, बंगाल की खाड़ी के पार मलाया प्रायद्वीप आदि एशियाई महाद्वीप के देशों और जावा, सुमात्रा, बोर्निओ और बाली आदि द्वीपों में जारी था जिसके फलस्वरूप अग्निपुराण के अनुसार जंबूद्वीप से अलग एक *द्वीपांतर भारत* का आविर्भाव हुआ। यही भाव आधुनिक शब्द इंडोनेशिया से अभिव्यक्त होता है। *नेशिया* का अर्थ *द्वीप* है, इसलिए इंडोनेशिया का अर्थ *भारतीय द्वीप* होता है। *वामन पुराण* में लिखा है कि ये द्वीप वैदिक यज्ञों (*इज्या*) द्वारा पवित्र हो गए थे (*कृतपावनाः*)। इस उल्लेख का प्रमाण 400 ई. की पल्लव-ग्रंथलिपि के अभिलेखों से मिलता है जिन्हें बोर्निओ के राजा मूलवर्मा ने बहुसुवर्णकयज्ञ करके सात यज्ञयूपों पर उत्कीर्णित कराया और जिनमें इस यज्ञ का वर्णन किया गया। कंबुज के राजा सूर्यवर्मा ने महाहोम किया। इसी प्रकार प्रत्येक घर में अग्निगृह (वह्निगृह) होता था।

सामान्यतः यह उल्लेखनीय है कि समस्त *बृहत्तर भारत* अथवा जिमार के शब्दों में *भारतीय एशिया* में स्थानीय ग्रंथों के अतिरिक्त संस्कृत ग्रंथों के अनुवाद और रूपांतरों द्वारा संस्कृत का प्रसार हुआ। भारत से खोया हुआ बहुत-सा बौद्ध संस्कृत-साहित्य तिब्बती और चीनी भाषांतरों में प्राप्त हुआ है। तिब्बती अनुवादों में मौलिक संस्कृत-ग्रंथों का शब्दशः भाषान्तर मिलता है। चीनी *त्रिपिटक* में बहुत-से ऐसे संस्कृत-ग्रंथों का भी अनुवाद मिलता है जो तिब्बती अनुवाद में प्राप्य नहीं हैं। मंगोली, मंचूरी, कोरियाई और जापानी भाषाओं में भी संस्कृत ग्रंथों के कुछ अनुवाद मिलते हैं।

भारत ने समुद्र द्वारा हिंद-एशिया (इंदोनेशिया) से संपर्क स्थापित किया। हिंद-चीन, बोर्निओ, जावा, मलाया और बर्मा के सबसे पुराने अभिलेख संस्कृत भाषा में हैं और ब्राह्मी लिपि की दक्षिण भारतीय शैली में लिखे गए हैं। इन देशों में दूसरी शती ई. की अमरावती-शैली की बौद्ध प्रतिमाएँ भी मिलती हैं। इससे अनुमान किया जा सकता है कि इन देशों में जो भारतीय पहुँचे, वे दक्षिणी भारत के पूर्वी तट से गए। बाद में जावा के ग्रंथों के अनुसार गुजरात और कलिंग, बंगाल, नालंदा से भी बहुत-से लोग वहाँ जा बसे, जैसा कि गुप्त और पाल कला-शैली के निदर्शनों से ज्ञात होता है।

अब हम इन देशों पर भारतीय प्रभाव के कुछ महत्त्वपूर्ण तथ्यों और प्रमाणों का उल्लेख करेंगे।

बर्मा : बर्मा में हिंदू बस्तियाँ प्रथम शती ई. पहले ही स्थापित हो गई थीं। वहाँ के नगरों और राजाओं के नाम, उदाहरणार्थ श्रीक्षेत्र और श्यामल, भारतीय थे। थातोन और पीगू को सुवर्णभूमि कहते थे। तीसरी शती ई. में मध्यबर्मा में एक लाख से अधिक बौद्ध-परिवारों और कई हजार भिक्षुओं की आबादी थी। अभिलेख

संस्कृत और पालि में लिखे जाते थे। रंगून से पीगू तक का प्रदेश उत्कलदेश कहलाता था और छठी शती के हिंदू मोन राज्य का नाम द्वारावती था। भवनों से बर्मा में शैव, वैष्णव, हीनयान, महायान और तंत्र आदि प्रमुख भारतीय धर्मों के प्रचार का साक्ष्य मिलता है।

पेगन के राजा अनिरुद्ध ने थेरवादी बौद्धधर्म का अनुसरण किया और अनेक मंदिर, विहार और पेगोडा बनवाए। उसके उत्तराधिकारी क्यानजित्थ ने 'आनंद' नामक प्रसिद्ध बौद्ध-मंदिर बनवाया, जो पेगन का गर्व और भारतीय कला की अद्भुत कृति है।

स्याम (थाइलैंड): इस प्रथम हिंदू उपनिवेश का नाम द्वारावती था जहाँ भारतीय मूर्तियाँ, जैसे धर्मचक्र और हरिण आदि, पाए जाते हैं। एक प्रसिद्ध राज्य युन्नान था, जिसे गंधार कहते थे और जहाँ भारतीय नामधारी स्थानों का बाहुल्य था। इरावदी और सालवीन नदियों के बीच का सारा प्रदेश कौशांबी कहलाता था। सुखोदय और अयोध्या के दो थाई राज्य भी बौद्धधर्म, कला और पालि भाषा के केंद्र थे।

कंबुज (आधुनिक कंबोडिया): इसे चीनी लेखकों ने फू-नान कहा है। इसे ब्राह्मण कौंडिन्य ने आबाद किया। वहाँ हिंदुओं की भारी बस्ती थी जिसमें वेद, जाति, वैष्णवधर्म, शैवधर्म, भारतीय देवताओं की मूर्त्तियों और मंदिरों का प्रचार हुआ। छठी शती में फूनान कंबुज का अंग बन गया। इसका प्रसिद्ध नगर अंकोर-थोम (नगर-धाम) था। यशोवर्धन (889 ई.) के नेतृत्व में कंबुज एक साम्राज्य बन गया और भारतीय संस्कृति का केंद्र हो गया। वहाँ के राजा संस्कृत के पंडित थे। एक राजा ने पतंजलि के महाभाष्य की टीका लिखी और मंदिर, आराम और मठ बनवाए। उसका उत्तराधिकारी सूर्यवर्मा द्वितीय (1113-1145 ई.) अंकोर-वाट नामक वैष्णव-मंदिर का, जिसे इसकी वीथियों, शिखरों, पिरामिडों के कारण संसार का एक आश्चर्य कहा जाता है, महान् निर्माता था। यह मंदिर एक 2½ मील लंबी और 650 फुट चौड़ी नहर द्वारा सुरक्षित था। इसकी खुदाई और मूर्त्तिकला के विषय भारतीय *रामायण* और *महाभारत* से लिए गए हैं किंतु इसकी मूर्त्तियों के कुछ विशिष्ट कलात्मक लक्षण हैं जिनमें मूर्त्तियों के मुखमंडल पर 'अंकोर की मुस्कान' उल्लेखनीय है। सूर्यवर्मा ने कोटिदक्षहोम और महाहोम आदि यज्ञ किए। उसके उत्तराधिकारी जयवर्मा द्वितीय (1181 ई.) के राज्यकाल में भारतीय संस्कृति प्रगति की चरमसीमा पर पहुँची। उसने नया अंकोरथोम बनवाया जहाँ बायोन की मंदिर कला का सुंदर निदर्शन है। उसके द्वारा बनवाए गए एक मंदिर में 66,625 सेवक, 439 शिक्षक, 970 विद्यार्थी रहते थे और उनके पोषण के लिए 3,400 गाँवों का अनुदान दिया गया था। समस्त राज्य में 798 मंदिर और 102 चिकित्सालय थे।

कंबुज विप्रशाला, सत्र, आरोग्यशाला, वह्निगृह आदि भारतीय संस्थाओं के

लिए प्रसिद्ध था। वहाँ के मंदिरों में भारतीय महाकाव्यों—*रामायण* और *महाभारत* का पाठ होता था। नवीं शती ई. से पहले के शिलालेखों में *शब्द वैशेषिक, न्याय, समीक्षा, अर्थशास्त्र, काव्य, रघुवंश, सेतुबंध,* मयूर कवि के *सूर्यशतक* व प्राकृत लेखक गुणाढ्य की कृतियों के अध्ययन का उल्लेख मिलता है।

भारत और कंबुज में दोनों ओर से आदान-प्रदान हुआ। नवीं शती के एक अभिलेख में राजकुमार शिवसोम का उल्लेख है जो शास्त्र पढ़ने के लिए भारत आया था। इसने स्वयं "भगवान् शंकर से दीक्षा ली जिनके चरणारविंद में ऋषि सिर झुकाते थे।" भारतीय संस्कृति के केंद्र आश्रम थे, जिनकी स्थापना कंबुज राजाओं ने उदारतापूर्वक की थी।

चंपा (अन्नम्) : चंपा का सबसे प्राचीन हिंदू राजा दूसरी शती ई. का श्रीमार था। उसके उत्तराधिकारी भद्रवर्मा ने—जो अमरावती, विजय और पांडुरंग के तीनों प्रांतों पर राज्य करता था—माइसोन में भद्रेश्वर स्वामी का शैवमंदिर स्थापित किया, जो चाम लोगों का राष्ट्रीय देवस्थान बन गया। इंद्रवर्मा तृतीय (910 ई.) एक प्रतिभाशाली संस्कृत विद्वान् था जिसने पाणिनि, काशिका, षड्दर्शन और बौद्ध-दर्शन का अध्ययन किया।

चंपा के भारतीय प्रवासी प्रायः ब्राह्मण और क्षत्रिय थे। उनकी भाषा संस्कृत थी जो सैकड़ों अभिलेखों में व्यवहृत है, और वे शैवधर्म के माननेवाले थे। वहाँ शक्ति, गणेश, कार्तिकेय, नंदी, विष्णु, राम, कृष्ण, लक्ष्मण, ब्रह्मा, यम, चंद्र, सूर्य और सरस्वती के भी मंदिर थे। दोंग-डुओंग बौद्धधर्म का केंद्र था और माइसोन और पो-नगर शैवधर्म के स्थान थे। चंपा की कला में मामल्लपुरम् की कला का अनुसरण मिलता है।

मलाया : चौथी-पाँचवीं शती के संस्कृत अभिलेखों से मलाया प्रायद्वीप के उत्तरी, पश्चिमी और पूर्वी भागों में हिंदू उपनिवेशों की स्थापना का प्रमाण मिलता है। वे हिंदू उपनिवेश निम्नांकित थे : 1. *लंकाशुक,* जो पूर्वी समुद्र से पश्चिमी समुद्र तक प्रायद्वीप के आरपार बसा था। यहाँ 515 ई. में भगदत्त नामक राजा राज्य करता था, 2. *तांब्रलिंग,* जिसकी राजधानी लिगोर बंदोन की खाड़ी पर स्थित थी। लगभग छठी शती ई. के एक अभिलेख में बौद्ध और ब्राह्मण देवताओं, पारमिताओं और अगस्त्य की उपासना और तत्संबंधी समस्याओं के लिए दिए गए अनुदानों का उल्लेख है। केदाह और पेराक के नगर बौद्ध और ब्राह्मण पुरातत्त्व-सामग्री से भरे हैं। केदाह के शिखर से महिषासुरमर्दिनी की मूर्त्ति, नंदी का सिर, शैव उपादान आदि मिले हैं और निकटवर्ती एक इमारत से संस्कृत भाषा और दक्षिण भारतीय लिपि में दो बौद्ध-पद्यों का एक अभिलेख प्राप्त हुआ है। उसी लिपि में लिखे एक अन्य अभिलेख में महानाविक बुद्धगुप्त का उल्लेख है, जो मुर्शिदाबाद जिले के राँगामाटी प्रदेश से आया था। केदाह से एक और भी

अभिलेख मिला है जिसमें महायान-संबंधी तीन संस्कृत पद्य हैं। पेराक से वाकाटक लिपि में एक मुद्रा मिली है जिस पर श्रीविष्णु-वर्म्मस्य लेख खुदा है। उत्तरी कलांशुक के राजा पान-पान ने 424-53 ई. के बीच में चीन में भारत के ब्राह्मणों का एक दूतमंडल भेजा, जिसे वहाँ के राजा ने बहुत-सा दान-सम्मान दिया।

सुवर्णद्वीप (हिंदेशिया अथवा द्वीपांतर भारत): इसके बाद हिंदू और बौद्धधर्म जावा, सुमात्रा, बोर्निओ, बाली आदि भारतीय द्वीप-समूह के द्वीपों में फैल गए, जैसा कि वहाँ के संस्कृत अभिलेखों, भाषा, साहित्य, धर्म, कला और सामाजिक संस्थाओं से प्रकट होता है।

श्रीविजय: सुमात्रा में चौथी शती ई. में श्रीविजय नामक हिंदू राज्य की स्थापना हुई। सातवीं शती ई. में ई-चिङ् ने यहाँ बौद्धधर्म-केंद्र देखे थे, जिन्हें भारतीय समुद्री व्यापार ने प्रोत्साहन दिया था।

बोर्निओ: एक और भारतीय उपनिवेश बोर्निओ था जहाँ के राजाओं के अभिलेखों से वैदिक यज्ञों के अनुष्ठान का साक्ष्य मिलता है, जैसा कि पहले लिखा जा चुका है।

बाली: सुदीर्घकाल से बाली प्रमुखतः हिंदू बना रहा है। वहाँ के लोग हिंदू संस्कार करते हैं और शिव, गणेश, नंदी, नंदीश्वर, ब्रह्मा, स्कंद और महाकाल आदि देवताओं की मूर्तियों की पूजा करते हैं। वहाँ वैदिक देवता वरुण के तीन मंदिर हैं।

जावा: जावा भारतीय प्रभाव का प्रमुख स्तंभ है, जैसा कि मंदिरों और कला से प्रकट होता है। मध्य जावा में हिंदू-मंदिरों के समूह (चंडी), उदाहरणार्थ भीम-चंडी, अर्जुनचंडी पाए जाते हैं। वहाँ कलासन, मेंदूत और पावोन में बौद्ध-चंडियाँ भी हैं जिनका पूर्ण विकसित रूप बोरोबोदूर की चंडी में दृष्टिगत होता है। इस चंडी में 400 बुद्ध-मूर्तियाँ और 1,400 खुदाई के काम के फलक हैं। इनमें बुद्ध की जीवनी और *जातकों* के अनुसार उनके पूर्व-जन्मों की कथाएँ उत्कीर्ण हैं। वहाँ अमिताभ और वैरोचन आदि ध्यानी बुद्धों और मैत्रेय, मंजुश्री, अवलोकितेश्वर जैसे बोधिसत्वों की मूर्तियाँ भी मिलती हैं। मैत्रेय को एक व्यक्ति से बात करते हुए दिखाया गया है जो संभवतः असंग है, जिसे उन्होंने कुछ बौद्ध शास्त्रों का उपदेश दिया था। यह सारा स्तूप महायान बौद्धधर्म का मूर्तिमान प्रदर्शन है। इसकी तली में स्थित 842 ई. के एक अभिलेख में इसका नाम भूमिसम्भार लिखा हुआ है और 824 ई. के एक अन्य लेख में शैलेंद्र राजा समरतुंग को इसका निर्माता बताया गया है।

जावा के अन्य उल्लेखनीय बौद्ध-मंदिर हैं, चंडी सेवी (सहस्र मंदिर) जो चार पंक्तियों में 246 छोटे मंदिरों के समूह से आवेष्टित है, और चंडी प्लाओसोन, जहाँ तारा और पद्मपाणि की कलात्मक प्रतिमाएँ मिलती हैं।

जावा में हिंदू-मंदिर भी थे। बोरोबोदूर के निकट चंडीबेयोन से विष्णु, शिव,

ब्रह्मा, गणेश, अगस्त्य, आदि की कलापूर्ण मूर्तियाँ प्राप्त हुई हैं। प्रंबनम् (ब्रह्मवनम्) चंडी लोरो जंगरंग नामक शैव-मंदिर और इससे मिले हुए 156 छोटे मंदिरों के विशाल समूह के लिए प्रसिद्ध है। इसमें ब्रहमा, विष्णु, शिव के मंदिर, बोरोबोदूर के समान रामायण और कृष्णचरित के दृश्यों से अंकित खुदाई के काम के फलक और शिव, ब्रहमा; दुगा, महिषासुरमर्दिनी और शेषशायी विष्णु की मूर्तियाँ उपलब्ध हैं। डॉ. आनंद कुमारस्वामी ने प्रंबनम् के इस खुदाई के काम को कला की दृष्टि से बोरोबोदूर से भी श्रेष्ठ माना है।

बृहत्तर भारत में भारतीय कला: एशिया के बहुत-से देशों में ऐसी कलाकृतियाँ मिलती हैं जिनके विषय भारतीय हैं और जिनसे भारतीय विचार-पद्धति के उस प्रभाव का ठोस साक्ष्य मिलता है, जिसके कारण जिमर के अनुसार वे एक प्रकार के *भारतीय एशिया* बन गए थे। यहाँ हम कुछ उत्कृष्ट कला-निदेर्शनों का उल्लेख करते हैं:

कोरिया: 1. आठवीं शती की सुक्कुतोन की गुहा में पाषाण बुद्ध-प्रतिमा, 2. सोलहवीं शती का मुद्राबद्ध चित्रित बुद्ध, 3. चौदहवीं शती की काँसे की बुद्ध मूर्ति जिसके दोनों ओर बोधिसत्वों की मूर्तियाँ हैं।

जापान: 1. सातवीं-आठवीं शती ई. की होरीयुजी मठ की लकड़ी की बोधिसत्व मूर्ति, 2. सन् 625 ई की काँसे की बुद्ध-मूर्ति, 3. सन् 1000 ई. का कोयासाम का 25 बोधिसत्व सहित अमिताभ का चित्र; 4. सन् 1086 ई. का परिनिर्वाण का भित्तिचित्र, 5. नवीं शती की लकड़ी की भिक्षु-मूर्ति, 6. सन् 1253 ई. की कामाकुरा की विशाल काँसे की बुद्ध-मूर्ति, 7. आठवीं शती की नारा की लाख की बनी वैरोचनध्यानी बुद्ध की मूर्ति, 8. नवीं शती की युनयोजी मठ क्योटो की बनी लकड़ी की बोधिसत्व की मूर्ति।

मध्य एशिया: 1. आठवीं शती ई. के किजिल से प्राप्त देव और गंधर्वों के भित्तिचित्र, 2. ग्यारहवीं शती ई. का चोरचक से प्राप्त 'महाप्रस्थान' का भित्तिचित्र, 3. बारहवीं शती ई. का बाजालीक से प्राप्त 'सामंतों का समूह' शीर्षक भित्तिचित्र, 4. आठवीं शती ई. का किजिल से प्राप्त 'भिक्षु' शीर्षक भित्तिचित्र, 5. 850 ई. का रेशम पर अंकित बोधिसत्व का चित्र।

चीन: 1. छठी शती ई. का लुंग-मन के मंदिर से प्राप्त पत्थर का बुद्ध-शीर्ष, 2. वहीं से प्राप्त बैठे बुद्ध की प्रतिमा, 3. वहीं से प्राप्त खाँचे में स्थित बुद्ध-मूर्ति, 4. फू क्यान से प्राप्त काँसे की पश्चात्ताप मुद्रा में बुद्ध की मूर्ति, 5. छठी शती ई. की पत्थर की आनंद की प्रतिमा, 6. लाख के काम की शाक्य-मुनि की मूर्ति, 7. नवीं शती ई. का तुन-हवान की गुफा से प्राप्त माया के स्वप्न का चित्र, 8. वहीं से प्राप्त रेशम पर 'चार मिलन' शीर्षक चित्र, 9. वहीं से प्राप्त रेशम पर छंदक और कंथक की विदाई का चित्र, 10. वहीं से प्राप्त रेशम पर भिक्षुओं के साथ बोधिसत्व का चित्र, 11. वहीं से प्राप्त रेशम पर धनुर्प्रतियोगिता का चित्र।

कंबुज : 1. अंकोर-थोम में बेयोन से प्राप्त तेरहवीं शती की छज्जे पर की मूर्ति, 2. बारहवीं शती का बुद्ध का सिर।

थाईलैंड : रेशम पर चित्रित कपिलवस्तु से महाभिनिष्क्रमण (प्रस्थान) का चित्र।

बर्मा : 1. पेगन के आनंद पेगोडा (आनंद मंदिर) से प्राप्त पकी हुई मिट्टी की 'चार मिलन' शीर्षक मूर्ति, 2. वहीं से प्राप्त ग्यारहवीं शती की 'शिरोमुंडन' शीर्षक मूर्ति, 3. वहीं से प्राप्त महलों के दृश्य।

लंका : बारहवीं शती का पोलूनारूवा में चट्टान को काटकर बनाई गई आनंद की मूर्ति।

जावा (बोरोबोदूर) : आठवीं शती की पत्थर की लुंबिनी वन में माया की प्रसवावस्था की मूर्ति, 2. निरंजना नदी में बोधिसत्व के स्नान करने की मूर्ति, 3. शिरोमुंडन का दृश्य, 4. विदाई का अंकन, 5. 'धनुर्प्रतियोगिता' शीर्षक खुदाई, 6. सुजाता द्वारा भोजन दान का दृश्य।

तिब्बत : तिब्बत प्राचीन काल में भारतीय सांस्कृतिक प्रभाव की परिधि में आया। सोंग-ब्त्सान-गंपो (639 ई.) के राज्यकाल से वहाँ की सभ्यता का श्रीगणेश होता है। अपनी पत्नियों की प्रेरणा से वह बौद्ध बन गया। कश्मीर ने तिब्बत को अक्षर प्रदान किए। नेपाल से शांति-रक्षित और उद्यान से पद्मसंभव वहाँ पहुँचे और उन्होंने तिब्बती लामा धर्म की नींव रखी। उन्होंने वहाँ संस्कृत ग्रंथों का प्रचार किया और उनका अनुवाद करने के लिए विद्वान् तैयार किए। तिब्बत में भारतीय प्रभाव का अगला जोरदार दौर मगध के कमलशील (816-842 ई.) और बाद में बंगाल के दीपंकर श्रीज्ञान से शुरू होता है। दीपंकर श्रीज्ञान विक्रमशिला विश्वविद्यालय के अध्यक्ष थे। तिब्बती विद्वानों ने मठों के अध्यक्षों के रूप में पाणिनि, *अमरोश,* अलकोर, भैषज्य, *रामायण* आदि विषयों से संबंधित चुने हुए संस्कृत ग्रंथों का दत्त-चित्त होकर अनुवाद किया। बहुत-से खोए हुए संस्कृत ग्रंथ आज तिब्बती अनुवादों में उपलब्ध हैं।

• • •

अनुक्रमणिका

अंतिओकस तृतीय 80
अंतिओकस द्वितीय 66, 68
अंतिओकस प्रथम 65
अंतिकिनी 68
अंशुवर्मा 132
अकबर 131, 134
अकाल वर्ष 152
अग्निमित्र 73, 74, 93
अग्रामेस (कार्टियस) 51
अच्युत विक्रांत 95, 158
अजमीढ़ 31
अजयराज 137
अजातशत्रु 34, 35, 47, 48, 49, 55
अदयन 47
अधिराजेंद्र 155
अनंगपाल 137
अनंतदेवी 105
अनंत शक्ति वर्मा 127, 131, 144, 145
अनंद-वंश 143
अनाथपिंडक धनकुबेर सुदत्त 45
अनार्य 24, 26
अनिरुद्ध 171
अनुरुद्ध (बौद्ध अनुयायी) 45, 53
अन्नम् (चंपा) 172
अपराजित 160
अपाला 31
अपोलोडोटस द्वितीय 80
अफगानिस्तान 25
अम्म द्वितीय 153
अम्म प्रथम 53
अम्भ विष्णुवर्धन (षठ) 150
अमोघ भूति 92
अमोघवर्ष तृतीय 152
अमोघवर्ष द्वितीय 153
अमोघवर्ष प्रथम 153
अयुध 123
अरस्तू 56
अरिकेसरी परांकुश 158
अर्जुन 123
अर्थोग्नीज 82
अलतबारी 148
अलबेरूनी 94
अलिकसुंदरी 68
अल्लत 137
अवंति वर्मा 130, 132
अशोक 56, 61, 64, 72, 74, 78, 79, 101, 105
असंग 121
असंधिमित्रा 72
अस्टीज (अष्टक) 57
अस्पवर्मा 82, 83
आंध्र-वंश 75-78
आंभी 57
आदित्य द्वितीय 161
आदित्य वर्मा 148
आदित्यसेन 123
आदिम आर्यभाषा 25
आदिम-निषाद 20
आनंद (बौद्ध अनुयायी) 45. 46, 53
आर्य-अनार्य संघर्ष 27
आर्यदेव 121
आर्य-भारत 34, 35
आर्यों का मूल स्थान 25

इंद्र (आर्य देवता) 24
इंद्र तृतीय 124, 135, 152, 153
इंद्रवर्मा चतुर्थ 145
इंद्रवर्मा तृतीय 145,172

इंद्रवर्मा द्वितीय 145
इंद्रवर्मा प्रथम 143, 145
इशान वर्मा 143, 146
ई-चिङ 93
ईरान 25, 56
ईश्वर वर्मा 115
ईश्वरसेन 76

उग्रसेन 50, 51
उच्छल 131
उत्पलवंश 130-131
उदायी भद्र 50
उदिताचार्य गुरु 99
उद्रक रामपुत्र 44
उपनयन 37, 42
उपालि (बौद्ध अनुयायी) 45
उषवदात 84

ऋग्वैदिक भारत 25, 26
ऋषभ (जैन आचार्य) 43

एजिलाइसेस 82
एजीस द्वितीय 82
एजीस प्रथम 82
एलन 87, 106

ओल्डनबर्ग 46
ऑगस्टस 86, 158

कंचुकी 135
कंदर 143
कंबोडिया (कंबुज) 171
कनिष्क प्रथम 87, 89, 90
कन्नदेव 152
कर्क 153
कर्कोट-वंश 130
कर्ण 136
कलचुरिया-वंश 136, 141-142, 155
कलश 131
कलिंग-वंश 78-79
कल्याण देवी 125
कल्लर 137
कल्हण 131

कांतिदेव 127
काण्वायन-वंश 75
कालाशोक 50
कासिम 132
किदार-कुषाण 88
कीर्तिवर्मा द्वितीय 149, 151
कीर्तिवर्मा प्रथम 124, 136, 140, 147
कुजुल कडफाइसेस प्रथम 85-86
कुणाल 72
कुतुबुद्दीन ऐबक 136
कुब्ज विष्णुवर्धन 148
कुमार असमनरेश 118
कुमारगुप्त 116
कुमारगुप्त तृतीय 108
कुमारगुप्त द्वितीय क्रमादित्य 106
कुमारगुप्त प्रथम महेंद्रादित्य 102-104
कुमारजीव 131, 169
कुमारदेवी 125
कुमारपाल 134
कुमार स्वामी डॉ. आनंद 174
कुलशेखर 159
कुलोत्तुंग चोलदेव 150, 163
कुलोत्तुंग तृतीय 164
कुलोत्तुंग द्वितीय 159, 163
कुषाणवंश 85-90
कृष्ण तृतीय 153, 161
कृष्ण द्वितीय 126, 127, 152, 153, 160
कृष्ण प्रथम 149, 151
कृष्णराज 141
कोक्कल 135, 136
कोरिया 174
कौटिल्य 53, 63
कौशल्या रानी 146
क्लैदियस 86

क्षत्रिय 31, 35, 42, 56, 64
क्ष्यार्ष 56

खरओस्ट 83
खरपल्लान 87
खारवेल 51, 78-79

खुसरो द्वितीय 148
खोहिग 133, 153

गंग-वंश 145
गंगेयदेव 127
गयासुद्दीन खिलजी 145
गांगेयदेव 136
गाहड़वाल-वंश 124-125
गुणकामदेव 133
गुणार्णव 145
गुप्त-वंश 93-115
गुप्त, श्रीपरमेश्वरीलाल 85
गुप्त-हूण संघर्ष 107
गुर्जर वत्सराज 151
गुहिलोत-वंश 137
गृहवर्मा 117
गोंदोफर्नेस 82-83
गोपचंद्र 108
गोपराज 107
गोपाल 124, 125, 126
गोवर्धन 129
गोविंदगुप्त 99
गोविंदचंद्र 125, 128
गोविंद चतुर्थ 153
गोविंद तृतीय 123, 126, 152
गोविंद द्वितीय 151
गोविंदपाल 128
गोशाल 43
गौतम उक्षपाद 135
गौतम बुद्ध 44-46
गौरी 125

घटोत्कचगुप्त 93, 94, 99

चंडमहासेन 136
चंदबरदाई 137
चंदेल वंश 135-136
चंद्रगुप्त द्वितीय विक्रमादित्य 93, 94, 98, 100, 114
चंद्रगुप्त प्रथम 94
चंद्रगुप्त मौर्य 60-64, 78, 105
चंद्रदेव 124
चंद्रवंश 128
चंद्रादित्य 148
चक्रवर्मा 130
चक्रायुध 152
चच 132
चतुर्भुज देवता (बह्मा या विष्णु) 23
चष्टन 84
चाणक्य (कौटिल्य अथवा विष्णुगुप्त) 62, 65
चारूमती 69
चारूवाकी 71
चालुक्य (सोलंकी) वंश 134
चाहमान-वंश 136-137
चीन 175
चोल-वंश 155, 160, 164
चॉसर अंग्रेज कवि 81

जटावर्मा कुलशेखर 164
जटावर्मा वीर पांड्य 159
जटावर्मा सुंदर पांड्य 159
जनक राजर्षि 34, 35, 38
जनेंद्र 107
जयचंद्र 125, 137
जयपाल 126, 138
जयवर्मा द्वितीय 171
जयशक्ति 135
जयसिंह 131
जयसिंह द्वितीय पृथ्वीवल्लभ 154, 162
जयसिंह प्रथम पृथ्वीवल्लभ 150
जयापीड़ विनयादित्य 130
जलौक 72
जस्टिन 60, 80
जस्सल 131
जातवर्मा 129
जाति-प्रथा 64
जापान 174
जावा 173, 175
जेत राजकुमार 45
जैतुगी 156
जैनधर्म 43

टालेमी 65
टॉमस, एफ. डब्ल्यु. 51, 62, 167, 169

डाइमेकस 65
डिमिट्रियस द्वितीय 80-81
डिर्मिट्रियस प्रथम 80

तरलस्वामी 142
ताइबेरियम 86
तारानाथ 126
तिब्बत 22, 175
तिष्यरक्षिता 72
तीवर 71
तीसरी बौद्ध संगीति 70
तुरमय (टालेमी द्वितीय) 68
तुर्किस्तान (पूर्वी) 22
तेजपाल 139
तैलप द्वितीय 133, 153, 155, 161
तोलेमी 76
त्रैकूटक-वंश 141

थाइलैंड (स्याम) 171, 175

दंतिदुर्ग 149, 151
दंतिवर्मा 142, 152, 166
दक्षमित्रा 84
दक्षिण का पठार 19
दद्द द्वितीय 147
दमोदर वर्मा 143
दर्लवक 130
दर्शक 50
दशरथ 146
दशरथ (अशोक का पौत्र) 71, 72
दहरसेन 141
दानार्णव 153
दामोदर गुप्त 115
दायोदोतस द्वितीय 80
दारा प्रथम 56
दाहिर 132
दिङ्नाग 121
दिद्दा 131, 138
दिवाकरमित्र 122
दीनिका 84
दुर्लभराज 136
दुर्लभर्धन 130
देवगुप्त 117, 142
देवपाल 122, 124, 126, 137
देवभूति 74
देववर्मा 143
देवेंद्रवर्मा 145
द्योता 30
द्रोणमिह 115
द्रोणसिंह (बुधगुप्त) 105

धंग 135
धनदेव 93
धननंद 51, 61
धन्यविष्णु 107
धम्मपाल 46, 47
धरसेन चतुर्थ 115
धरसेन प्रथम 105, 115
धराश्रय जयसिंहवर्मा 149
धर्म 30-31
धर्मपाल 123, 124, 126, 151, 152
धर्मादित्य 109
धारपट्ट 115
धारावर्ष 154
धीमान 126
ध्रुव 151, 152
ध्रुवदेवी 98
ध्रुव द्वितीय 124, 152
ध्रुवभट 118
ध्रुवभट द्वितीय 115
ध्रुवसेन द्वितीय 147
ध्रुवसेन प्रथम 115

नंद 45
नंद प्रभंजन वर्मा 144
नंद-वंश 50-51
नंदिवर्धन 50
नंदि वर्मा तृतीय 158, 166
नंदि वर्मा (पोतवर्मा अथवा पल्लवमल्ल) द्वितीय

149, 150, 151, 158, 165, 166
नंदि वर्मा प्रथम 143
नन्न 142
नन्नुक 135
नरवर्मा 134
नरसिंह बालादित्य 107
नरसिंहवर्मा द्वितीय राजसिंह 159, 164, 165
नरसिंहवर्मा प्रथम महामल्ल 145, 146, 165
नरेंद्रमृगराज 152
नरेंद्रसेन 147
नल-वंश 140
नव-पाषाण-युग 19-20
नहपान 75, 84
नागभट द्वितीय 124, 152
नागभट प्रथम 123
नाग-वंश 93
नागसेन 95
नागसेन (बौद्धाचार्य) 81
नागार्जुन 121, 146
नारद 38
नारायणपाल 126
निजामुद्दीन 135
नृपतुंग 166

पटिक 83
पट्टियाँ (खिल्य) 32
पद्मावती 47, 72, 93
परकेसरी अधिगजेंद्र 150
परमर्दि 136, 137
परमार-वंश 133
परमेश्वर वर्मा 148, 165
परांतक द्वितीय सुंदर 159, 161
परांतक वीरनारायण प्रथम 153, 159, 160, 161
पराक्रमबाहु प्रथम 159
पराविद्या 38
पल्लवमल्ल 151, 158
पल्लव-वंश 164-165
पश्चिमी चालुक्य-वंश 147-149
पांडव 40
पांडु-वंश 146
पांड्य-वंश 158-160
पाणिनि 41, 56
पाणिनिकालीन भारत 41
पालक राजा 50
पालवंश 125-128
पितृभक्त वंश 144
पीरो 88
पुरु 26
पुरुगुप्त विक्रम प्रकाशादित्य 105-106
पुलकेशी द्वितीय 117, 142, 147, 148, 149, 165
पुलकेशी प्रथम 146, 147
पुलुमादी 76
पुष्यमित्र 72, 73, 93
पूर्व पाषाण युग 19
पूर्वी चालुक्य वंश 149-151
पृथ्वीपति प्रथम 160
पृथ्वीराज चौहान 125
पृथ्वीराज तृतीय 137
पृथ्वीराज द्वितीय 160
पृथ्वीव्याघ्र 150
पृथ्वीषेण प्रथम 114
पेस्को, सर एर्डविन 22
पोरस (पौरव) 57
प्रकटादित्य 107
प्रजापति 36
प्रतिहार 123
प्रद्योत 47, 48, 49
प्रभंजन वर्मा 144
प्रभावतीगुप्त 114
प्रवरसेन 130
प्रसेनजित 47, 49
प्राचीन उद्योग-दस्तकारी 32
प्राचीन मानव 19
प्राचीन व्यापार क्षेत्र 22
प्राचीन शिक्षा के स्तर 37
प्राचीन सभ्यता स्थल 20
प्रोल प्रथम 154
प्लिनी 63, 65

प्लूटार्क 61

फाल्गुणीमित्र 93
फा-ह्यान् 70, 99-102, 110, 111, 168
फीरोजशाह तुगलक 66

बघेल-वंश 134
बड्डेग 153
बप्पा 137
बर्मा 175
बलूचिस्तान 20
बल्लाल द्वितीय 156
बल्लामेन 129
वसुबंध 121
बालार्जुन 146
वाली 173
बिंदुमार 64
बिंबिमार 48, 50
बिज्जल 155
बिल्हण 132
बुटूग द्वितीय 153, 161
वुद्ध 53
बुद्ध उपदेश 52
वुद्धराज 141
बुधगुप्त 106-107
बृहत्स्वातिमित्र 93
बृहद्रथ 72
बृहस्पतिमित्र 79
बोर्निओ 173
बौद्ध-धर्म 29, 157
ब्रह्मपाल 133
ब्राह्मण 35, 42, 56

भटार्क 105, 115
भद्रबाहु जैन आचार्य 61
भद्रयशस 93
भरत 26
भरतगोप्ता 27
भरत दौष्यंति 36
भरत सत्रजित 36
भाग्यदेवी 127
भानुगुप्त 107, 146
भाषा का विकास 30
भाषाओं की समानता 25
भास्करवर्मा 117, 123, 133
भिल्लन 155, 156
भीम 34
भीम तृतीय 150
भीमसेन द्वितीय 146
भीम प्रथम 133, 134, 150, 152
भुर्जवंत 26
भुलुंड 141
भोज प्रथम 152
भोज-वंश 141
भोजवर्मा 129, 133, 134

मंगलेश 142, 147
मंजु 137, 153
मदनपाल 128
मदनवर्मा 134, 136
मधुकामार्णव 154, 162
मध्य एशिया 174
मध्य-पाषाण युग 19
मध्यमशि 28
मयूर शर्मा 141
मलाया 172
महमूद गजनवी 124, 134, 135, 139
महरजम ध्रमिकस मेनद्रस 81
महाकच्चायन 45
महादेवी 65, 72
महापद्म 50
महामेघवर्ण 168
महावीर वर्धमान 43, 48, 49, 52, 53
महासेनगुप्त 115
महीपाल 124, 136
महीपाल द्वितीय 127
महीपाल प्रथम 127, 153
महेंद्र 65, 70, 72, 146
महेंद्रपाल प्रथम 124, 126
महेंद्रवर्मा पंचम 161
महेंद्रवर्मा प्रथम 165

मांधाता 31
माओस 82, 83
माठर वंश 144
माता सुगंधा 130
मातृगुप्त 130, 132
मातृविष्णु 107
माधवगुप्त 123
माधववर्मा प्रथम 143, 146
मानव-इतिहास 19-24
मारवर्मा कुलशेखर प्रथम 160
मारवर्मा राजसिंह प्रथम 158
मारवर्मा सुंदर द्वितीय 164
मारवर्मा सुंदर पांड्य प्रथम 159, 164
मार्शल, सर जॉन 23
मालिक काफूर 160
मिथ्रिडेटिस द्वितीय 82
मिनांदर 80, 81
मिहिरभोज 124, 126, 136, 152
मिस्र 20, 56
मीराशी 142
मुक्तापीड ललितादित्य 130
मुहम्मद-बिन-बख्त्यार 129
मूतिब 34
मूमक 84
मूलराज 134
मूलवर्मा 170
मेगास्थनीज़ 62, 63, 64
मेघवर्ण 94
मेरूतंग 133
मैखरी सूर्यवर्मा 146
मोमसन 157
म्लेच्छ 53

यक 68
यज्ञश्री शातकर्णी 146
यवन आक्रमण 80
यवन-वंश 81
यश (वाराणसी का साहूकार) 45
यशोधरा 45
यशोधर्मा 107
यशोवती 116
यशोवर्धन 171
यशोवर्मा 123, 124, 127, 134, 135
याज्ञवल्क्य 38
यादव-वंश 128-129
यास्क 28, 29, 31
यास्की 69, 70
युक्रेटाइडीस 80, 81, 82
युधिष्ठिर 40
यूथीडेसिस 82
यूथीदेमस 80
यूनानी आक्रमण 73-74
यौवनश्री 136

रणधीर 158
रत्नाकर 132
रदूपाती 133
रविवर्मा 160
राजमल्ल प्रथम 152
राजराज तृतीय 145, 159, 164
राजराज द्वितीय 163
राजराज प्रथम 150, 153, 161
राजशेखर 98, 124
राजसिंह 160
राजसिंह द्वितीय 160
राजीग (राजेंद्र चोल-कुलोत्तुंग चोलदेव) 151, 155
राजेंद्र 154, 155
राजेंद्र चोल 162
राजेंद्र तृतीय 159, 160, 164
राजेंद्र द्वितीय 154, 162
राजेंद्र प्रथम 159, 161
राज्य (हर्ष का भाई) 116
राज्यपाल 127
राज्यवर्धन 116
राज्यश्री 116, 117
राधागुप्त मंत्री 64
राना गुंदेई 20
रामगुप्त 98
रामपाल 127, 128

रामायण-महाभारत-कालीन सभ्यता 40
रावण 40
राष्ट्रकूट अमोघवर्ष 150
राष्ट्रकूट कृष्ण द्वितीय 136
राष्ट्रकूट गोविंद तृतीय 150
राष्ट्रकूट गोविंद पंचम 150
राष्ट्रकूट वंश 142
राहष (कीर्तिवर्मा द्वितीय) 149
राहुल 45
रिचेन 131
रूद्र 156
रूद्रदामा 61-62, 71, 76, 84
रूद्रदास 141
रूद्रसेन तृतीय 98
रूद्रसेन द्वितीय 98, 114
रेवा 151
रोमशा 31
रोहिणीमित्र उपाध्याय 83

लंका 54, 70, 175
लक्ष्मण 129, 136
लक्ष्मणसेन 129, 145
लघतूरमान 137
ललितादित्य 123
लिच्छवि-वंश 94
लोहर-वंश 131

वत्सराज 123
वनराज 134
वनस्पर 87
व्याघ्रसेन 141
वरगुण प्रथम 158, 165
वरगुणवर्मा द्वितीय 159
वलपूत्रदेव 122, 126
वलवर्मा 122
वस्तुपाल 139
वाकाटक-वंश 114-115
वाक्पति 135
वाक्पति द्वितीय 133
वाङ्-हयून-त्से 118, 123
वाण 98, 120
वासटा 146
वासवी 48
वासिष्क 87-88
वासिष्ट-वंश 144
वासुदेव प्रथम 88
विक्रम चोल 155
विक्रमबाहु प्रथम 162
विक्रममहेंद्र 143
विक्रमात्य 142
विक्रमादित्य 43, 130, 136
विक्रमादित्य द्वितीय 142, 149
विक्रमादित्य प्रथम 148, 154
विक्रमादित्य षष्ठ 155
विक्रमादित्य सप्तम 162
विक्रमेंद्रवर्मा तृतीय 144
विक्रमेंद्रवर्मा प्रथम 143
विग्रहपाल 127
विग्रहपाल तृतीय 128, 136
विग्रहपाल द्वितीय 127
विग्रहराज 136, 137
विजयचंद्र 125
विजयपाल 124
विजयमित्र 81
विजयशक्ति 135
विजयसेन 109, 129
विजयादित्य 148, 149, 152
विजयादित्य तृतीय 150
विजयादित्य द्वितीय 152
विजयादित्य द्वितीय नरेंद्रमृगराज 150
विजयादित्य प्रथम 150, 151
विजयादित्य सप्तम 154
विजयालय 160
विटपाल 126
विडूढ़म 47, 48, 52
विदर्भ 34
विद्यादेव 128
विद्याधर 135, 138
विनयादित्य 142, 148, 149
विम कड़फाइसस द्वितीय 86
विशालदेव 134